사역자 매뉴얼
MINISTRY MANUAL
어떻게 성경적으로 사역할 것인가?

사역자
매뉴얼

ⓒ 생명의말씀사 2012

2012년 5월 16일 1판 1쇄 발행

펴낸이 | 김창영
펴낸곳 | 생명의말씀사

등록 | 1962. 1. 10. No.300-1962-1
주소 | 서울 종로구 송월동 32-43(110-101)
전화 | 02)738-6555(본사) · 02)3159-7979(영업)
팩스 | 02)739-3824(본사) · 080-022-8585(영업)

지은이 | 임성철

기획편집 | 구자섭, 장주연
디자인 | 김혜진, 박소정
인쇄 | 영진문원
제본 | 정문바인텍

ISBN 978-89-04-07123-4 (03230)

저작권자의 허락없이 이 책의 일부 또는 전체를
무단 복제, 전재, 발췌하면 저작권법에 의해 처벌을 받습니다.

사역자 매뉴얼
MINISTRY MANUAL
어떻게 성경적으로 사역할 것인가?

모든 사역자들이 꼭 기억해야 할 8가지 사역지침

MINISTRY MANUAL

내 삶과 사역의
격려자이시며
멘토이신
어머니 임경신권사에게
이 책을 드립니다.

MINISTRY MANUAL

"지도자는 부르심에 대한 순종과 믿음과 인내로써 나아가면 하나님이 만들어주시는 것입니다. 저자인 임성철 목사는 지난 16년 동안 선교 현장에서 사역자를 양육하는 과정 중에 많은 갈등과 시행착오를 경험하며 사역자 양육의 근본 원리를 세 권의 목회 서신(디모데전서, 디모데후서, 디도서)에서 찾아냈습니다. 그는 트리니티 신학교와 커버넌트 신학교에서 훈련받은 성경 해석의 학문적인 지식과 30여 년간 목회 현장과 선교지에서 얻은 임상 경험을 토대로 사역자론의 여덟 가지 원리를 이론과 실제를 겸한 걸작품으로 만들어냈습니다. 부르심, 성숙한 인격, 바른 성경관, 삶의 간증, 배움과 가르침, 재생산, 축복, 그리고 철저하게 하나님만 의지함 등 여덟 가지 사역자의 원리들이 잘 익은 포도알처럼 가득 차 있는 느낌입니다.

이 소중한 사역자론이 주님의 지상 대명령의 마지막 과업에 부응하여 선교지와 목회 현장에서 꼭 필요한 도구로 쓰이기를 간곡히 바라는 바입니다."

● 이원상 목사(SEED 선교회 국제대표, 워싱턴 중앙장로교회 원로목사)

MINISTRY MANUAL

"전문인의 한 사람으로서 선교 사역을 감당하다 보면 예상치 못한 온갖 어려움에 봉착하게 됩니다. 저 역시 '기왕이면 말씀을 전하는 사역자가 되는 것이 더 효율적이지 않을까?' 하는 생각도 해보았고, '전문성은 어느 정도 갖추어야 하며, 신학은 해야 하는가?' 등 여러 질문을 던진 바 있습니다. 한편 선교지에서 평신도 사역자들이 선교사라는 호칭을 구분 없이 사용하면서 선교사의 정체성에 대한 혼란이 있는 것도 사실입니다. 이러한 사역의 전반에 대해서 임성철 목사가 자신의 경험을 곁들여 맛깔나고 정성스럽게 요리해 놓은 멋진 사역 안내서를 접하게 되어 얼마나 기쁜지 모르며, 저부터 큰 도움을 받았습니다. 이 책은 사역으로의 부르심부터 사역자로서 갖추어야 할 덕목들을 소상하게, 또한 현장의 이야기를 담아 잘 정리해 둔 사역 교과서입니다.

미국 커버넌트 신학교에서 함께 공부하며 뒹굴던 친구가 여느 책과는 달리 30여 년간 사역의 현장에서 경험한 고민과 깨달음을 총망라해 실제적인 지침으로 만든 책이기에 사역을 꿈꾸는 모든 평신도 사역자에게 정독을 권해 드립니다."

● 박상은 원장(안양샘병원 의료원장, 대한기독병원협회장)

"저는 한국에서 8년간 단독 목회를 했고, 선교사로 선교지에서 12년을 사역했습니다. 참 놀라운 것은 한국에서 목회하면서 보던 성경은 목회 교과서요, 선교지에서 사역히면서 보던 성경은 선교의 교과시였다는 점입니다. 임성칠 목사는 사역을 하면서, 특히 전도를 하고, 신자들을 양육해서 사역자로 세우고, 그들이 성숙해질 때까지 노심초사하면서, 때로는 떠나는 사람으로 인한 아픔까지 겪으면서 사도 바울이 쓴 목회 서신이 새롭게 다가옴을 느꼈을 것입니다. 저자의 마음이 이 책의 면면에서 그대로 느껴집니다. 이 책을 통해 그 느낌을 함께 느껴보았으면 합니다."

● 이영철 목사(KWMA 총무)

"많은 이들이 세상의 변화를 논합니다. 변화의 속도, 정도, 범위를 논합니다. 『렉서스와 올리브나무』의 저자인 토머스 프리드먼은 이것을 '글로벌루션'[글로벌(세계화)과 레볼루션(혁명)의 합성어]이라고 표현했습니다. 빌 게이츠는 앞으로 10년 동안 일어날 변화가 지난 50년 동안 경험한 변화보다 더욱더 엄청날 것이라고 예측했습니다. 이들을 포함한 수많은 사람들이 변화에 관심을 가지고 있습니다.

우리 사역의 핵심도, 그리고 역할도 역시 변화입니다. 물론 세상이 변하고 있기에 그에 적응하면서 우리에게 맡겨진 일을 수행해야 하므로 변화해야 할 것입니다. 그러나 우리의 정체성과 연관해 변화할 수 없는 것이 있습니다. 그것이 바로 임성철 목사의 저서에 잘 나와 있습니다. 그는 이 책을 통해 진솔하게 말하고 있습니다. 하나님이 우리에게 주신 진리에 근거해 답을 찾고자 노력한 흔적이 많습니다.

변화하는 세상에서 사역을 감당하기 위해 사도 바울이 자신을 대상들에게 맞추고자 했듯이(고전 9장 참조) 우리도 그러해야 할 것입니다. 그러나 꼭 지켜야 하는 본질이 있다는 것은 아무리 강조해도 지나치지 않을 것입니다. 그것을 발견하는 데 있어, 그리고 우리로 하여금 그 본질을 고민해 보며 자신을 돌아보게 하는 데 있어 이 책은 귀한 역할을 감당하리라 생각합니다. 유사한 고민을 하고 있는 많은 이들에게 이 책을 권합니다."

● 박성민 목사(KCCC 대표)

"많은 사람들이 하나님 나라의 확장을 위해 사역하고 있습니다. 우리는 그들을 사역자라고 부릅니다. 사역자들이 바른 사역을 하기 위해서는 사역 가이드라인이 중요합니다. 금번에 발간된 이 책이야말로 사역자들을 위한 사역 지침서라고 할 수 있겠습니다. 저자인 임성철 목사는 이 책을 통해 잘 갖춰진 학문적 이론과 현장감 넘치는 실전 경험, 그리고 현대적 감각의 성경 해석을 통해 사역자들에게 신선한 감동과 도전을 줍니다."

● 백광진 목사(잠실동교회 담임목사, 미국 리폼드 신학원 객원교수)

"이 책이 가진 최고의 강점은 사역자 훈련의 원리를 다른 사람의 저술, 자료에서 찾지 않고 최고의 텍스트인 바울의 목회 서신에서 이끌어냈다는 점입니다. 그러면서도 목회와 사역 현장에서 이 원리를 직접 상황화하고 적용하는 가운데 얻은 이야기들과 번뜩이는 지혜와 통찰력이 곳곳에 숨어 있습니다. 바울이 말한 성경적인 목회의 원리들이 목회 현장에서든, 선교 현장에서든, 모든 사역의 현장에서 실제적으로 활용하고도 남을, 생생히 살아 움직이는 전략으로 승화될 수 있도록 매우 적절하고 유익한 다리 놓기(bridgebuilding)를 해주고 있습니다.

특히 많은 사역자들이 겪는 가장 큰 어려움의 원인이라고 할 수 있는 갈등 관계를 해결하는 방법과 언어생활의 지침에 대한 내용은 많은 공감을 주는 이 책의 최고 부분이라 할 수 있습니다. 저자의 가슴 어린 충고를 새길 때 사역자들은 많은 시행착오를 최소화하면서 갈등과 문제들을 미리 지혜롭게 대처할 수 있을 것입니다.

이 책은 오랜 기간 저자 속에 녹아내린 다양한 사역 이론과 현장 경험이 균형을 이룬 탁월한 사역 매뉴얼이기에 제자훈련의 사명을 감당해야 하는 사역자들이 늘 곁에 두고 참고로 삼아야 할 책입니다. 그래서 이 책을 읽으면 마치 저자의 평생 사역 노하우를 바탕으로 행복한 멘토링을 받는 것 같은 느낌을 갖게 될 것입니다. 현장의 모든 사역자들의 일독을 권합니다."

● 서정곤 목사(세인트루이스 한인장로교회 담임목사)

"이 책을 사역자들에게, 특별히 선교사들에게 필독서로 추천합니다. 저자인 임성철 목사는 2,000여 년 전에 사도 바울이 가르친 사역자의 본질과 사명을 목회 서신을 중심으로 오늘날에 적용하여 재조명합니다. 이 책의 독특한 강점은 러시아, 미국, 한국 등 다양한 사역 현장들에서 발생하는 문제점들과 실례들을 진리의 말씀인 성경에 근거하여 풀이하고 있다는 점입니다. 저자는 선교 사역의 핵심인 제자 삼는 사역을 사역자의 사명과 연결하여 다음과 같이 표현합니다. '사역자는 해산의 고통으로 자녀를 낳고 양육하는 일을 지속해야 합니다.' 사역자는 스승이 될 뿐 아니라 영적 자녀를 낳아 기르는 아버지가 되어야 한다는 말은 이해하기 쉬우나 실천하기는 쉽지 않은 진리입니다.

이 책이 선교사들이 사역하는 나라의 언어로 번역되어 현지 사역자들에게 읽힌다면 그들의 자립 및 재생산에 큰 도움이 되리라 생각됩니다. 전 세계에서 피땀 흘리며 수고하는 사역자들과 선교사들이 사역 현장에 하나님이 원하시는 사역자들이 더욱 많이 일어나기를 기원합니다."

● 장영호 목사(GP 한국 대표, 러시아 선교사)

CONTENTS

추천의 글 5

Chapter 1 사역자, 그는 누구인가? 15

사역자라는 단어의 의미 | 광의적 의미 vs 협의적 의미 | 사역, 원리에서 출발

Chapter 2 사역자 매뉴얼 31

Chapter 3 [사역원리 1] 사역자로의 부르심을 점검하라 39

부르심의 근거 | 부르심의 객관성 | 부르심의 확인 | 부르심의 종류 | 이중 기준 | 직분 및 호칭과 기능 | 전문성 존중

Chapter 4 [사역원리 2] 성숙한 인격의 사역자가 되라 81

경계 1호: 허황된 외침 | 성숙한 인격, 왜 중요한가? | 긴장 관계를 극복하는 성경의 원리 | 자기중심주의로부터 한 걸음 후퇴

Chapter 5 [사역원리 3] 성경에 능한 사역자가 되라 113

인간의 죄성이 미치는 영향 | 이해 능력과 영적 의지력의 손상 | 입력과 해석 | 신본주의 vs 인본주의 | 지나친 영성주의 | 신본주의 아닌 신본주의 | 인본주의를 유지하면서 말씀을 올바로 볼 수 있을까? | 성령의 권능을 덧입으라

Chapter 6 **삶의 간증이 있는 사역자가 되라** 147

매너리즘 | 영적 성장통

Chapter 7 **가르치는 일에 능한 사역자가 되라** 171

미련한 자의 특징 | 게으르면서 미련한 자 | 자의 충만한 자와 미련한 자의 관계 | 가르치는 일 | 가르침의 기술

Chapter 8 **양육하는 사역자가 되라** 193

평신도들의 사역터는 삶의 현장 | 아버지의 자리 | 어설픈 호칭

Chapter 9 **축복을 재생산하는 사역자가 되라** 217

어떠한 상황에서도 가슴에 박히는 말을 하지 말라 | 나를 화나게 하고 힘들게 했던 일을 계속해서 입에 담지 말라 | 잘 헤어지는 법을 배워라 | 기회가 주어지는 대로 축복하라

Chapter 10 **하나님을 의지하는 사역자가 되라** 233

일처리 가운데 하나님을 의지하라 | 경건에 이르기를 연습하라 | 경건의 의미 | 처절한 삶 속에서의 경건 | 경건의 훈련 | 하나님의 뜻에 나를 맞추는 훈련 | 양보와 희생의 요구에 부응하는 경건의 능력

주 267

Chapter 1
MINISTRY MANUAL

- "아들 디모데야 내가 네게 이 교훈으로써 명하노니 전에 너를 지도한 예언을 따라 그것으로 선한 싸움을 싸우며"(딤전 1:18).

- "그런즉 아볼로는 무엇이며 바울은 무엇이냐 그들은 주께서 각각 주신 대로 너희로 하여금 믿게 한 사역자들이니라"(고전 3:5).

- "나더러 주여 주여 하는 자마다 다 천국에 들어갈 것이 아니요 다만 하늘에 계신 내 아버지의 뜻대로 행하는 자라야 들어가리라"(마 7:21).

사역자,
그는 누구인가?

소수의 정예만을 사역자로 고집한다고 먹혀들어갈 분위기도 아니고, 사역자의 일반화를 주장하면서 오합지졸을 양산하는 것을 묵과할 수 있는 것도 아니다. 정예를 정석으로 동일시할 수 있는 것도 아니고, 일반화된 결과라고 하여 일반적인 진리로 받아들일 수 있는 것도 아니다.

지금 우리는 전 교인의 사역자화 시대에 살고 있다. "더 이상 평신도는 없다"는 공개적 주장도 쉽게 듣고 있다. 그래서인지 사역자라는 호칭이나 직분이 대단한 것으로 가슴에 와 닿지 않는다.

1988년도로 기억되니 제법 오래전의 일들이다. 미국 캘리포니아의 어느 가정에 젊은 커플들이 모여 함께 교제하는 중이었다. 처음 본 한 형제가 신학교에서 공부한 적도 없고, 목사 안수를 받은 적도 없지만 교회에서는 자신을 목사로 부른다고 소개하는 것을 들었다. 순간 나는 이해가 잘 되지 않아 고개를 갸우뚱거렸던 기억이 난다. 신학교 문앞에도 가 본 적이 없는 미국인 친구가 자신을 사역자라고 소개했을 때 의아해했던 기억 역시 갖고 있다. 미국에서 신학교를 다닐 때 채플 시간에 사회를 보던 학생이 손을 들고 축도하는 것을 보며 깜짝 놀랐던 경험도 아직 생생하다. 제3세계에서 선교를 하는 평신도들이 국제 교회(International Church)에서 돌아가며 설교하는 것을 보고 '목사가 없어서 이러한 방식으로 진행을 하나 보다' 하고 머뭇거리고 있는 나에게 젊은 미국인 평신도 선교사가 다가와 "설교가 어찌 목사에게만 주어진 특권이라고 생각하는 거죠?"라며 눈을 부릅뜨며 훈계했던, 그 자신에 찬 눈빛을 잊을 수가 없다.

다 동의한다고 말할 수도, 다 거부한다고 말할 수도 없는, 말 그대로 헷갈렸던 상황들이었다. 그런데 이제 이러한 현상이 남의 나라에서만, 다른 문화권에서만 일어나는 것이 아니라 바로 우리나라에서, 그리고 세계에 흩어져 있는 한인 교회 안에서 자연스럽게 일어나는 상황이 되어가고 있다.

소수의 정예만을 사역자로 고집한다고 먹혀들어갈 분위기도 아니고, 사역자의 일반화를 주장하면서 오합지졸을 양산하는 것을 묵과할 수 있는 것도 아니다. 정예를 정석으로 동일시할 수 있는 것도 아니고, 일반화된 결과라고 하여 일반적인 진리로 받아들일 수 있는 것도 아니다. 정예의 일반화 현상은 아주 긍정적인 것이지만 일당십, 일당백의 정예도 아니면서 구호로만 모든 사병의 정예화, 또는 장교화를 외친다면 그것은 문제가 될 수 있다.

부정적 관점에서 이 글을 시작하는 것도 아니고, 무조건 긍정의 마음으로 지지의 글을 쓰고자 함도 아니다. 단지 되도록 객관적인 시각을 유지하면서 냉정하게 사역 원리를 제시함으로써 출발선에 서서 앞을 바라보며 준비하고 있는 사역자들을 돕고자 하는 마음으로 펜을 들었을 뿐이다. 동시에 이미 사역의 길에 들어선 이들이 재무장하여 새로운 마음으로 사역을 시작하는 일에 일조하고자 하는 마음으로 이 글을 기록한다.

사역자라는 단어의 의미

사역자라는 단어의 정의와 의미와 비중을 먼저 이해할 필요가 있다. 한글성경 개역개정판에는 사역자라는 단어가 다음과 같이 네 곳에서 사용되었다.

> "바람을 자기 사신으로 삼으시고 불꽃으로 자기 사역자를 삼으시며"(시 104:4).
>
> "그는 하나님의 사역자가 되어 네게 선을 베푸는 자니라…곧 하나님의 사역자가 되어 악을 행하는 자에게 진노하심을 따라 보응하는 자니라"(롬 13:4).
>
> "그런즉 아볼로는 무엇이며 바울은 무엇이냐 그들은 주께서 각각 주신 대로 너희로 하여금 믿게 한 사역자들이니라"(고전 3:5).
>
> "그는 그의 천사들을 바람으로, 그의 사역자들을 불꽃으로 삼으시느니라"(히 1:7).

네 곳 모두 영어성경에서는 'minister', 'servant', 'messenger'로 번

역되었다. 사역자의 원어인 헬라어 '디아코노스'는 일반적으로 '하인'의 개념으로 사용되었고, 후에 교회라는 범주 안에서 '특정 직분을 가진 자'[1]에 대하여 통상적인 지칭을 하기 시작했다. 또한 히브리서 1장에 사용된 '레이투르고스'는 천사들을 가리킨 내용이지만 원래 '공복'(公僕)의 의미를 가지고 있으며 '하나님의 일꾼'을 일반적으로 지칭한다.

한국어로 사역자라는 단어가 개역개정에는 네 곳에서 보이지만, 헬라어 '디아코노스'를 '일꾼'으로 번역한 것은 26개 구절에서 보이며, '종'이라는 뜻의 헬라어 단어 '둘로스'가 사용된 절 수는 998개나 된다. NIV 성경에서 'minister'가 사용된 곳은 36군데이며, KJV 성경에서 사용된 절 수는 98개에 이른다.

간단하게나마 살펴본 사역자, 또는 일꾼에 대한 정의를 정리해 보자면, 원래의 뜻은 주인의 일을 돕도록 직분이 주어진 종, 하인, 또는 일꾼의 개념을 갖고 있다. 우리는 하나님 아버지를 주인님, 즉 주님이라고 부르는 자들이다. 따라서 어찌 보면 우리의 주인 되시는 하나님이 그분의 집의 여러 일들을 맡아 하도록 위탁하신 모든 자들을 하나님의 '디아코노스', 즉 사역자, 또는 일꾼이라고 호칭하는 데 그리 큰 문제는 없을 듯하다.

다시 말해 하나님을 주인으로 모신 그리스도인들 중에서 주인께서 맡기신 여러 일들을 자신의 사명으로 받아들여 그 일에 종사하는 자들을 주인의 일을 맡은 사역자라고 할 수 있다. 일의 경중이 있고, 일의 대소가 있고, 겉으로 비추어지는 일의 귀천이 있을 수는 있겠지만 경중과 대소와 귀천을 떠나 맡겨진 일이 있고, 그 맡겨진 일에 순종하는 마음으로 참여하는 모든 사람들을 사역자라고 일컬을 수 있다.

광의적 의미 vs 협의적 의미

 이러한 관점에서 볼 때 오늘날 한국 교회에서 통용되고 있는 사역자라는 개념은 광의적으로도, 그리고 협의적으로도 충분히 고려되어야 하는 호칭으로 받아들여질 수 있다. 하지만 독자들이 꼭 이해해야 할 내용은 광의적 관점과 협의적 관점에 차이(difference)가 분명히 있는데, 그 차이를 차별(discrimination)로 받아들이지 말고 구별(distinction)로 받아들여야 한다는 것이다. 차이와 구별은 언제나 존재한다. 예를 들어 남자와 여자 사이에 차별은 있을 수 없다. 그러나 다름(differentiation)으로 인해 구별되어야 한다는 것은 아무도 부인할 수 없는 사실이다. 부부지간에는 차별이 있을 수 없으나 남편과 아내의 구별은 존재한다. 내과의사와 외과의사의 경우 같은 의사이지만 일의 구별이 있고, 일하는 내용에 차이가 존재한다. 병을 보고 진료하는 의료인이 있고, 행정과 기술로 의사를 협력하는 의료인이 있다. 둘 다 의료인이라고 불리지만 의사라는 호칭에는 구별이 따른다. 예를 들어 설명하자면 끝이 없다.

 광의적 관점에서의 사역자는 주님을 주인으로 고백하고, 주님이 맡겨주신 일을 사명으로 생각하여 주인에게 속한 일꾼의 마음으로 존귀한 일에 정성껏 참여하는 모든 자들을 의미한다. 따라서 우리는 하나님의 몸 된 교회에서 진행되는 모든 일에 참여하고, 맡겨진 부서에서 성심껏 섬기는 모든 일꾼을 사역자라고 부를 수 있을 것이다.

이러한 관점에서 볼 때 상당수의 한국 그리스도인들이 이에 해당된다. 생활의 현장에서 지치고 고단하여 쓰러질 것 같은 상황 속에서도 하나님의 몸 된 교회의 일이라면 만사를 다 제쳐두고 달려와 섬기는 성도들, 그들이 바로 누구보다 뛰어난 사역자들이 아닐까?

나의 주위만 둘러보아도 이러한 사역자들은 쉽게 눈에 들어온다. 내가 아는 어느 장로님은 사업가인지, 선교사인지 구별이 안 갈 정도로 세계 곳곳을 다니며 선교에 마음으로, 물질로 참여하신다. 늘 마음속에 선교라는 단어를 간직하고 사신다. 선교지에 제대로 된 교회를 100개 세울 때까지 그 걸음을 멈추지 않겠다고 작정하고 사시는 분이다. 또 어느 장로님은 엄청난 규모의 회사를 운영하면서도 철저한 겸손을 유지하면서 세계 곳곳에 파송된 선교사들을 물심양면으로 돕고, 협력하고, 위하여 기도하면서 후원하는 후원 선교사의 삶을 사신다. 그분을 보기만 해도 고개가 절로 숙여진다.

나의 누이들과 그 남편들만 봐도 목사인 나보다 교회 일에 더 열심이라는 느낌이 들 때가 한두 번이 아니다. 일하는 시간을 빼고 나머지 대부분의 시간을 교회 일을 위해 드리는 것 같고, 교회가 순탄하면 평안해 보이고 교회에 조금이라도 어려운 일이 생기면 얼굴이 어두워 보이는 듯한 느낌을 줄 정도다. 늘 교회의 순원들을 챙기고, 위하여 기도해 주고, 심지어는 금식도 하면서 그들을 영적으로 어떻게 잘 먹이고 돌봐야 하는가를 염려하는 정도가 일반 엉성한 목사보다는 한 수 위인 것 같으니 사역자들임에 틀림이 없다. 그들 모두 사역자라는 호칭을 받기에 조금도 손색이 없다.

그렇다면 협의적 관점에서의 사역자는 광의적 의미에서의 사역자와 비교해 무엇이 다른가? 구약에 의하면 레위 지파에 제사장이라는 직분이 주어졌고, 제사장 직분 중에 대제사장이라는 직분이 있었다. 언제나 제사장과 대제사장 직분은 레위 지파에게만 주어졌다. 그러나 유대 지파이신 예수 그리스도께서 거룩한 대제사장 직분을 수행하심으로 전통적인 제사장 계승 제도를 무너뜨리셨다. 따라서 구약에 존재했던 제사장, 또는 대제사장의 관점으로 오늘날의 사역자를 분류하기는 어렵다. 그렇다면 어떠한 관점에서 협의적 의미의 사역자를 설명할 수 있겠는가?

여기에서 나는 '전문성'이라는 단어로, 그리고 '시간'이라는 단어로 설명하고자 한다. 전문직은 '부르심'이라는 단어와 밀접한 관계가 있다. 예를 들어 의사로 부르심을 받은 한 장로가 상당수의 시간을 교회를 섬기는 데 사용한다고 하자. 매일의 새벽 기도회, 수요 예배, 금요 철야 기도회에 참여하는 것은 물론 주일에는 하루 종일 교회에서 피골이 상접할 정도로 교회를 섬긴다. 모든 제자 훈련에도 참여하고, 제자들을 양육하고, 순장으로서 순원들을 이끌기도 한다. 그렇다면 그는 분명히 광의적인 의미에서는 사역자임에 틀림이 없다. 그리고 사역자라는 호칭을 받는 데 문제가 없다. 그럼에도 불구하고 그의 전문직은 의사다. 병을 살피도록 부르심을 받았고, 그것을 위해 장기간 훈련을 받았으며, 보람도 병원에서 더 많이 느낄 수 있도록 부르심을 받았다. 따라서 그는 광의적 의미에서는 사역자이지만 협의적 의미에서는 의료 전문인으로 소개되어야 마땅하다.

반대의 예를 들어보자. 우리가 익히 들어 알고 있는 마틴 로이드 존스 목사에 대한 이야기다. 그의 말을 잠깐 소개하고자 한다.

"나는…큰 특권을 느끼곤 한다. 이처럼 귀한 말씀을 연구하기 위해 적어도 한 주 정도의 시간조차 소비해 보지 못한 사람에 대해 측은함을 느끼기도 한다. 나는 본문 말씀을 깊이 들여다보며 말씀이 주는 음성을 듣고 여기에 대해 다른 이들이 말한 내용들을 고찰하면서 한 주일 정도를 보내는 것보다 더 귀하고 영광된 것은 없다고 생각한다."[2]

마틴 로이드 존스는 20세기 최고의 강해 설교자로 인정받는 목사다. 그는 원래 의사였으나, 27세 때 육신의 질병을 고치는 의사가 아니라 영혼의 질병을 고치는 목회자의 길을 택했다. 아베나본에서 목회를 시작하여 큰 부흥을 경험했고, 후에 런던의 웨스트민스터 채플에서 30년간 목회를 했다. 그가 설교한 많은 내용들이 책으로 출간되었고, 소천한 지 30년이 지난 지금도 여전히 많은 이들에게 큰 도움을 주는 사역을 지속하고 있다.

만약 그가 전문적으로 말씀을 가르치는 사역을 하면서 의사의 길을 떠난 것을 후회했다면 앞서 소개한 고백을 할 수 없었을 것이다. 이처럼 하나님의 말씀을 연구하여 가르치는 일을 전문적으로 했던 마틴 로이드 존스 목사와 같은 이를 협의적 의미에서의 전문 사역자라고 말할 수 있다.

한국을 비롯한 세계 여러 나라에서 전문적으로 말씀을 연구하여 지속적으로 설교를 하느라 애쓰는 수많은 설교자들, 그리고 성도들을 위하여 전문적으로 기도하고, 심방하고, 문제를 상담해 주는 목사들과 사모들, 목사 안수는 받지 않았지만 동일한 일을 하는 목자들과 사모들 모두가 협의적 의미에서 볼 때 사역자들이다. 그들은 개인의 집을 장만하기 위해, 좋은 차를 몰기 위해, 자녀들에게 줄 수 있는 여러 가지 경제적 혜택을 위해 애쓰지 않도록 하나님이 정해 놓으신 길을 전문적으로 걷는 자들이기 때문에 그 전문성에 있어서 전문 사역자들임에 틀림이 없다.

언어와 문화가 다른 지역에서 복음을 전파하기 위해 여러 좋은 조건들을 내려놓고 애쓰는 선교사들 역시 협의적 의미의 사역자들이다. 좋은 목회 조건을 마다하고 늘 후원 문제에 시달리며 해외에서 땀과 눈물을 흘리는 목사 선교사들, 의사로서 해외에 나가 한국이나 미국의 의사들이 누릴 수 있는 모든 조건들을 포기하고 경제적으로 궁핍함을 경험하면서도 미소를 잃지 않고 선교 사역에 참여하는 의료 선교사들, 여러 전문적인 일들을 통해 누릴 수 있는 많은 것들을 포기하고 선교지에서 평생을 섬기는 전문인 선교사들, 이들 모두가 협의적 차원에서의 전문 사역자들이다. 예수 그리스도의 이름으로 가난하고, 불의에 시달리고, 병마와 싸우고, 정신 질환에 지친 이들을 전문적으로 집중하여 섬기는 모든 자들은 협의적 의미에서 사역자들이다.

시간을 잣대로 하여 광의와 협의를 말할 수도 있다. 전문성이란 결국 시간을 요구하는 것이기에 어떤 의미에서 보면 전문성과 시간을 나누어 생각할 수도 없다. 그럼에도 불구하고 드려지는 시간에 근거하여 광의와 협의의 차이를 생각할 필요는 있다.

모든 시간을 교회의 일에 매달리는 사람들과 다른 분야에서 할 일을 다 한 후 남은 시간을 교회의 일에 드리는 사람들 간에는 차이가 있을 수밖에 없다. 전 시간을 선교지에서 가족들과 함께 살면서 선교 사역에 참여하는 사람들과 일 년에 한두 차례 선교지에 들어가 단기 선교 사역에 참여하는 사람들 간에 차이는 당연히 존재해야 한다.

내가 섬기는 단체에는 비지니스팀이 있다. 그들은 주일을 제외한 대부분의 시간을 물질을 창출하는 일에 전념한다. 아침부터 밤 11시까지 열심히 일한다. 그들이 버는 돈 모두는 사역에 사용된다. 물론 그들이 받는 기본 월급은 있으나 그들이 상업 행위를 하는 주된 목적은 하나님 나라의 확장에 있다. 그래서 나는 그들을 '비지니스 사역자들'이라고 호칭한다. 죽도록 일해서 나오는 수익을 자신들의 주머니로 가지고 가는 것이 아니라 하나님의 사역 진행을 위하여 토해낸다. 그것을 기쁨으로 알고, 사역으로 안다. 그들은 전문성에 있어서만이 아니라 시간에 있어서도 협의적 의미의 전임 전문 사역자들이다.

시간을 언급함에 있어서 드려지는 시간의 때를 다루지 않을 수가 없다. 인생에 있어서 10대의 한 시간, 20대의 한 시간, 30대의 한 시간, 40대의 한 시간, 50대의 한 시간, 60대의 한 시간, 70대의 한 시간, 80대의 한 시간, 90대의 한 시간은 모두 한 시간이라는 공통점을 갖고 있지만 다 동일한 가치를 지니고 있지는 않다. 물론 사람들마다 시간을 어떻게 사용하고, 그 시간에 어떠한 가치를 부여하느냐에 따라 다르겠지만 일반적으로 평가할 때 분명 다른 가치를 지니고 있음을 부인하기는 어렵다.

　이러한 관점을 기초로 하여 하나님의 일에 참여하는 때를 생각해 볼 수 있다. 어떤 사람은 10대에 부르심을 받고, 20대에 준비하여, 30대부터 천국에 갈 때까지 하나님의 일에 자신의 전 시간을 드린다. 그리고 어떤 사람은 50대에 부르심을 받고 급히 준비하여, 50대 후반부터 하나님의 일에 전적으로 참여한다. 또 어떤 사람은 60대에 부르심을 받아 사역에 참여하는 실버 사역자가 되기도 한다.

　선교지를 예로 들어보자. 젊고 힘 있는 시절에는 자신이 하고 싶은 일들에 매진하고, 자녀들이 성장하는 시간대에는 좋은 조건에서 교육을 시키고, 자녀로 인해 크게 걱정할 일이 없는 인생의 후반부에 와서야 선교지에 나온 선교사들이 있다. 반면 어린 자녀들을 이끌고 막막한 선교지에 나와 젊어서부터 온갖 고생을 하며 사역에 참여한 선교사들도 있다. 이 둘 사이에 어떠한 차이도 두지 않는 것은 그리 타당하지 못하다. 물론 여러 방면에 경험이 풍부하고 지혜로운 실버 사역자들이 이루어내는 열매들을 무시할 수는 없다. 노후에라도 하나님 나라를 위해 전 시간을 바치겠다는 열정을 어찌 가볍게 볼 수 있겠는가? 그러나 일의 경중과 열매의 다소를 논하고자 함이 아니라 시간과 때의 관점을 기초로 하여 인정할 것은 인정하는 겸허함을 이끌어내고자 함에 나의 의도가 있다.

　인생의 모든 시간대가 다 황금같이 귀하다고 할 수 있겠지만 그럼에도 불구하고 객관적으로 인정할 수 있는 인생의 절정기가 있기 마련이다. 가장 활발하게 활동하며 꿈을 이루어가는 시기에 어디에서 무엇을 하면서 보냈고, 현재 어떻게 보내고 있는가를 생각하면서 모든 전문 사역자들에 대한 태도를 결정해야 할 것이다.

사역, 원리에서 출발

광의와 협의의 의미를 떠나 하나님의 나라를 위해 전심으로 섬김의 도를 실행하고자 하는 모든 사역자들이 기억해야 할 것은 사역자가 지켜야 할 원리와 방향이다. 사역자가 된다는 것은 선한 싸움에 참여한다는 것을 의미한다. 즉 전쟁터에 나가 전쟁에 공식적으로 개입하는 군사가 되어야 한다는 말이다. 그런데 그냥 싸우는 것이 아니라 선한 싸움을 싸워야 한다.

디모데전서 1장 18절에 보면 에베소 교회의 목회자로 임명된 디모데에게 영적 아버지이면서 동시에 그의 감독인 사도 바울이 조언하는 내용이 나온다.

> "아들 디모데야 내가 네게 이 교훈으로써 명하노니 전에 너를 지도한 예언을 따라 그것으로 선한 싸움을 싸우며" (딤전 1:18).

목회자에게 싸우라는 명령을 하고 있다. 그런데 그냥 싸움이 아니라 큰 조건이 있는데, 선한 싸움을 싸우라고 한다. 그리고 이 싸움에 있어서 중요한 전제 조건으로 "전에 너를 지도한 예언"을 제시하고 있다. 선한 싸움의 근거와 전략을 언급한 것이다.

하나님의 일에 참여하기로 마음을 먹은 모든 사역자들은 광의적 의미에서의 사역자든 협의적 의미에서의 사역자든 상관없이 사역 지침을 가지고 사역에 임해야만 한다. 죄성에 물든 개인의 심성으로부터 우러나오는 주관적 지침은 믿을 수도 없고, 의지할 수도 없다. 문제는 적지 않은 사역자들이 자신의 심장에서 들려오는 소리에만 의존하여 사역을 진행한다는 것이다. 마태복음 7장 21-23절은 다음과 같이 말씀한다.

> "나더러 주여 주여 하는 자마다 다 천국에 들어갈 것이 아니요 다만 하늘에 계신 내 아버지의 뜻대로 행하는 자라야 들어가리라 그날에 많은 사람이 나더러 이르되 주여 주여 우리가 주의 이름으로 선지자 노릇하며 주의 이름으로 귀신을 쫓아내며 주의 이름으로 많은 권능을 행하지 아니하였나이까 하리니 그때에 내가 그들에게 밝히 말하되 내가 너희를 도무지 알지 못하니 불법을 행하는 자들아 내게서 떠나가라 하리라"(마 7:21-23).

여기에서 소개된 사람들의 특징은 주관적 관점에서 하나님의 일에 참여했고, 하나님의 일을 위하여 나름대로는 크게 희생을 했다고 자부한다는 것이다. 그러나 그들에게 한 가지 없는 것은 객관적 잣대, 즉 객관적 지침이다. 책망의 핵심은 불법을 행하는 것이었다. 불법이란 법에 어긋난다는 의미이고, 법에 어긋난다는 말은 법이 있다는 말이기도 하다.

법이 있는데 그 법에 근거하지 않고 자기 멋대로 하나님의 일에 참여했다는 말이다. 중요한 객관적 지침이 없이 자신이 하고 싶은 대로 하면서 속으로는 하나님의 일을 하고 있다고 생각하는 자들에 대한 경고요 설명이다.

감사하게도 하나님은 성경 66권 속에 특별히 디모데전서와 디모데후서, 그리고 디도서를 지정하시어 사역자들을 위한 지침으로 허락해 주셨다. 이 말씀들 속에 제시되어 있는 사역의 지침들을 잘 이해하고, 이해된 내용들에 근거하여 성실하게 사역을 수행해 나간다면 언젠가 한 번은 서게 될 평가의 자리에서 "불법을 행하는 자들아 내게서 떠나가라"는 호령만큼은 피할 수 있으리라 믿는다.

나는 이 글을 쓰면서 한 절 한 절씩 강해하는 방법을 취하지 않았다. 숲 속의 나무들 한 그루 한 그루씩을 보다 보면 숲 전체의 큰 그림을 보기가 어려울 것이라고 여겼기 때문이다. 따라서 이 책은 사역자 서신에 대한 강해집이 아니다. 오히려 이 책은 세 권의 서신 속에 흩어져 있는 여러 원리들을 크게 여덟 가지로 묶어 설명한 내용들을 제시한다. 더 세분하여 열 개, 또는 그 이상으로 원리를 나눌 수도 있겠지만 나는 크게 여덟 가지로 나누어 설명을 전개했다.

이 책을 통해 사역에 참여하고 있는 모든 사역자들이 다시 한 번 사역의 방향과 원칙에 대해 정립할 수 있기를 심히 소망한다. 그리고 사역자의 사역자 됨으로 인해 한국 교회가 세계 교회 속에서 좀 더 아름다운 모범을 제시할 수 있기를 사모한다. 무엇보다도 하나님의 나라가 하나님의 말씀에 근거하여 확장되며, 높으신 우리 주님의 이름이 사역자들을 통해 더욱더 높아지기를 기도하는 마음이 간절하다.

말씀의 원리에 근거해 사역을 시작하고 달리자. 사역 스타트!

Chapter 2
MINISTRY MANUAL

- "믿음 안에서 참 아들 된 디모데에게 편지하노니 하나님 아버지와 그리스도 예수 우리 주께로부터 은혜와 긍휼과 평강이 네게 있을지어다…이 교훈의 목적은 청결한 마음과 선한 양심과 거짓이 없는 믿음에서 나오는 사랑이거늘"(딤전 1:2, 5).

- "그러므로 감독은 책망할 것이 없으며 한 아내의 남편이 되며 절제하며 신중하며 단정하며 나그네를 대접하며 가르치기를 잘하며"(딤전 3:2).

사역자 매뉴얼

무슨 물건이든지 정식으로 구입하는 모든 것에는 사용 설명서가 들어 있다. 사용법을 무시하고 잘못 사용하면 곤란한 일을 겪기 쉽다. 그래서 새로운 물건을 사용할 때는 어떻게 사용하는가에 대한 가이드라인을 참고하는 것이 언제나 안전하다. 성경 66권 속의 세 권의 사역자 서신서는 사역에 대한 구체적 사용 설명서이고 가이드라인이다. 그래서 사역자라면 누구나, 그가 협의적 의미에서의 사역자든, 광의적 의미에서의 사역자든 필수적으로 마음에 새겨야만 한다.

내가 전임 사역자로 하나님의 나라를 섬기도록 부르심을 받았던 때의 나이가 만 19세였다. 당시 어린 내게는 사역자에 대한 개념이 있을 수 없었다. 그때 안쓰러운 느낌을 주었던 두 종류의 직업이 있었는데 그것은 약사와 목사였다. 약사라는 직업이 제법 괜찮은 것인데도 당시에 비추어진 약사의 모습은 초라했던 것 같다. 내가 살던 집과 버스 정류장 중간에 약국이 있었다. 그런데 늘 학교와 집을 오가면서 내 눈에 관찰된 약사에 대한 인상은 감옥에 갇힌 죄수 같다는 것이었다. 학교에 갈 때 봐도 약국 안에 서 있고, 집에 돌아올 때 봐도 여전히 약국 안에 서 있고, 평일에도, 휴일에도 마찬가지였다. 그러니 자연스럽게 약사가 불쌍하게 느껴졌고, 그 직업을 가진 자들에 대해 연민의 정까지 들 정도였다. 목사 역시 마찬가지였다. 언제나 엄숙한 표정으로 성경을 가슴에 품고 다니고, 어쩌다 대할 때면 마룻바닥에 무릎을 꿇고 눈물을 흘리며 기도하는 모습뿐이었기 때문에 어린 내 눈에는 답답한 직업으로 비추어졌다.

그랬던 내게 사역자로의 부르심은 당황스러움 그 자체였다. '목사라니! 선교사라니! 제일 답답하고 안쓰럽게 여기고 바라보던 그 일을 바로 나보고 하라고 하시다니!' 나는 아직도 그날 밤의 몸부림을 기억하고 있다.

나는 그리스도를 인격적으로 만난 이후 거의 6개월간 장래의 직업을 놓고 비장하게 기도를 드렸다. 어느 금요철야기도회에서 이전과 동일하게 하나님 앞에 무릎을 꿇고 기도하던 중이었다. 간절히 사모하는 마음으로 장래의 길을 놓고 기도하는데 말로 표현할 수 없는 음성이 나의 마음에 강력하게 전달되었다. "나의 종이 되라!"는 하나님의 음성이었다. 잠시 정신을 차리고 생각해 보니 그 말은 바로 목사가 되라는 말이었다.

그 순간 나는 뒹굴기 시작했다. 무릎을 꿇고 기도하면서 붙잡고 있던 의자와 더불어 뒹굴었다. "하나님, 농담하십니까?"라고 끝없이 외쳤다. "하필이면 제일 싫어했던 그 일을 하라고 하십니까?" 거의 두 시간 정도를 그렇게 몸부림을 치며, 뒹굴며, 발버둥을 치며, 반항하며 기도했던 것 같다.

그런데 어느 순간 내 마음속에 감당할 수 없는 평안이 넘쳐나기 시작했다. 발버둥을 덮어버릴 정도의 큰 평안이었다. 아마도 경험해 본 사람은 무슨 말인지 알 것이다. 평안이 넘치니 기쁨이 오고, 기쁨이 오니 웃음이 나왔다. 그리고 입에서는 "감사합니다! 감사합니다!"라는 말이 자연스럽게 흘러나왔다. 그리고 금요철야기도회의 마지막 순서인 간증 시간에 사람들 앞에 서서 금방 경험한 내용을 증거했다.

그렇게 밤을 보내고 집으로 돌아오는 길에 갑작스럽게 걱정이 되었다. "부모님에게는 뭐라고 말씀드리지?" 아버지가 알게 되시는 것이 부담스럽게 다가왔다. 집에 돌아와서 곧장 어머니와 마주앉았다. 그리고 밤새 있었던 일을 말씀드렸다. 그런데 나의 말을 들으시던 어머니가 "주님! 감사합니다!" 하고 외치셨다. 나로서는 의외의 반응이었다. 한 번도 내게 주의 종이 되라는 언급을 하지 않으셨기에 더욱 그러했다. 어머니는 내가 한 돌이 되던 해에 하나님께 나를 드리겠다고 헌신을 하시고서 내가 혹시 부담을 가질까봐 그 내용을 한 번도 말씀하지 않으신 것이었다. 그렇게 나는 하나님의 부르심을 받은 사역자의 길에 들어서게 되었다.

하지만 사역자가 어떻게 준비되어야 하고, 무슨 일을 해야 하는지에 대해 전혀 알 길이 없었다. 그냥 신학교만 가면 자연스럽게 모든 것이 해결되는 줄 알았다. 주위에서 그 누구도 구체적으로 멘토링을 해주지 않았다. 모든 것을 나 혼자서 해결해야만 하는 상황이었다. 그렇게 이곳저곳에서 다양한 경험을 하면서 조금씩 준비의 과정을 거쳤다.

그러던 어느 날 바울의 목회 서신을 접하게 되었다. 나는 주저하지 않고 이 세 서신들을 갖고 경건의 시간을 가졌다. 한 번 정독했다. 하지만

'좋은 내용이구나' 하는 정도에 그쳤을 뿐 구체적인 도움을 받았다는 생각은 하지 못했다. 그리고 신학교에서 목회학 석사 과정을 공부하면서 정신을 차리고 집중하여 정독을 했다. 조금 알 듯했다. 지금 생각해 보면 내용이 어려워서라기보다는 정식으로 사역에 참여해 본 경험이 없었던 탓으로 여겨진다.

그리고 목사 고시를 치르기 위해 준비할 때 적어냈던 논문이 이 세 개의 서신들에서 소개하고 있는 '사역에 관한 원리'였다. 마지막 면접을 볼 때 당시 고시 부장으로 계셨던 이원상 목사님이 그 내용을 복사하여 노회에 있는 모든 목회자들에게 나누어주면 좋겠다는 제안을 하셨다. 생각지도 못했던 큰 칭찬을 들으면서 나는 목사 고시를 위해 준비했던 '사역에 관한 원리'를 마음속에 아로새겼다.

아울러 '하나님은 부르심만 주시는 것이 아니라 부르심에 대한 원리까지도 주시는구나' 하는 믿음도 이 서신들을 통해 갖게 되었다. 이러한 믿음은 사역에 참여하는 모든 시간들 속에 긍정적인 사고로 작용해 왔다.

무슨 물건이든지 정식으로 구입하는 모든 것에는 사용 설명서가 들어 있다. 사용법을 무시하고 잘못 사용하면 곤란한 일을 겪기 쉽다. 그래서 새로운 물건을 사용할 때는 어떻게 사용하는가에 대한 가이드라인을 참고하는 것이 언제나 안전하다.

성경 66권 속의 세 권의 사역자 서신서는 사역에 대한 구체적 사용 설명서이고 가이드라인이다. 그래서 사역자라면 누구나, 그가 협의적 의미에서의 사역자든, 광의적 의미에서의 사역자든 필수적으로 마음에 새겨야만 한다.

　젊디젊은 사역자 디모데를 에베소 교회를 섬기는 목회자로 보내고 난 후 영적 아버지요, 감독이요, 선배인 사도 바울은 끊임없이 그를 위해 기도했다. 그러는 가운데 에베소 교회 내에 존재하고 있는 여러 문제들에 둘러싸여 어려움을 겪고 있을 디모데를 위해, 그리고 그가 목양하고 있는 에베소 교회를 위해 펜을 들어 기록한 것이 디모데전서와 디모데후서다.

　지금도 그렇지만 교회 안에는 언제나 여러 복잡한 요소들이 존재한다. 당시에도 민족 중심적인 표현을 주로 구사하는 기독교 유대인들, 또는 율법적 유대식 기독교인들에 의해 이신칭의 교리에 대한 도전은 끝이 없었다. 디모데전서 1장 3절 이하의 내용은 이러한 분위기를 충분히 짐작하게 해준다.

"아들 디모데야 내가 네게 이 교훈으로써 명하노니 전에 너를 지도한 예언을 따라 그것으로 선한 싸움을 싸우며 믿음과 착한 양심을 가지라"(딤전 1:18-19).

"그러므로 감독은 책망할 것이 없으며 한 아내의 남편이 되며 절제하며 신중하며 단정하며 나그네를 대접하며 가르치기를 잘하며 술을 즐기지 아니하며 구타하지 아니하며 오직 관용하며 다투지 아니하며 돈을 사랑하지 아니하며…"(딤전 3:2-7).

"이와 같이 집사들도 정중하고 일구이언을 하지 아니하고…깨끗한 양심에 믿음의 비밀을 가진 자라야 할지니…집사의 직분을 잘한 자들은 아름다운 지위와 그리스도 예수 안에 있는 믿음에 큰 담력을 얻느니라"(딤전 3:8-13).

사도 바울은 여기에서 어떠한 내용으로 그들과 맞서야 할지를 구체적으로 제시하기보다는 오히려 어떠한 태도로 그들을 다루어야 할지에 대해 언급했다. 즉 사역자의 자세와 태도에 좀 더 중점을 두면서 훈계했다고 이해할 수 있다. 그러면서 사람을 관리 감독하는 감독의 자격에 대해 구체적으로 언급했고, 교회의 재정과 행정을 맡아 일할 집사들에 대한 자격 요건 역시 구체적으로 제시했다. 또한 당시 중요한 이슈 중 하나였던 구제 부분에 적용할 원칙과 태도에 대해서도 상세하게 언급했다.

디모데전서와 디모데후서, 그리고 디도서의 공통점은 다음과 같다. 첫째, 모두 젊은 사역자들에게 쓴 서신이다. 둘째, 젊음에도 불구하고 사역자라는 귀중한 직분을 함부로 대하지 말고 엄숙한 마음과 자세를 유지해야 할 것을 강조하고 있다. 셋째, 마음으로만이 아니라 객관적으로 존재하는 하나님의 말씀과 그 말씀을 기반으로 한 건전한 교리들을 기초로 삼아 사역에 임할 것을 구체적으로 권면하고 있다.

말세를 향해 치닫는 이 세대를 책임진 오늘날의 사역자들에게 동일하게 적용되는 말씀들이 한가득 담겨 있다. 나이가 많든 적든 여전히 여러 면에 있어 어리기만 한 우리다. 교리적으로 봐도 바울 당시와 비교가 안 될 정도로 혼란하고 혼탁하다. 엄숙함보다는 지극히 가볍게 하나님의 일을 생각하고 경시하는 경향이 지배적이다. 이러한 시대에 우리는 사역자로 부르심을 받았고, 지금 이 순간에도 하나님의 나라를 위해 무엇인가를 하고 있다. 이러한 시점에서 우리는 사역에 대한 가이드라인을 진중하게 살펴볼 필요가 있다.

Chapter 3
MINISTRY MANUAL

- "그리스도 예수의 명령을 따라 그리스도 예수의 사도 된 바울은"(딤전 1:1).
- "하나님의 뜻으로 말미암아…그리스도 예수의 사도 된 바울은"(딤후 1:1).
- "하나님의 종이요 예수 그리스도의 사도인 나 바울이 사도 된 것은"(딤후 1:1).
- "하나님이 택하신 자들의 믿음과 경건함에 속한 진리의 지식과 영생의 소망을 위함이라"(딛 1:1-2).

사역 원리
MINISTRY MANUAL
1

사역자로의
부르심을 점검하라

사역자라는 직분은 사람으로부터 주어지는 것이 아니라 하늘로부터 주어지는 것이다. 그리고 사역의 종류에 상관없이 모든 사역에 대한 부르심은 확실하고 분명해야 한다. 또한 사역에 참여하여 사역을 진행하는 중에도 언제나 사역에 대한 하나님의 부르심을 확인하는 과정이 유지되어야 한다.

부르심의 근거

바울은 자신을 소개할 때 사도 외에 다른 직분 및 직함으로 소개할 수도 있었을 것이다. 그러나 그는 자신을 "그리스도 예수의 사도"(딤전 1:1)로 소개했다. 자신에 대한 호칭을 결정하는 데 있어 그는 자신을 향한 하나님의 부르심과 연결시켰다. 즉 그의 부르심은 '그리스도 예수의 사도'였다. 아울러 이러한 직분에 대한 근거가 자신의 소원이나 스스로의 당위성에 있지 않고 하늘 아버지의 임명에 의한 것임을 당당하게 소개했다. 디모데전서에서는 "그리스도 예수의 명령을 따라"(딤전 1:1) 주어진 것이라고 밝혔으며, 디모데후서에서는 자신의 의지로 사도직을 선택한 것이 아니라 "하나님의 뜻으로 말미암아…예수의 사도"(딤후 1:1)가 되었다고 설명했다.

바울이 그의 사도직을 의심케 함으로 그가 전한 복음의 내용을 희석시키려는 의도를 가진 자들의 공격에 대해 변호할 때의 내용은 이보다 훨씬 더 엄중하다.

> "사람들에게서 난 것도 아니요 사람으로 말미암은 것도 아니요 오직 예수 그리스도와 그를 죽은 자 가운데서 살리신 하나님 아버지로 말미암아 사도 된 바울은" (갈 1:1).

여기에서 바울은 다른 어떤 서신에서도 볼 수 없을 만큼 엄중하게 자신의 사도직에 대한 하늘의 부르심에 대하여 소개하고 있다. 그만큼 그는 자신의 부르심에 대한 근거가 오직 하나님께만 있음을 확신하고 있었다.

사역자라는 듣기 좋은 호칭은 하늘에 속한 것이다. 사도 바울의 외침과 같이 사역자라는 직분은 사람들에게서 나는 것이 아니고, 사람으로 말미암는 것도 아니며, 오직 예수 그리스도와 하나님 아버지로 말미암은 것이어야만 참되다고 할 수 있다.

문제는 개인의 주관적 느낌, 또는 원함과 하늘로부터 주어지는 객관적 부르심 사이에 존재하는 혼동이다. 다시 말해 그리스도인이라면 한 번쯤 갖게 되는, 사역자가 되고 싶은 소원 같은 인위적인 책임 의식이 있고, 나의 의지와 상관없이 하늘로부터 내려오는 아버지의 부르심이 있는데 이 양자 간에 발생할 수 있는 혼동을 의미한다. 어떤 면에서 보면 이러한 혼동은 피할 수 없는 것이기도 하다. 사도 바울과 같이 확실하게 부르심을 받는 경우를 제외하고는 대부분 이러한 혼동을 경험하게끔 되어 있다.

나는 3대째 예수님을 믿는 가정에서 태어난 모태 신앙인이었지만 분명한 구원의 확신이 없이 장로이신 아버지와 권사이신 어머니의 외압에 의하여 습관적으로 교회를 출석했다. 그러나 대학 1학년 때 예수 그리스도를 인격적으로 영접하게 되었다. 그 후 제일 먼저 접하게 된 고민은 장래의 문제였다. 사범 대학을 다니던 나는 과연 선생으로서의 삶을 살아야 하는가, 아니면 또 다른 길이 있는가를 놓고 심각하게 고민했다. 이러한 고민 속에 참으로 진지하게 6개월간 하나님 앞에 간절한 기도를 올렸다. 지금도 식사를 위한 감사 기도를 드리는 짧은 시간조차 거의 잊지 않고 장래의 갈 길을 보여달라고 요청을 드렸던 애절함이 기억난다.

그렇게 지속적으로 간구하던 어느 날 하나님은 매우 명확한 음성으로 나를 사역자로 부르셨다. 그때가 1976년이었으니 제법 긴 시간이 흘렀다. 당시 하나님으로부터 받은 명확한 부르심은 나로 하여금 사역을 준비하고, 사역을 진행해 오는 데 있어 단 한 번의 후회도 하지 않도록 도와주는 밑받침이 되었다. 말로 표현할 수는 없지만 너무나도 분명하게 전달된 하나님의 부르시는 음성이 있었기에 지금까지 뒤 한 번 돌아보지 않고, 좌우 한 번 둘러보지 않고 한길을 걸어올 수 있었다. 이로써 나는 부르심에 있어서만큼은 매우 행복한 사람들 중 하나임을 자부할 수 있다. 안타깝게도 이처럼 명확한 하늘의 부르심이 없이 '느낌으로는 이 일을 해야 될 것 같은데…', '내 소원은 주님을 위하여 전적으로 사역에 참여하는 것인데 아직 확실한 부르심이 없어서…'라고 생각하며 혼란스러워하는 사람들이 제법 많다.

부르심의 객관성

부르심의 근거가 하늘에 있다는 것을 인정한다면 부르심이 객관적이라는 사실도 인정해야 한다. 이는 자신의 주관적 느낌이나 소원이 아닌 객관성을 유지하는 하나님의 부르심을 그 근거로 삼는 것을 의미한다. 따라서 하나님으로부터 정확한 부르심을 받았다는 확인 작업이 없는 상태에서 사역의 길로 들어서는 행위는 매우 위험한 결정이라고 말하지 않을 수 없다. 자신을 위해서, 자신의 사역 대상자들을 위해서, 또한 하나님 나라를 위해서 어려움을 도발할 수 있는 가능성을 이미 품고 시작하는 것이기 때문이다.

사역이란 그 종류에 상관없이 인간적으로 볼 때는 어려운 것이다. 목회를 하든, 선교를 하든, 교육을 하든, 교회의 행정 일을 보든 인간의 본능이 요구하는 만큼 마음껏 충족하며 살 수 있는 것이 아니기 때문에 사실상 늘 생활의 어려움을 느낄 수밖에 없다. 오로지 하나님이 불러주신 그 부르심에 적합한 삶을 살며, 그에 합당한 열매를 맺는 삶을 통해서만 나름대로의 만족과 보람을 누릴 수 있다.

사도 바울은 스스로 분명한 부르심과 그에 대한 구체적인 내용을 확인하고 있었기 때문에 "이로 말미암아 내가 또 이 고난을 받되 부끄러워하지 아니함은"(딤후 1:12)이라고 했으며, 동시에 그의 동역자인 디모데에게도 "너는 내가 우리 주를 증언함과 또는 주를 위하여 갇힌 자 된 나를 부끄러워하지 말고 오직 하나님의 능력을 따라 복음과 함께 고난을 받으라"(딤후 1:8)고 담대하게 요청할 수 있었다. 여기에는 소명을 허락해 주신 이(부르심의 근거, 하나님)가 그 소명에 대하여 순종하는 종(바울)을 주관하고 계신다는 확신도 내포되어 있다. 즉 부르심의 근거가 하늘 아버지께 있기 때문에 부르심을 받은 일에 순종하는 마음과 기뻐하는 마음으로 참여하는 자를 아버지께서 책임져주시지 않겠느냐는 확신 역시 가질 수 있다는 것이다.

디모데후서 1장 12절은 "내가 믿는 자를 내가 알고 또한 내가 의탁한 것을 그날까지 그가 능히 지키실 줄을 확신함이라"고 기록하고 있다. 이러한 확신 가운데 바울은 "주께서 내 곁에 서서 나에게 힘을 주심은"(딤후 4:17), "내가 사자의 입에서 건짐을 받았느니라"(딤후 4:17), "주께서 나를 모든 악한 일에서 건져내시고 또 그의 천국에 들어가도록 구원하시리니"(딤후 4:18)라는 더욱 확고한 고백을 할 수 있었다. 어떻게 그럴 수 있었을까? 그 대답은 "부르심의 객관적 근거가 하늘 아버지께 있기 때문이다"라는 말로 대신할 수 있다.

이와 같이 부르심에 대한 확신을 분명하게 가지고 있는 사역자와 더불어 교제를 나누며, 그에게 영적 돌봄과 양육을 받는 사역 대상자들[3]은 참으로 행복한 사람들이다. 사삭의 근거가 하늘 아버지께 있기 때문에 사역자는 늘 아버지의 음성에 귀를 기울이게끔 되어 있다. 사역자가 된 근거가 하늘에 있기 때문에 사역의 모든 진행 근거도 하늘에 있게끔 되어 있다.

이는 그만큼 사역 진행 과정에 있어서 실수를 최소화할 수 있다는 말이 되기도 한다. 사역의 대상이 사람임을 전제로 할 때 사역 진행 과정에 있어서의 실수는 사람과의 관계 속에서 나타난다. 즉 사람들에게 상처를 주고받는 형태로 실수가 나타난다. 아무리 귀한 하나님의 일이라고 할지라도 사람이 진행하는 일에 어찌 실수가 없겠는가? 사람인 이상 피할 수 없는 일이다. 그럼에도 불구하고 대인 관계에 있어서의 아픔을 최소화할 수 있다는 말이다. 때로는 이러한 아픔이 영원히 하나님을 떠나게 만드는 '소자(小子)의 상실'로 나타날 수도 있기 때문에 항상 사역 진행 과정의 근거를 객관적인 하나님의 말씀에 두려고 노력해야 한다. 그러면 그만큼 아픔을 최소화할 수 있고, 그만큼 아름다운 하나님 나라의 공동체를 유지해 나갈 수 있을 것이다.

반면에 부르심에 대한 객관적 근거가 없이 사역을 시작한 사람과 더불어 교제하며, 양육을 받으며, 함께 사역하고, 신앙생활을 하는 사람들은 참으로 불행하다 아니할 수 없다. 언제나 진정한 목자에게서 나오는 동반자적인 치료나 위로, 따뜻한 돌봄의 손길, 그리고 즐거울 때의 동락을 바라지만 기대에 미치지 못하고 단지 갈망하는 상태에 그쳐버리는 안타까운 상황이 지속되는 경우가 허다하기 때문이다.

목양의 부르심에만 적용되는 문제가 아니다. 교육이든, 행정이든, 전문인 사업가든 모든 사역의 영역에 있어 부르심에 대한 객관적 근거가 없이 사역을 시작한 사람과 함께하는 모든 자들은 어려움을 피할 수 없게 되어 있다. 분명하고 객관적인 소명이 없는, 단지 생존 수단으로서의 사역은 정열도 미치지 못하고, 성실함도 만족스럽게 전달되기 어려워 결국에는 사역자 자신을 포함한 모든 이들에게 어려움을 안겨줄 수밖에 없다.

나의 경우 신앙의 철이 든 이후 약 20년간 함께 사역을 하면서 곁에서 가까이 지켜볼 수 있었던 네 분의 목사님들이 기억에 남는다. 나의 관찰이 주관적인 것이기에 조심스럽기는 하지만 감히 언급해 보고자 한다.

네 분의 목사님들 중 두 분은 너무나도 분명하게 목회자로서의 소명을 간직하고 있었고, 목자로서 양들을 귀히 여기며 정성껏 섬겼다. 아버지의 말씀에 철저하게 근거를 두고 사역에 임했던 것으로 나의 뇌리에 새겨져 있다. 분명한 부르심을 간직하고 있었기 때문에 스스로도 매우 만족하게 사역을 진행해 나갔고 사역의 결과도 객관적으로 풍성했다. 자신을 우선으로 두기보다는 하나님의 나라를 우선시하면서 사역에 임했기 때문에 양들이 다치는 경우를 거의 보지 못했다. 하나님의 말씀을 연구하고, 하나님 앞에 무릎 꿇고 양들의 유익을 위하여 몸부림치는 사역에 대부분의 시간이 투자되는 것을 지켜볼 수 있었다. 한 영혼이 주님 앞으로 돌아오는 것을 큰 기쁨으로 받아들이고, 한 영혼이 상처받아 떠나는 모습에 가슴을 찢는 아픔을 옆에서 함께 느낄 수 있었다.

그러한 일을 위하여 부르심을 받은 것이 객관적으로도 관찰되었고, 그 일만을 위하여 온 생애를 바치는 모습이 확실하게 보였다. 양들은 자라났고, 자라난 만큼 하나님 나라의 유익을 위하여 아름답게 사용되었다. 사소한 문제들이 없지는 않았으나 근본에 해당되는 문제는 찾기가 어려웠다. 물론 이 모든 것이 하나님의 은혜이지만 무엇보다도 하나님의 분명한 부르심을 받은 사역자가 중심에 있었기에 가능한 일이었다고 생각한다.

그러나 다른 두 분의 경우는 그렇지가 못했다. 그중 한 분은 특히 그러했다. 여차여차하다 보니 신학교에 가게 되었고, 신학교에 갔으니 목회자의 길로 자연스럽게 들어가게 되었고, 목회지가 있으니 목자가 되었고, 맡겨진 일들을 하다 보니 이제까지 흘러오게 되었다는 식의 간증 아닌 간증을 하는 목회자였다. 결과는 불행 그 자체였다. 교회는 조각조각 났다. 그 과정에서 양들이 상처를 받아 교회를 옮기거나 아주 떠나는 경우가 생겼으나 전혀 마음 아파함이 없었다. 그저 자신에게 돌아올 이익은 어떠하고, 손해는 어떠한가에만 주판알을 튀기며 관심을 갖는 것을 볼 수 있었다. 사역자 자신도 비참하고, 사역의 대상자인 하나님의 양들도 불쌍하기 그지없었다. 결국에는 주위의 손가락질을 당하는 부끄러운 교회가 되었으며, 하나님 나라의 손실은 이루 표현할 수가 없을 정도다.

과연 부르심에 대한 확신이 있고 없고에 따라 이렇게까지 차이가 날 수 있을까? 지나친 강조일까? 부르심의 원리를 관철시키기 위한 논리적 과장일까? 그렇지 않다. 성경에서 소개하고 있는 하나님의 사역자들이 삶 속에서 경험했던 부르심은 한결같이 분명했다. 아브라함이 그러했다. 그는 분명한 부르심의 음성에 근거하여 오랫동안 살아온 고향을 등지고 어디로 가야 할지 알지도 못하는 상태에서 하나님의 인도하시는 손길을 따라 발걸음을 옮겼다. 모세 역시 동일했다. 아니라고 아니라고 끝없이 손을 내저었으나 너무나도 분명한 하나님의 부르심이 있었기에 그는 끝내 거부하지 못하고 광야의 생활을 접고 이스라엘 백성에게로 돌아가 담대하게 바로와 목숨을 건 싸움을 했다.

여호수아와 갈렙이 그러했고, 모든 사사들이 그러했다. 사무엘이 그러했고, 하나님의 무서운 심판대 앞에 서 있는 이스라엘을 향하여 하나님의 음성을 대언했던 선지자들 모두가 그러했다. 모두 하나님의 분명한 부르심의 과정을 거치면서 세상을 두려워하지 않는, 그리고 세상이 감당할 수 없는 하나님의 대언자들로 우뚝 서 맡겨진 일들을 감당했다. 그들은 부르심을 인하여 자신의 개인적 삶을 포기했고, 이미 주어진 것들을 내려놓았다. 그들을 향한 부르심이 어떠한 것이었든지 그들은 순종하며 쫓아갔다. 하늘 아버지의 분명한 부르심이 있었기 때문이었다.

어떤 사람은 부르심을 따라 길을 떠나 그에 합당한 자로 거듭나기 위해 온갖 과정을 다 거치면서 잘 준비되어 맡겨진 일들을 감당해냈고, 어떤 사람은 그러한 과정 중에 순교하는 영광스러운 순간을 맞이하기도 했다. 하나님의 음성이 있었고, 하나님의 백성들이 있었지만 그들 자신은 부인되었고 희생되었다. 이러한 부르심과 부르심에 대한 순종, 그리고 순종의 과정 중에 파생된 희생을 통해 결국 누구에게 이득이 돌아갔는가? 하나님의 나라와 하나님의 백성들이다. 사도 바울의 다음과 같은 고백은 바로 이러한 내용을 대변해 주고 있다.

"우리가 항상 예수의 죽음을 몸에 짊어짐은 예수의 생명이 또한 우리 몸에 나타나게 하려 함이라 우리 살아 있는 자가 항상 예수를 위하여 죽음에 넘겨짐은 예수의 생명이 또한 우리 죽을 육체에 나타나게 하려 함이라 그런즉 사망은 우리 안에서 역사하고 생명은 너희 안에서 역사하느니라" (고후 4:10-12).

하나님의 나라와 하나님의 백성들을 위하여 자신을 희생시키신 예수 그리스도의 본을 따라 사도 바울 역시 하나님이 맡겨주신 소명을 위해 항상 죽음에 넘겨졌다고 고백했다. 질그릇을 깨뜨리지 않고서는 안에 간직된 보배가 다른 사람들에게 전달될 수 없다는 귀중한 진리를 깨달은 사도 바울의 선택은 유일한 것이었다. 다른 사람에게 유익을 주고 그들 안에 생명이 역사하게 하기 위하여 그가 선택할 일은 질그릇을 깨뜨리는 희생뿐이었다.

객관적으로 분명하게 부르심을 받은 자들의 공통점은 앞서 반복해서 설명했듯이 하나님의 부르심을 확실하게 받았다는 것이고, 그러한 부르심을 위하여 자신을 죽이고, 부르심의 대상인 양 떼를 위하여 담대하게 자신을 희생하며 손실을 감수하는 모습을 한결같이 간직했다는 것이다. 결국 그로 인해 이득을 누리게 된 쪽은 그들의 사역 대상이었다.

이 얼마나 큰 진리인가? 양 떼의 젖을 짜내어 목자가 이득을 보려고 몸부림치는 말세지말을 살고 있는 오늘의 우리에게 이 얼마나 귀한 가르침인가? 아흔아홉 마리의 양 떼도 당연히 귀중히 여기지만, 그들이 안전하게 있는 것을 확인하고 잃어버린 한 마리의 양을 위하여 위험을 자원했던 아름다운 목자상은 성경에만 존재하는 것인가? 누가 그러한 목자상을 현실화할 수 있겠는가? 바로 하늘의 분명한 부르심을 받은 자만이 그러한 일을 해낼 수 있다. 왜냐하면 분명한 부르심이 있을 때 제대로 준비될 수 있고, 분명한 부르심에 근거하여 제대로 준비될 때 사역의 대상들을 위하여 자신을 희생함으로 그들에게 생명과 이득을 파생시킬 수 있기 때문이다.

사도 바울이 "내가 믿었으므로 말하였다 한 것같이 우리가 같은 믿음의 마음을 가졌으니 우리도 믿었으므로 또한 말하노라"(고후 4:13)고 외쳤듯이 나 역시 이렇게 외치고 싶다. "성경이 말씀하고, 하나님 나라의 이치가 명백하게 보이는 사역의 현장에서 보고, 듣고, 체험함으로 믿게 된 믿음과 진리에 근거하여 말하노라! 하나님 나라의 사역자가 되는 근거는 오직 하늘 아버지께만 있다!"

부르심의 확인

하나님으로부터 부르심을 받은 뒤에는 그에 대한 확인을 할 필요가 있다. 물론 어떤 시험을 통해 확인할 수 있는 것은 아니다. 워낙 주관적 요소가 강한 부분이라 참으로 쉽지 않지만 그럼에도 불구하고 객관적 확인 과정은 필요하다.

예를 들어보자. 한 형제가 중생을 체험한 후 교회에서 목사님의 설교를 듣고 바라보면서, 또한 많은 사람들이 목사님의 설교에 감동을 받고, 도전을 받고, 목사님을 존경하는 모습을 보면서 설교자의 길을 흠모하던 중 사역자로 부르심을 받았다고 가정하자. 신학교에 가서 열심히 공부하고, 교회에서는 전도사로 섬기면서 학생들을 대상으로 열심히 설교를 했다.

그런데 한 가지 문제가 서서히 보이기 시작했다. 그것은 다름 아닌 설교에 대한 청중의 평가였다. 열심히 적으려고 하는데 적을 것이 별로 없다든지, 내용은 좋은데 마음에 와 닿는 것이 없다든지, 발음이 명확하지 않아 무슨 소리인지 잘 이해가 되지 않는다든지 등의 평가가 들려오기 시작했다. 그럼에도 불구하고 그는 이미 신학을 시작한 사람으로서, 앞으로 목회를 할 사람으로서, 더구나 하나님의 종이라는 자부심을 가진 사람으로서 그러한 평가를 귓전으로 흘려버리고 자신의 방식대로 신념에 따라 말씀을 계속 전했다.

사실 설교자가 자신의 설교에 대한 냉정한 평가를 제대로 접할 기회가 많지도 않지만 접하게 되더라도 인정하고 받아들이는 것이 그리 쉬운 일은 아니다.

어쨌든 그는 신학교 설교학 시간에 공부하고, 실습을 통해 지적받은 경험 외에 지금까지 자신을 냉정하게 바라볼 수 있는 시간을 갖지 않은 상태에서 계속 설교자의 길을 가려고 한다.

이 형제의 경우 사역자로 부르심을 받았다. 그리고 설교자로서의 삶을 살고자 하는 열정이 있다. 그런데 주위의 평가는 C 또는 D 정도다. 이 정도면 단독 목회를 해나가기가 쉽지 않을 수 있다. 이 상황을 도표로 나타내보았다.

	소명(부르심)	내적 확신	외적 증명
존재여부	있다	있다	의심스럽다
이유	하나님이 주셨다	열정이 있다	청중의 평가가 낮다

　소명이 있으면 무조건 된다고 말할 수도 있겠지만 지금의 한국은 그 대상이 누구든 간에 무조건이라는 단어를 마구잡이로 사용해서 통할 수 있는 수준이 아니다. 하나님을 믿는 백성이라 해서 논리도 없고, 설득도 없이 높으신 하나님의 이름으로 대충대충, 또는 막무가내로 나가서는 곤란하다. 어쨌든 도표를 참조했을 때, 이 형제에게 소명은 분명히 있다. 그 이유는 하나님이 주신 것이기 때문이다. 물론 이 부분에서 사역자로서의 소명인지, 사역자 중 설교자로서의 소명인지가 구체화된 것은 아니다. 다음으로 내적 확신 부분이다. 설교자로서의 내적 확신의 근거는 자신의 열정과 원함에 있다. 이것 역시 무시될 수 없다. 하지만 여기까지도 소명과 마찬가지로 지극히 주관적이다. 주관적인 것을 무시하려는 의도가 아니라 좀 더 명확하게 하고자 함이니 한 단계 더 나갈 필요가 있다.

　그다음 단계는 외적 증명이다. 설교는 혼자 하는 것이 아니다. 대상이 없는 설교는 공기를 치는 음성에 불과할 뿐이다. 광야에서 외치는 소리라 할지라도 듣는 사람들이 있었기 때문에 선지자의 음성이 될 수 있었던 것이 아닐까? 따라서 대상의 평가는 지극히 중요하다. 물론 대상의 평가를 마치 사람의 평가로 절하해 대수롭지 않게 받아들이는 설교자도 적지는 않다. 하지만 자신의 설교를 듣고 평가해 주는 이들을 무조건 폄

하해 그 의견을 대수롭지 않게 여기는 설교자가 있다면 그는 스스로 소명 부분을 냉정하게 되짚어볼 필요가 있을 것이다.

이 형제의 경우 도표에 나와 있는 세 번째 단계인 외적 증명에서 불합격에 가까운 판정을 받았다. 물론 이것은 하나님이 최종적으로 평가하실 일이다.[4] 하지만 그럼에도 불구하고 청중의 반응이 의사소통에 대해 도전하고 있고, 내용 자체가 빈약하거나 논리적이지 못해 주일마다 답답한 가슴을 만지며 집으로 돌아가는 성도들이 많은 것이 현실이다. 따라서 조심스럽지만 설교자에 대해 냉정한 평가를 내리고 있는 것이다.

이즈음에서 형제는 냉정하게 자신을 돌아봐야만 할 것이다. '나는 이미 소명을 받았는데…', '나는 이미 하나님의 종인데…' 라는 식의 막무가내 대응은 스스로에게만이 아니라 앞으로 그의 설교를 들을 많은 성도들을 힘들게 할 것이다. 설교 자체에 대해 말하고자 함이 아니라 부르심에 대한 확인 과정을 설명하고자 예를 들고 있는 것이다. 그 이유는 어떠한 종류의 부르심이든 이러한 객관적 증명을 필요로 한다고 믿기 때문이다.

나는 미국 시카고에 소재한 트리니티 복음주의 신학교를 다녔다. 목회학 석사 과정을 밟으면서 설교학을 4학기 공부했다. 모두 필수 과목들이었다. 첫 번째 학기에는 대중 강연법을 공부했다. 학기의 마지막 시간에는 자신이 가장 자신 있게 권할 수 있는 물건을 들고 나와 설명을 하고, 듣는 자들이 그 물건을 꼭 갖고 싶을 정도로 설득할 수 있는지 없는지로 평가를 받았다. 두 번째 학기에는 15분 설교, 세 번째 학기에는

20분 설교, 그리고 마지막 학기에는 30분 설교를 했다.

그러던 어느 날 한 가지 일이 생겼다. 직접 보지는 못했지만, 같이 공부하던 학생 중 한 명이 집으로 돌아가는 길가에 차를 세워두고 운전대에 얼굴을 파묻고 있어서 한 형제가 어찌 된 일인지 물어보았다고 한다. 그러자 그가 하는 말이, 설교학 교수가 "자네는 아무리 봐도 설교자로 나가면 안 되겠으니 다른 길을 찾아보게"라고 했다는 것이다. 신학교의 설교학 교수가 어떻게 그런 말을 할 수 있었을까 하고 생각할지 모르겠다. 하지만 그러한 냉정하고 솔직한 평가는 학생의 장래를 바꾸어놓았다. 사실 그는 입을 열어 말을 하면 설명은 잘했지만 설득력이 약했다. 서론과 본론과 결론이 일반적으로 명확하지가 않아 듣는 자들로 하여금 늘 답답함을 느끼게 했다. 결국 그는 졸업 후 목회의 길보다는 학자의 길을 선택했고 뒤에서 남을 돕는 일을 자신의 사역으로 받아들였다.

설교와 가르침과 강의는 다 비슷해 보여도 차이가 있다. 사역에 부르심을 받으면 다 목회의 길을 가야 된다고 누가 말했는가? 목회의 길로 들어가면 항상 설교만 해야 된다고 누가 말했는가? 신학교를 졸업한 후 학자의 길로 갈 수도 있고, 선교사의 길을 택할 수도 있고, 전도자의 삶을 살 수도 있고, 교육자의 길로 들어가 평생 제자를 키우고 배양하는 일에 전념하며 살 수도 있고, 행정 사역자로 묵묵히 맡겨진 일을 감당할 수도 있다. 병원에서 죽어가는 사람들의 마지막 시간을 함께해 주는 목양을 할 수도 있고, 교도소 사역을 할 수도 있고, 문서 사역에 참여하거나 인터넷 사역을 할 수도 있고, 공단에 들어가 사목으로 사역할 수도 있다. 또한 문화 사역을 할 수도 있고, 연약하고 불쌍한 자들을 위한 사회 사역을 할 수도 있고, 음악, 영화 등의 미디어 사역을 할 수도 있고, 도서실 사역을 할 수도 있고, 하나님 나라의 경제는 내가 책임진다는 마음으로 비즈니스 선교 사역(BAM)에 참여할 수도 있다. 이와 같이 사역자는 다양한 분야에서, 다양한 모습으로 사역에 참여할 수 있다.

다시 한 번 강조하거니와 이러한 모든 사역에 대한 부르심 후에 꼭 거쳐야 될 것은 부르심에 대한 확인이다. 이 과정은 빠를수록 좋고 안전하다. 늦으면 늦을수록 재조정하기가 어려워진다. 아주 간단하게 말해 내가 현재 있어야 할 곳에 있고, 내가 있음으로 스스로 만족하고, 주위가 만족하고, 하나님 나라에 도움이 되는가를 확인하는 것이다.

이러한 과정에서 꼭 사용해야 될 근거는 앞서 도표로 제시한 소명, 내적 확신, 외적 증명의 세 단계다. 어느 하나도 간과될 수 없다. 외적으로 아무리 말을 잘한다고 해서 그것이 말하는 직업으로의 부르심을 의미하는 것은 아니다. 또한 비록 현재 말하는 재주가 없다고 해도 그것 자체가 설교자의 부르심을 배제시킬 수 있는 것은 아니다. 세 단계의 유기적 관계를 충분히 이해하고 활용하여 부르심에 대한 구체적 방향으로 진입해 들어가는 과정을 잘 소화해내야 할 것이다.

때로는 외적 증명 단계에서 긍정적 평가가 나올 수 있다. 예를 들어 해외에서 선교를 하는 선교사인데 신학자로서의 학위도 갖고 있고, 설교에 있어서도 뛰어난 설득력을 갖고 있다고 하자. 이러한 경우에는 아무래도 처음 단계로 돌아와서 하나님으로부터 받은 소명과 그에 대한 내적 확신에 근거하여 부르심이 무엇인가를 결정해야 될 것이다.

사도 바울의 경우를 보면 이해하기가 쉽다. 그는 공부를 많이 한 학자였다. 그리고 설교를 아주 잘하는 설교자였다. 동시에 훌륭한 목회자였으며, 이방인들의 구령 사역을 위하여 몸을 아끼지 않고 뛰어다니는 선교사였다. 따라서 사도 바울은 위대한 선교사로, 목회자로, 설교자로, 신학자로 불릴 수 있다. 하지만 그를 대표하는 소명적 직업은 무엇일까? 목회자라면 한 곳에 진득하게 있으면서 양 무리를 돌보는 사람을 뜻한다. 바울은 이러한 관점에서 보면 영혼을 사랑하고 관심을 갖고 돌보기를 원하는 사역자였지만 목회자는 아니었다. 주옥같은 서신들을 그렇게나 많이 기록한 신학자로, 또한 진리 수호가로, 변증가로 소개될 수도 있다. 하지만 엄밀히 따지면 그는 자신이 복음을 전파한 해외의 교회들에 대한 열정과 관심을 앞세웠다. 따라서 그들의 원만한 신앙생활을 위해 편지를 작성하여 보내 교육하고, 양육하고, 인도한 선교사라고 불리는 것이 오히려 타당하다.

부르심이 확실하다면 내적 확신과 외적 소명을 통해 확인하는 작업이 필요할 것이고, 외적 소명의 다양함이 존재한다면 부르심과 내적 확신에 근거하여 방향을 잡아나갈 필요가 있을 것이다.

부르심의 종류

사도 바울은 자신의 직분에 대한 부르심의 근거가 하늘 아버지와 예수 그리스도께 있음을 명확하게 선포했다. 동시에 그는 자신에 대한 아버지의 부르심의 종류가 무엇인지에 대해서도 매우 구체적이고 명확하게 이해하고 있었다. 디모데전서 2장 4-7절에서 바울은 다음과 같이 선언했다.

> "하나님은 모든 사람이 구원을 받으며 진리를 아는 데에 이르기를 원하시느니라 하나님은 한 분이시요 또 하나님과 사람 사이에 중보자도 한 분이시니 곧 사람이신 그리스도 예수라 그가 모든 사람을 위하여 자기를 대속물로 주셨으니 기약이 이르러 주신 증거니라 이를 위하여 내가 전파하는 자와 사도로 세움을 입은 것은 참말이요 거짓말이 아니니 믿음과 진리 안에서 내가 이방인의 스승이 되었노라" (딤전 2:4-7).

바울은 하나님이 자신에게 사도직을 주신 목적이 예수 그리스도를 이방인에게 알리고 전파하시기 위함이고, 그것을 위해서 자신이 이방인의 스승이 되었다고 말했다. 즉 하나님은 바울에게 소명을 주실 때 사도직과 동시에 '무엇을 위한 사도직인가?'에 대한 구체적인 내용을 더불어 주셨다. 바울은 부르심과 부르심의 내용 모두를 동시에 해결받았던 것이다.

근래에 자주 하는 상담 중 하나는 "사역자로서의 부르심은 분명히 받은 것 같은데 무슨 일을 해야 할지에 대하여 구체적으로 듣지는 못했다"는 내용이다. 사역이라는 단어가 함축하고 있는 내용과 종류는 제법 많고 넓다. 전도, 선교, 목회, 상담, 찬양, 행정, 구제, 환자 방문 및 위로, 치료, 기독교 교육, 선교와 사역을 위한 전문 사업가[5] 등 그 내용을 열거하자면 끝이 없을 정도로 많다. 문제는 하나님의 사역에 대한 확실한 부르심은 있는데 어떠한 종류인지, 사역의 구체적인 내용이 무엇인지에 대해서는 잘 모르겠다는 것이다. 그렇다면 우리는 한 가지 질문을 해볼 필요가 있다. 하나님은 일을 위해 사람을 선택하여 사용하시는가, 아니면 사람이 있어 일을 만드시는가? 어리석은 질문 같지만 한 번쯤 생각해 볼 필요가 있다.

성경을 살펴보면 대체적으로 어느 쪽의 경우가 더 많을까? 노아가 있기 때문에 노아의 홍수가 생겼을까? 모세가 있어서 출애굽 사건이 있었을까? 여호수아와 갈렙이 있어서 가나안 정복이 계획되었을까? 선지자들이 외칠 구실을 제공하시기 위해 하나님이 이스라엘로 하여금 죄를 짓게 하셨을까? 예수 그리스도의 존재를 위해 하나님이 모든 민족으로 하여금 죄를 짓게 하셨을까?

성경에 의하면 당연히 이미 파생된 일을 집행하거나 처리하기 위하여 하나님이 사람을 부르시고 일을 시키신다. 다시 말해 하나님의 일을 위해 사람을 부르시고, 부르신 그 사람이 일을 처리할 수 있는 능력을 갖출 때까지 훈련을 시키시고, 훈련된 자를 하나님의 계획에 따라 사용하시는 것이다.

사업가를 생각해 보자. 사업을 제대로 하는 사람이라면 분명한 필요가 있을 때 그에 합당한 사람을 찾아서 필요를 충족시키는 방법을 쓸 것이다. 필요가 없는 상태에서, 단지 사람을 도우려는 목적만으로 자리를 만들어 앉히는 경우가 빈번한 사업체는 건강하다고 볼 수 없다.

물론 우리가 어찌 하나님과 인간의 사람 경영법을 함부로 비교하여 논할 수 있으랴! 할 수 없는 일을 계획하시고 진행하시는 분이 우리 하나님이시기에 단순한 회사의 이익 차원만을 가지고 하나님의 방법을 비교한다는 것은 아마도 하나님의 성호를 훼손하는 행위가 아닐까 하여 두려움이 앞서는 것이 사실이다. 그러나 성경에서 나타나는 하나님의 사람 경영법 중에 두드러지는 한 부분을 감히 말하라면, 바로 필요한 일이 있음으로 인해 직분이 제공된다는 것이다. 즉 우리가 현재 다루고 있는 주제와 연관시켜 말하자면, 하나님의 부르심은 할 일이 전제가 된 상태에서의 부르심이기 때문에 하나님의 부르심을 받은 사람이라면 당연히 그 내용에 대하여 명확하게 알고 있어야 되고, 최소한 그 내용을 알고자 몸부림치는 행위가 부르심의 내용을 확신할 때까지 지속되어야 된다는 것이다.

사람마다 나름대로의 재능이 있다. 재능이란 부모로부터 물려받거나 자기 스스로의 노력이 없는 상태에서 주어지는 일반적 은총의 한 부분이라고 할 수 있다. 어떤 사람은 운동을 선천적으로 잘한다. 어려서부터 동그란 공 종류는 무엇이든 잘 갖고 놀았고, 그러다 보니 조금만 훈련받아도 구기 종목의 선수가 된다. 어떤 사람은 기계를 선천적으로 잘 다룬다. 나는 아무리 기계를 능숙하게 다루려고 노력해도 잘 안 된다. 망가뜨리기는 잘해도 고치는 부분은 영 빵점이다.

어떤 사람은 예술 방면에 특출하다. 어떤 사람은 탁월한 행정력을 갖고 있다. 어떤 사람은 타고난 말쟁이다. 서론, 본론, 결론이 명확하고 논조를 당해낼 수 없을 정도로 탁월한 언변의 능력을 갖고 있다. 음을 듣기만 해도 그대로 악보로 옮겨놓을 수 있을 만큼 음악성이 탁월한 사람도 있다. 어떤 사람은 앞서 열거한 방면의 재능은 전혀 없으나 아무도

따를 수 없는 인내심을 갖고 있다. 또 어떤 사람은 사람의 마음을 끌어당기는 특출한 지도력을 갖고 있다.

이와 같이 사역자는 나름대로의 재능이 있는 상태에서 부르심을 받는다. '무엇을 위하여 사역자로 부르심을 받았는가?'를 명확히 알 수만 있다면 아무 문제가 없다. 문제는 사역자로 부르심을 받았는데 무엇을 위하여 부르심을 받았는지 잘 모를 때다. 이렇게 명확하지 못할 때는 적지 않은 경우 자신의 재능을 사역의 부르심과 연결시키곤 한다. 어쩌면 자연스러운 현상일 수도 있다. 컴퓨터를 잘 이해하고 있는 사람이 사역자로 부르심을 받았을 때 자연스럽게 고려할 수 있는 사역의 분야는 행정 분야의 일일 것이다. 음악적 재능이 있는 사람은 음악 사역을 고려할 것이다. 체육 전문가로 살아온 사람이라면 체육 선교를 고려할 것이다. 그렇게 해보다가 아닌 것 같으면 다른 쪽으로 시도해 보고, 그것도 아니면 다시 다른 길로 들어가 보고, 그렇게 시행착오를 거치면서 결국 하나의 길로 낙점되는 것을 보게 된다.

응용하고 고려해 봐야 될 내용이 많지만 다시 원점으로 돌아가 보자. 하나님은 이사야에 대하여 다음과 같이 질문의 형태로 소명을 주셨다.

"내가 누구를 보내며 누가 우리를 위하여 갈꼬" (사 6:8).

하나님의 부르심에 부응한 이사야는 "내가 여기 있나이다 나를 보내소서"(사 6:8)라고 답했다. 이사야의 순종이 있자 하나님은 곧 가서 이스라엘 백성에게 "너희가 듣기는 들어도 깨닫지 못할 것이요 보기는 보아도 알지 못하리라"(사 6:9)고 이르라고 하시며 이사야가 할 일에 대해 구체적으로 지시하셨다.

사도 바울의 경우는 앞서 설명한 바 있다. 그는 하나님의 부르심과 자신이 해야 될 내용에 대한 구체적 지시를 동시에 받았다. 따라서 다음과 같이 자신의 직분에 대해 구체적으로 기록했다.

> "내가 이 복음을 위하여 선포자와 사도와 교사로 세우심을 입었노라 이로 말미암아 내가 또 이 고난을 받되 부끄러워하지 아니함은 내가 믿는 자를 내가 알고 또한 내가 의탁한 것을 그날까지 그가 능히 지키실 줄을 확신함이라"(딤후 1:11-12).

또한 바울은 하나님의 부르심과 그 내용인 복음으로 말미암아 자신이 죄인과 같이 매이는 데까지 고난을 받았다고 고백했다(딤후 2:9 참조).

성경에 나오는 인물들은 모두가 한결같이 아버지께로부터 부르심과 할 일을 함께 받아 거기에 합당하게 살아간 사람들로 소개되고 있다. 즉 부르심과 부르심의 내용은 분리될 수 없음을 제시한다.

만일 이 글을 읽는 독자들 중에 하나님 나라의 일을 위하여 사역자로 부르심을 받은 것이 확실한데 아직 구체적으로 무슨 일을 해야 할지 모르겠다는 사람이 있다면 어떻게 해야 되겠는가? 그냥 이것저것 손대어 보다가 순조롭게 일이 진행되는 쪽으로 방향을 잡고 나가는 것이 방법일까, 아니면 무슨 일을 해야 될지 정확히 확인하고 길을 떠나는 것이 좋을까? 나는 확실하게 후자를 권한다. 수많은 시행착오를 겪으며 시간을 허비하기에 우리에게 주어진 인생의 길이는 너무나도 짧다. 처음에 시간이 조금 걸려도, 행보를 조금 늦추는 한이 있더라도 무엇을 위하여 하나님이 나를 사역자로 부르셨는가를 확인한 후에 발걸음을 떼는 것이 정석일 것이다.

당신의 부르심이 분명 하나님으로부터 온 것이라고 믿는가? 그런데 아직 무엇을 해야 할지 잘 모르겠는가? 첫발을 떼기 전에 반드시 하나님의 음성을 듣고 움직이기를 바란다. 그것이 하나님께도, 하나님의 백성에게도, 그리고 당신에게도 유익할 것이다. 주님의 이름으로 말씀에 근거하여 요청하건대 꼭 그렇게 하기를 바란다. 섣불리 확신 없이 발걸음을 떼는 일이 없기를 진심으로 바란다.

이중 기준

한국 교회의 정서를 바탕으로 부르심, 또는 소명을 생각해 보면 수직적이고, 구약적이며, 전통적인 느낌을 지울 수가 없다. 마치 레위 지파에게만 하나님의 일에 참여할 수 있는 특권이 부여된 것처럼 부르심에 대한 의미가 각인되어 있는 것 같다. 누가, 어떠한 상황에서, 어떠한 방식으로 이러한 개념을 한국 교회에 소개했는지는 모르겠지만 분명 다시 정립되어야만 하는 개념이 아닐까 한다.

이러한 개념은 한국 교회 내에 수준이 낮은 이중 기준을 만들어냈다. 이중 기준이란 부르심을 받은 사람들은 마땅히 나실인과 같이, 또는 레위 지파와 같이 구별된 삶을 살아야 하고, 부르심을 받지 않은 일반 신도들은 대충 살아도 크게 문제 될 것이 없다는 유치한 기준을 의미한다. 이것은 분명 잘못된 이해임에 틀림이 없다. 구약의 레위 지파는 부르심에 의해서가 아니라 혈통에 의해서 되었다. 원하든 원하지 않든 레위 지파로 태어난 모든 사람들은 자신에게 할당된 업이 없이 성막을 섬기는 일을 하며 다른 지파들의 토지 수확물 중 10분의 1을 받아 살게끔 설정되어 있었다. 애당초 레위 지파에 태어난 자들에게는 선택의 여지가 있지 않았다. 그러니 부르심이 있을 수가 없었다.

이와 달리 선지자들 중에는 다른 지파에 속해 하나님의 부르심을 받아 활동하는 경우가 제법 많이 있었다. 이사야 선지자의 경우 자신 있게 어느 지파에 속한다고 말할 수 있는 근거가 있지 않다. 요나 선지자는 스불론 지파에 속한다. 아모스는 선지자로 부르심을 받기 전 드고아 목자 중 한 사람이었으니 레위 지파가 아닌 다른 지파에 속한다고 추정할 수 있다.

이와 같이 태어나면서부터 성막의 일이 주어진 레위 지파와 특별한 일을 위해 부르심을 받아 사역에 참여했던 선지자들 등 두 부류의 사역자들이 구약 시대에는 존재했다. 뿐만 아니라 다윗과 같이 유다 지파 출신으로 하나님의 말씀에 근거하여 나라를 통치하며 주옥과 같은 시들을 써낸 사역자도 있었다. 또한 포로 시대 마지막 즈음에 유대의 총독으로 임명을 받아 귀한 일들을 감당했던 느헤미야와 같은 정치인 역시 레위 지파가 아니라 일반 지파에 속해 하나님의 귀한 일들을 감당했다.

이 땅에 태어나 하나님의 은혜로 그리스도인이 된 모든 하나님의 자녀들에게는 예외 없이 하나님의 기대가 담긴 부르심이 존재한다. 레위 지파와 같이 하나님이 그리스도의 피로 세우신 교회를 위하여 전 시간을 사용하도록 임명된 목양자들만이 아니라, 다윗이나 느헤미야와 같이 하나님을 경외하며 하나님이 기뻐하시는 방식으로 나라를 통치하는 일에 부르심을 받은 정치가도 있어야 하고, 아굴라와 브리스길라와 같이 바울과 협력하여 함께 귀한 선교 사역에 참여하도록 부르심을 받은 비즈니스 선교 사역자도 있어야 하고, 황후 에스더같이 여성 정치가로 부르심을 받은 정치 사역자도 있어야 할 것이다.

어찌 하나님의 소명을 레위 지파 한 족속에게만 한정시켜 이해할 수 있겠는가? 신자들은 스스로 이중 기준을 세워 레위 지파는 열심히 하나님을 섬기는 것이 타당하고 자신들은 레위 지파로 부르심을 받은 것이 아니니 대충 세상 속의 일원으로 살아가도 된다고 생각하는 어리석음을 범해서는 안 될 것이다.

직분 및 호칭과 기능

미국에서 신학을 공부할 때 겪었던 일이다. 신학교에 가 보니 한국에서 유학 온 유학파 그룹이 있었고, 어느 정도 나이가 들어 미국에 와서 약 10년 정도 이민자로 생활해 온 이민 1세 그룹, 부모님을 따라 어릴 때 온 1.5세 그룹, 그리고 미국에서 태어나고 자란 2세 그룹 등 다양하게 구성되어 있었다. 뚜렷하게 그어진 선은 없었지만 나름대로의 문화적 차이로 인해 유유상종할 수밖에 없었던 상황인지라 서로 편한 그룹

끼리 어울려 지내곤 했다. 나 역시 1세 그룹과 유학파 그룹과 함께 많은 시간을 보냈던 기억이 난다.

그런데 가끔 유학파 그룹에 대해 뒤에서 말하는 것이 들리곤 했다. 내용인즉 언어적 대우에 관한 것이었다. 유학파 그룹은 한국에서 목사 안수를 받고 좀 더 공부하고자 하는 목적으로 온 사람들이 대부분이기에 스스로가 목사라는 호칭을 유지하고 있었고, 그렇게 불리기를 원했다. 또한 그들은 1.5세들을 대할 때 이전 교회에서 전도사들을 대하듯 하대하는 경우가 종종 있었다. 이러한 언어적 하대와 아랫사람 대하듯 하는 태도에 대해 1.5세와 2세 전도사들은 모여서 이렇게 말하곤 했다. "그들은 현재 학생이고 목회자가 아닌데 왜 스스로 목사라고 하는지 모르겠어. 우리는 현재 학생들을 목회하는 전도사들이고 그들은 공부만 하는 학생들인데 말이지. 그들은 왜 우리를 마치 자기가 이전에 있었던 교회의 어린 전도사들을 대하듯 하는 것일까? 이해할 수가 없어." 당시 학생의 입장에서 볼 때 충분히 이해가 되는 발언이었다.

직분을 무시할 수는 없다. 왜냐하면 어떠한 직분이든 그냥 주어지는 것이 아니기 때문이다. 엉터리 박사가 많아서 그렇지 제대로 공부하여 받은 박사 학위를 우습게 보면 안 된다. 수년간 머리 싸매고, 밤낮 쉬지 않고 공부하고, 논문을 써서 검증을 받아 받은 학위를 어떻게 하찮게 볼 수 있겠는가? 기술자라는 호칭이 어디 쉽게 받을 수 있는 것인가? 간호사, 의사, 병리사 등 의료 계통의 호칭이 어니 하루이틀 노력해서 받을 수 있는 것인가? 목사라는 직분 역시 몇 날 몇 개월 노력해서 얻을 수 있는 것인가? 어떠한 직분과 어떠한 호칭도 쉽게 얻어낼 수 없는 것이기에 존중해야 하고, 존중받아야 마땅하다.

문제는 호칭, 또는 직분이 주어진 이후다. 또한 호칭이나 직분을 얻어낸 동기가 문제다. 왜 그 호칭이 필요했는지, 직분을 받은 후 어떻게 그에 걸맞은 생활을 유지하는지가 중요하다는 말이다.

부르심에 대해 순종하여 하나님이 원하시는 어떠한 직분을 공들여 받았다 해도 그에 합당한 기능이 따르지 못한다면 직분의 의미를 어디에서 찾을 수 있겠는가? 열 달간 아기를 태중에 품고 있다 출산해 어머니가 되었다 하여 어머니의 역할이 수행되는 것은 아니다. 어머니가 되는 것(직분)과 어머니의 역할(기능)을 하는 것에는 큰 차이가 있다.

힘들게 신학을 공부하여 목사 안수를 받았다고 해서 목사의 기능이 보장된다고 믿는 것은 어불성설이다. 선교사로 임명을 받아 파송을 받았다고 해서 선교사의 기능을 잘 수행해낼 것이라는 보장은 없다. 회사를 세워 대표 이사가 되었다고 해서 사장의 직분을 잘 수행하여 돈을 벌 것이라는 보장은 없다. 법을 통해 사람들의 인권을 보장하고 도움을 주는 변호사들 중에 물질을 보지 않고 억울한 사람들을 쫓아다니며 변호해 주는 사람이 얼마나 될까? 직분은 노력하여 얻을 수 있지만, 그에 합당한 기능을 수행하는 것은 모진 인내와 노력과 삶을 통해서만 가능하다.

이제 평신도 사역자라는 직분과 연결해서 논해 보자. 그런데 사실 평신도 사역자라는 복합 단어 자체가 쉽게 이해될 수 있는 단어들의 구성이 아니다. 평신도란 평범한 신도를 의미한다. 다시 말해 성직자가 아닌 신도를 의미한다. 여기서 성직자란 누구를 가리키는가? 안수 집사인가? 장로인가? 목사인가? 전도사인가? 그러니까 안수 집사와 장로는 평범한 신도이고 목사나 전도사는 성직자란 뜻인가? 아마 그런 개념으로 여겨지는 것 같다. 다시 말해 평신도 사역자란 '비성직자 사역자'라는 말이 된다. 그렇다면 사역자란 무엇인가? 사역자는 성직자가 아닌가? 만일 그렇다면 '평신도 사역자=비성직자의 성직'이라는 등식이 성립되어야 할 것 같은데, 영 이해되지 않는 공식이다.

평신도를 영어로 'layman'이라고 표기한다. 'lay'라는 단어는 '기초'라는 뜻으로 이해할 수 있다. 교회의 기초가 되는 사람들, 또는 근간이 되는 사람들을 평신도라고 하는 것이다. 이들은 대부분의 시간을 교회의 일이 아닌 하나님이 주신 다른 일들을 하면서 보내다가 교회에 나와 예배드리고, 교회의 어느 한 부서를 섬기는 사람들을 의미한다. 한 나라에 있어서 자신에게 맡겨진 일들을 하며, 내야 될 세금을 내고, 자신에게 위임된 책임을 감당하는 사람들을 그 나라의 백성이라고 말하듯, 교회 밖에서는 하나님이 위탁하신 다른 부르심에 합당한 일들을 하면서도 교회에 와서는 드려야 할 것을 드리고, 감당해야 할 일을 해내려고 노력하는 자들을 평신도라고 부른다.

이러한 평신도들 중에 하나님의 일에 종사하라는 부르심이 주어질 수도 있다. 때로는 교회의 행정 책임자로, 때로는 선교에 참여하는 것으로, 때로는 하나님의 일을 전문으로 하는 비영리 단체의 간사로서 부르심을 받을 수 있다. 이때까지 그의 식분은 자신이 하는 일과 관계가 있었다. 나무로 가구를 만드는 사람이었다면 목수라는 호칭을 가졌을 것이고, 옷을 만드는 사람이었다면 재단사라는 호칭이 주어졌을 것이고,

음식을 하는 사람이었다면 요리사라는 호칭이 있었을 것이다. 하지만 전 시간을 드려 전문적으로 하나님이 명하신 일에 종사하면서부터는 사역자라는 호칭이 따르게 된다. 예를 들어 식당의 일로 부르심을 받았을 경우 이때부터는 식당 일로 부르심을 받은 사역자라는 호칭이 따르게 된다.

현재 내가 사역하는 현장 가운데에도 식당이 있다. 우리는 이 식당의 책임자를 사역자라고 부르고 대우한다. 왜냐하면 자신의 일을 도모하고, 자신의 주머니를 채우기 위해 식당 일을 하는 것이 아니라 전적으로 하나님의 일을 책임지는 사람들의 건강한 식생활을 위해 주방에서 일하기 때문이다. 우리 사역의 현장 속에는 상업을 전문적으로 담당하는 팀장이 있다. 우리는 그를 사업가라고 부르지 않고 사역자로 인정하고 부른다. 왜냐하면 그가 하루 종일 돈을 벌기 위해 고민하고, 계획하고, 진행하는 모든 일들의 목적이 하나님 나라의 직접적인 사역에 맞추어져 있기 때문이다. 아울러 단체에서 제공하는 일부의 생활비를 제외한 모두를 하나님의 사역을 위해 바치기 때문이다. 우리 팀에는 마약 갱생 프로그램을 책임진 갱생원 원장이 있다. 우리는 그를 사회사업가라고 부르지 않는다. 그 역시 사역자로 인정하고 호칭한다. 갱생을 위하여 들어온 사람들을 통해 이득을 취하지 않고 그들의 갱생만을 위하여 애쓰기 때문이다.

이러한 자들에게 합당한 호칭은 무엇일까? 큰 범위로 '전문인 사역자'라는 호칭을 제공하고 싶다. 그들에게 맡겨진 전문직이 있는데, 그 일의 결과 전체를 하나님을 위하여 사용하라는 부르심에 순종하여 사역에 참여하는 자들을 의미한다.

레위 지파 출신이 아닌 타 지파 출신의 사람이라도 하나님은 그분의 말씀을 전하는 종으로 사용하셨다. 마찬가지로 하나님은 하나님 나라의 일을 하는 데 있어서 신학을 공부하여 안수를 받은 목사만을 사용하시지 않는다. 이미 하나님은 베드로전서를 통해 다음과 같이 천명하셨다.

> "너희는 택하신 족속이요 왕 같은 제사장들이요 거룩한 나라요 그의 소유가 된 백성이니 이는 너희를 어두운 데서 불러내어 그의 기이한 빛에 들어가게 하신 이의 아름다운 덕을 선포하게 하려 하심이라"(벧전 2:9).

여기에서 "너희"는 누구인가? 베드로전서 1장 1-2절에 나타난 것과 같이 각 지역에 흩어진 나그네, "곧 하나님 아버지의 미리 아심을 따라 성령이 거룩하게 하심으로 순종함과 예수 그리스도의 피 뿌림을 얻기 위하여 택하심을 받은 자들"이다. 성부 하나님의 예정하심과 성자 하나님의 피 흘리신 사역과 성령 하나님의 거룩하게 하시는 사역을 통하여 하나님의 자녀로 부르심을 받고 각 지역에 흩어져 하나님의 아름다운 덕을 선포하도록 택하심을 받은 자들을 의미하는 것이다.

이러한 자들에 대한 호칭은 이미 구약의 사고를 뛰어넘은 것이다. 선민은 오로지 유대인뿐이라고 했던 시대에 하나님은 그들에게도 동일하게 택하신 족속, 즉 선민이라는 호칭을 주셨다. 레위 지파에게만 해당되었던 제사장 직분을 그들에게도 허락하셨다. 혁명적인 발언이고 선포라고 할 수 있다. 신앙생활을 대충 하며 교회의 목회를 책임진 자들에게 "나도 왕 같은 제사장이야!"라고 대응할 수 있도록 공격용 무기로 주어진 것이 아니었다. 그 목적은 "너희를 어두운 데서 불러내어 그의 기이한 빛에 들어가게 하신 이의 아름다운 덕을 선포하게 하려 하심이라"는 말씀에 매우 분명하게 제시되어 있다.

이미 양의 피를 흘릴 필요가 없이 독생자 예수 그리스도를 단번에 십자가에 못 박아 피 흘리게 하심으로 대속의 사역을 완성하신 하나님은 더 이상 레위 지파와 다른 지파를 구별할 필요가 없으셨을 것이다. 그래서 하나님의 아름다운 덕을 주위 사람들에게 알릴 수 있는 모든 자들에 대하여 그들이 왕 같은 제사장임을 선포해 주셨던 것이다.

이러한 차원에서 볼 때 모든 시간을 드려 하나님의 아름다운 덕을 주위 사람들에게 알리도록 부르심을 받은 모든 종류의 직분은 거룩한 것이라고 할 수 있다. 거룩한 직분이라 함은 성직을 의미한다. 성직은 호칭이 아니라 기능에 근거하여 이해되어야 한다.

> "너희의 무수한 제물이 내게 무엇이 유익하뇨 나는 숫양의 번제와 살진 짐승의 기름에 배불렀고 나는 수송아지나 어린 양이나 숫염소의 피를 기뻐하지 아니하노라 너희가 내 앞에 보이러 오니 이것을 누가 너희에게 요구하였느냐 내 마당만 밟을 뿐이니라 헛된 제물을 다시 가져오지 말라 분향은 내가 가증히 여기는 바요 월삭과 안식일과 대회로 모이는 것도 그러하니 성회와 아울러 악을 행하는 것을 내가 견디지 못하겠노라"(사 1:11-13).

이사야 1장의 내용이다. 제사장들은 레위기에서 하나님이 요구하신 내용을 열심히 집행했다. 하지만 갈수록 처음과는 달리 형식에 연연했고, 내용을 충실하게 집행하지 못했다. 그러자 하나님은 "내가 가증히 여기는 바"라고 정죄까지 하시면서 다음과 같이 버거운 마음을 토로하셨다. 거룩한 성직을 수행했던 당시의 성직자들에게 외치신 하나님의 고통스러운 거부의 음성이었다.

> "내 마음이 너희의 월삭과 정한 절기를 싫어하나니 그것이 내게 무거운 짐이라 내가 지기에 곤비하였느니라" (사 1:14).

성직에 대한 견해는 이러한 관점에서 다시 한 번 정리되어야 할 것이다. 요리사의 경우 주방의 전 시간과 전체의 일을 통해 하나님 나라를 확장시키고, 그분의 아름다운 덕을 주위 사람들에게 알리는 기능을 수행한다면 그 일은 바로 성직이 될 수 있다. 이러한 원리는 모든 직분에 적용된다. 모든 직분이라 함에 오해가 없기를 바란다. 여기에서 말하는 모든 직분이란 바로 하나님의 아름다운 덕을 주위 사람들에게 알리는 기능을 하는 모든 직분을 의미한다.

호칭, 또는 직분은 중요한 것이다. 더구나 하나님의 부르심에 순종하여 노력해서 얻어낸 직분이나 호칭은 충분히 중요한 의미를 갖고 있다. 동시에 직분과 호칭이 갖고 있는 기능은 그 의의를 제공하는 만큼 훨씬 더 중요한 의미를 가진다. 성스러운 직분이라고 이해되는 성직의 결정은 호칭이 제공하는 것이 아니라 기능이 결정하는 것임을 잘 이해해야만 될 것이다.

전문성 존중

병원을 생각해 보자. 환자는 가정 주치의와 상담을 한다. 그러면 가정 주치의는 자신이 할 수 있는 범위 안에서 기본적 진단과 치료를 할 것이다. 그러나 간혹 다른 전문의의 도움이 필요한 상황이 생길 경우 그는 환자의 치료를 위해 당연히 함께 협력해야만 한다. 혈액을 검사해야 한다면 혈액을 채취하여 실험실로 보내 결과를 기다려야 할 것이고, 엑스레이가 필요하다면 방사선실로 환자를 보내야 할 것이다. 병의 진단과 치료에 필요한 전문의가 있고, 검사를 위한 전문의가 있고, 수술과 치료에 필요한 마취과, 외과 등의 전문의가 있으며, 행정과 관리와 경영에 필요한 전문인이 있어 각 분야에 참여하는 것이 병원의 시스템이다.

필요에 의해 모든 분야의 전문인들이 함께 참여하고 있으면서도 각 분야마다 전문인에 대한 철저한 존중과 대우가 함께 따른다. 심장내과 전문의라면 심장내과 전문의로서의 의무와 권한과 책임과 대우가 따르고, 심장외과 전문의라면 거기에 상응하는 의무와 권한과 책임과 대우가 따른다. 내과가 외과를 인정하고, 외과 역시 내과를 존중한다. 마취 전문의에게도, 병리 전문의에게도, 방사선 전문의에게도 각각에 필요한 의무와 책임이 요구되고 권한과 대우가 부여된다. 또한 서로의 연관성 속에서 회의를 진행하고, 함께 결정하고, 처리해 나가는 것이 종합병원의 특성이다.

비단 병원이라는 진료 조직뿐이겠는가? 교육 시스템 역시 그러할 것이고, 각 부서에 업무와 특성이 주어지는 각종 사업체도 그러할 것이다. 더구나 이제는 전문인을 존중하지 않고는 안 되는 시대에 들어섰다. 회사를 설립한 사장이라도 회사를 경영해 나갈 능력이 부족하다면 속히 회사를 경영할 수 있는 최고경영자를 세우는 것이 현명한 판단임을 모두가 인정하는 사회에 살고 있다. 회사의 경영을 맡은 사람이라도 재무 전문가가 필요하다 싶으면 최고재무책임자를 세워 재무 분야의 책임을 맡기는 것 역시 당연히 여기는 시대다.

세상의 모든 일들이 전문화되고 있는 이 시대의 중심에 자리한 것이 교회일진대 교회만 구시대적 사고로 나가서는 안 될 것이다. 원칙에 있어서는 하나님의 말씀인 성경이 변하지 않으니 변할 수도, 타협할 수도 없다. 그러나 변하지 않는 원칙이 적용되는 대상이 변했으니 원칙의 적용과 응용 부분만큼은 우리도 변해야 한다. 하나님의 일을 하는 데 있어 목사가 모든 분야에 대해 전문인인 것처럼 활동하고, 또 그것을 기대하던 것에서 한 걸음 물러나 '함께' 라는 개념을 새로 유지해야 할 것이다.

나의 경우를 예로 들어보겠다. 나는 분명 하나님의 말씀을 연구하고, 기도하고, 전하는 일에 부르심을 받았다는 확신이 있다. 그리고 그 방면으로 훈련을 집중해서 받았고, 경험도 했고, 지금도 동일한 일에 참여하고 있다. 그런데 사범대학을 다니면서 교육에 관한 것을 어느 정도 배웠고, 교육에 관계된 책을 즐겨 읽고 있으니 그 방면에 관한 일이 맡겨지면 할 수도 있겠다는 생각을 늘 갖고 있었다.

그러던 어느 날 모 지역의 국제학교에서 학교의 운영을 맡아달라는 부탁을 받았다. 설립자가 약 1–2년간 자리를 비울 계획이라면서 나를 찾았다. 수차례의 고사에도 불구하고 지속적으로 부탁을 하여 학교의 운영을 잠시 맡게 되었다.

그런데 그때 크게 느낀 것 한 가지가 있었다. 그것은 '아하! 교육은 저런 분이 하는 것이구나!' 하는 배움이었다. 그분은 학교 교장으로 있었던 분으로, 미국에서 교장으로 은퇴하셨는데 언제나 학생들이 등교하기 전에 교실을 다니며 축복하고, 학생들이 하교하며 떠나는 모습을 뒤에서 지켜보며 축복하고 기도하셨다. 꾸준히 그렇게 섬기시는 모습을 보며 나 자신이 갑작스레 부끄럽다는 생각이 들었다. 학교의 운영을 위해 주로 재정적인 부분을 담당하고 인사를 관리했지만 맡겨진 학생들의 내면세계와 그들의 성장하는 모습 등을 위해 간절히 애쓰는 교장의 모습이 참 교육자의 모습으로 다가왔다.

내가 절절이 배운 한 가지는 교육은 교육자가 해야 한다는 것이었다. 관심이 있다고 다 할 수 있는 것이 아니고, 이론적으로 공부했다고 할 수 있는 것이 아님을 배운 귀한 시간이었다. 아마 그때 그러한 경험이 없었다면 두고두고 교육에 대한, 아니 학교 운영에 대한 미련이 있었을 것이다. 그러나 지금은 누가 와서 학교를 맡아달라고 간절히 요구해도 한마디로 거절이다. 왜냐하면 나는 교육 전문가가 아니기 때문이다.

여기에서 전문인에 대한 존중을 언급하지 않을 수가 없다. 목회자에 대한 존중은 목회 자체가 그리스도인들이 가장 중요하게 여기는 영성을 전문적으로 다루기 때문에 존재한다고 본다. 막연하게 종교인이기 때문에 절의 스님에게 하듯 존중하는 것이 아니라고 믿는다.

> "형제들아 너희 가운데서 성령과 지혜가 충만하여 칭찬받는 사람 일곱을 택하라 우리가 이 일을 그들에게 맡기고 우리는 오로지 기도하는 일과 말씀 사역에 힘쓰리라" (행 6:3-4).

여기에서 사도들의 말과 같이 오로지 기도하는 일과 말씀 사역에 힘쓰겠다는 것은 말씀을 전문적으로 연구하고, 성도들을 위하여 기도하고, 가르치고, 일일이 심방하면서 맡겨진 영혼들을 구체적으로 돌보는 일에 대부분의 시간을 사용하겠다는 말이다. 이러한 그들의 전문성은 신도들의 영적인 생활과 삶과 밀접한 관계가 있기 때문에 좀 더 각별한 존중을 얻게 만든다.

따라서 목회자의 존중은 그들의 전문성에 있는 것이지 그 직분에 있는 것이 아니다. 말씀 연구와 기도에 힘쓰지 않고, 말씀을 나누고 가르치고 전파하는 일에 전념하지 않으면서 막연한 존중을 기대하는 것은 종교적 관념에서 벗어나지 못하기 때문이 아닐까?

의사에 대한 존중 역시 그의 전문성에 있다. 자신의 전문 분야에 대한 깊은 연구와 충분한 임상 경험은 그를 존중받는 전문의로 만들어준다. 많은 환자들이 찾을 것이고, 매일같이 문전성시를 이루어 부와 명예를 동시에 가져다줄 것이다. 그러나 이처럼 전문성으로 인정받는 의사라 할지라도 어느 날 하나님이 외진 곳에 가서 섬기라고 부르신다면, 그 소명에 순종한다면 그는 하늘나라에 예비된 상급을 보상으로 생각하며 전문인으로서 하나님 나라를 섬길 수 있을 것이다.

부와 명예를 누리면서도 모든 환자들을 형제자매와 같이 그리스도의 마음으로 대하고, 하나님께 영광을 돌리며, 그와 동시에 하나님의 나라를 위하여 자신의 부를 사용하는 전문인 사역자도 있을 수 있고, 외진 곳에서 세상적인 대우를 전혀 받지 못함에도 불구하고 의료 전문인으로 하나님을 섬길 수도 있다.

중요한 것은 의사라는 전문성을 제대로 유지하는 것에 있다. 의사도 제자훈련을 할 수 있고, 말씀을 듣고 전할 수 있고, 어느 한 단체를 책임지는 대표로서 얼마든지 그 역할을 감당할 수 있다. 하지만 그럼에도 불구하고 그의 전문 분야를 의사라는 부르심 외에서 찾기에는 어딘지 어색하다.

건축하는 전문인 역시 우리 주위에서 찾아볼 수 있다. 문서 계통의 전문인, 도시 연구 전문인, 나환자 전문인, 농촌 교사 영어 교육 전문인, 장애인 직업 훈련 전문인, 사업 선교 전문인, 심리 상담 전문인, 부부 세미나 전문인, 중보기도 전문인 등 하나님의 나라를 위해 어느 한 분야를 섬기도록 부르심을 받은 전문인 사역자들 한 사람 한 사람과 그들의 전문 분야는 마땅히 존중받을 수 있다. 누가 위이고, 누가 아래인지를 가리는 원칙 속에 어떠한 전문 분야가 다른 전문 분야를 다스릴 수 없다. 모두가 동등하게 존중하고 협력해야 하는 것이다.

단지 질서가 존재하는 단체 속에서의 연공서열 등은 전문 분야와 상관없이 존재할 수 있다. 그것은 전체의 질서를 위해 마땅히 필요한 것이다. 그렇다고 해서 선배의 전문 분야가 후배의 전문 분야보다 우월하다고 막무가내로 주장하는 어리석음을 범해서는 안 될 것이다.

사업 전문가가 사업을 잘하면서 자신의 사업체에 있는 직원들을 전도하여 제자훈련할 수 있는가? 당연히 할 수 있다. 그러나 그의 직업은 무엇인가? 사업가다. 사업가인 그가 자신의 일에 최선을 다하면서도 영혼에 대해 관심을 갖고, 위하여 기도해 주고, 심지어 직접 전도도 하고 가르치는 모습은 얼마나 아름다운가? 이러한 모습이 대한민국 안에 존재하는 모든 사업체에 나타난다면 이 땅의 나라를 위해서도, 하늘의 나라를 위해서도 참으로 유익할 것이라는 확신이 든다. 비단 사업가뿐만이 아니다. 이는 의료 전문인을 비롯해 다른 전문인들 모두에게 적용될 수 있다.

그런데 때로 전문인 아닌 전문인들을 보게 된다. 이 부분은 오해를 불러일으킬 소지가 있기 때문에 구체적으로 대화를 전개할 필요가 있다. 단지 목사 안수를 받았느냐, 안 받았느냐의 문제를 제기하는 것이 아니다. 앞서 '직분 및 호칭과 기능'이라는 내용에서 다룬 바 있기 때문에 그러한 외형적인 것을 또다시 언급하고자 함은 아니다. 요점은 전문성이다.

예를 들어 한국대학생선교회(KCCC)에서 파송되어 사역하는 사람들은 적어도 전도와 제자훈련에 있어서는 전문가들로 충분히 존중을 받는다. 나 역시 전도나 제자훈련에 대해 강의할 수 있고, 또 많은 경험이 있지만 주위에 그런 사역자들이 있으면 요청하여 강사로 초빙한다. 왜냐하면 그들은 그 분야에 집중적으로 훈련을 받고, 경험을 한 전문가들이기 때문이다.

그런데 문제는 신학에 대한 전문성도 없고, 목회에 대한 경험도 없고, 전도와 제자훈련에 대한 전문적 훈련을 받지도 못한 상태에서 성경을 가르치고, 목양의 사역에 전 시간을 사용하는 전문인 아닌 전문인들이다. 구강에 관계된 공부를 6년간 한 후에야 입 안을 들여다보고 치료에 도움을 줄 수 있는 이가 치과 의사다. 옆에서 조수를 10년 하면 스케일링 정도야 할 수 있겠지만 마취 주사 놓는 것은 어림도 없는 일이다. 외과에서 간호사로 몇십 년을 일해도 칼을 들어 집도하는 것은 있을 수 없는 일이다.

엄격한 전문성을 요구하는 시대에 살면서 어째서 하나님의 말씀을 다루는 부분은 전문성을 요구하지 않을까? 엄밀히 말하자면 하나님의 말씀을 다루는 분야에 있어서 전문성은 필수다. 단지 선교지와 같은 곳에서 간혹 예외가 있을 뿐이다.

내 경우만 해도 강도(講道)권을 받는 강도사 고시를 얼마나 애를 태우며 준비했는지 모른다. 내가 속해 있는 교단은 헌법 자체에서 강도사 자격증이 없는 사람을 강단에 세우는 것에 대하여 매우 신중하게 언급하고 있다.

사람들 앞에 서서 하나님의 말씀을 듣고 전하는 것 역시 전문성을 요한다. 간증을 하고, 자기의 생각을 발표하고, 자기의 전문 분야를 성경과 연관시켜 말하는 것과 하나님의 말씀을 대언하는 설교는 아무리 봐도 다른 것이다.

요즈음 이러한 것들이 뒤죽박죽 섞여서 구별 없이 강단에서 제공되기도 하지만 구별될 것은 구별되어야 마땅하다. 정식 강도권을 받기 위해 현재 필요한 시간은 3년이다. 평생 의사로 살기 위해 6년의 공부에, 2년의 인턴 과정, 그리고 2년의 레지던트 과정이 필요한 데 비해 영적 의사로 세움을 받는 시간은 턱없이 짧다. 그런데 그 3년의 시간조차 투자하지 않고 영적 의사로서 영적 진료를 담당한다는 것은 어찌 보면 위험천만한 일이다.

칼빈도 목사 안수를 받지 않았다고 한다. 우리가 너무 잘 아는 마틴 로이드 존스 역시 안수받은 목사는 아니라고 한다. 하지만 그들이 말씀을 연구하여 가르친 내용들은 안수를 받았느냐, 안 받았느냐를 논하기에는 부끄러울 정도로 심오하다. 여기에서 하고자 하는 말의 의미는 전문성에 있다.

나는 마틴 로이드 존스가 설교한 『요한일서 강해』 1-3장까지 번역을 했다. 그 과정에서 참으로 여러 번 감탄했던 기억이 난다. 어떻게 그처럼 말씀을 깊이 있게 분석하여 표현해낼 수 있는지 놀라웠다. 어떤 의사는 목사들 앞에서 자신의 직업을 자랑스럽게 말하지만, 마틴 로이드 존스라는 의사는 하나님의 말씀을 전문적으로 연구하고, 가르치고, 전파하기 위하여 목사의 길을 선택하여 평생을 섬겼다. 전문성이란 비교의 대상이 될 수 있는 것이 아니라 자신과 하나님과의 관계 속에서만 평가될 수 있는 성질의 것이다.

누구를 빗대어 비판하거나 헤아리기 위함이 아니라 전문성을 강조하기 위해 언급한 것이니 오해가 없기를 바란다. 중요한 것은 현재 하는 일에 대한 전문성과 그것을 갖추기 위하여 필요한 훈련과 노력의 객관적 증명이다. 그러한 상황에서만큼은 서로에 대한 철저한 인정과 존중 속에 상호 협력하면서 하나님의 나라를 함께 세워나갈 수 있을 것이다.

Chapter 4
MINISTRY MANUAL

- "이 교훈의 목적은 청결한 마음과 선한 양심과 거짓이 없는 믿음에서 나오는 사랑이거늘"(딤전 1:5).
- "선한 싸움을 싸우며 믿음과 착한 양심을 가지라 어떤 이들은 이 양심을 버렸고 그 믿음에 관하여는 파선하였느니라"(딤전 1:18-19).
- "분노와 다툼이 없이"(딤전 2:8).
- "정숙하고 모함하지 아니하며 절제하며 모든 일에 충성된 자라야 할지니라"(딤전 3:11).
- "책망할 것이 없으며…절제하며 신중하며 단정하며 나그네를 대접하며… 술을 즐기지 아니하며 구타하지 아니하며…"(딤전 3:1-7).
- "의와 경건과 믿음과 사랑과 인내와 온유를 따르며…선을 행하고 선한 사업을 많이 하고 나누어 주기를 좋아하며 너그러운 자가 되게 하라…망령되고 헛된 말과 거짓된 지식의 반론을 피함으로 네게 부탁한 것을 지키라…"(딤전 6:11-21).
- "부끄러울 것이 없는 일꾼으로 인정된 자로 자신을 하나님 앞에 드리기를 힘쓰라"(딤후 2:15).
- "망령되고 헛된 말을 버리라"(딤후 2:16).

사역 원리
MINISTRY MANUAL
2

성숙한 인격의
사역자가 되라

신앙인의 인격은 세상의 인격을 앞서야 한다. 하나님을 믿고 의지하는 믿음 위에 성령의 풍성한 열매를 맺고자 몸부림치는 사역자가 되어야 하며, 믿음의 기초 위에 인격으로 집을 쌓아올리는 인격적 사역자가 되어야 한다.

사역의 원리 첫 번째로 소명, 즉 사역에 대한 하나님의 부르심을 생각해 보았다. 그렇다면 두 번째는 무엇일까? 번호를 매길 수 있는 것은 아니지만 굳이 순서를 정해 보자면 부르심 다음으로 신앙 인격을 꼽을 수 있다. 성경 지식도, 믿음도, 설교 능력도, 전도하고자 하는 뜨거운 열정도 중요하지만 사역을 전제로 생각할 때 신앙 인격을 두 번째로 언급하는 것이 타당하리라 생각된다.

얼마 전 후배로부터 한 통의 편지를 받았다. 장로가 개척한 교회에서 목회를 하는 가운데 그의 텃세에 시달림을 당하다 교회를 사직한 후 자신의 마음을 담은 내용이었다. 평소에 잘 알고 지내던 제법 괜찮은 성품의 목회자라서 안타깝기 그지없었다. 비록 상처받은 뒤에 기록한 내용이기는 하지만 나름대로 마음의 정리가 된 것 같았다. 상황적으로 주관적 판단을 떨쳐버리기가 어렵기는 하지만 심각하게 고민해 볼 만한 내용이라 소개하고자 한다. 실제로 다시 한 번 한국 교회의 영성을 돌아보게 하는 내용이다.

"…먼저 지난 10년을 뒤돌아보았습니다. 어렵고 힘든 시간들이었습니다. 성공적으로 버티고 살아남은 것을 본다면 나름대로 의미가 있지만 더 선한 영향력을 끼치는 자로, 나눠주는 자로 살기에는 한계가 있음을 인정하지 않을 수 없습니다. 한국 사회가 요구하는 이 시대의 종은 (하나님의 뜻이든 아니든 간에) 여러 은사를 기본으로 하고, 여기에 더해 여러 인간적인 매력(외모, 풍채, 매너 등)도 있는 팔방미인인 것 같습니다. 그렇다고 저에게 이 모든 약점을 극복할 수 있는 신령한 능력이 있는 것도 아닙니다. 앞으로 벌어질 일들이 지금과 비슷한 방향으로 가는 것이라면 굳이 그것을 고집할 필요는 없을 것입니다. 그것은 상처받되 보람 없는 일이며, 소모적이되 열매가 적은 일이기 때문입니다."

하나님의 부르심에 대한 확신과, 부르심에 필요한 실력과, 사역에 대한 순수한 열정과 노력만으로는 한국 교회의 요구에 부합하기 어렵다는 결론을 그는 갖고 있었다. 소명이 약해도, 그에 합당한 실력이 조금 모자라도, 순수하지 못한 다른 방향의 열정을 갖고 있어도, 인격에 있어 남을 배려하는 이타심이 부족해도, 마음대로 하고 싶은 말을 읊어대도 그럴싸한 학위를 갖고, 외모와, 설득력이 풍부한 언변과, 행정력과, 주위 관계를 잘 이용할 줄 아는 지혜가 있으면 교회를 성장시킬 수 있다는 그릇된 성공 철학이 만연되어 있음에 대한 한탄의 소리로 들렸다. 실패자의 합리적 탄식으로만 듣기에는 내용에서 지적하는 바가 가슴을 너무 아프게 했다.

전 시간을 하나님의 나라를 섬기는 일에 사용하도록 부르심을 받은 사역자들이 경계해야 할 두 가지가 있다. 첫 번째는 삶이 배제된 믿음의 외침이고, 두 번째는 현실을 말씀 위에 놓고 매사를 판단하고 처리하는 지나친 현실주의다. 이 장에서는 목적상 첫 번째 경계의 내용만 다루고자 한다.

경계 1호: 허황된 외침

하나님의 부르심을 받은 사역자는 삶이 배제된 믿음의 허황된 외침을 경계해야 한다. 이는 우리가 심각하게 고민해야 될 내용이다. 바리새인들을 보자. 예수님이 공생애 기간 동안 사역을 하시면서 가장 공격적으로 말씀하시고, 책망하신 대상은 늘 하나였다. 바로 바리새인들이었다. "독사의 자식들아"(마 3:7), "회칠한 무덤 같으니"(마 23:27), "성전 안에서…노끈으로 채찍을 만드사…성전에서 내쫓으시고…상을 엎으시고"(요 2:14) 등 그들을 향한 예수님의 시선은 언제나 곱지 않으셨다.

여기에서 채찍 사선이 바리새인들과 관계가 있다고 보는 이유는 성전 안에서의 매매의 시조가 레위 지파였기 때문이다. 번제를 통하여 속죄의 제사를 드리도록 지시하신 분은 하나님이셨다. 처음에 이스라엘 백성들은 정성을 다해 속죄 제물을 가지고 와서 속죄 제사를 드렸을 것이다. 그러나 시간이 흐르면서 멀리서부터 제물을 가지고 오는 것이 힘들어 보였고, 아마도 실제로 힘들었을 것이다. 경제적인 계산도 어느 정도 한 상태에서 속죄제를 드리기 위해 오는 백성들을 향해 제사장들의 제안이 전달되었을 것이다. 그래서 언제부터인가 제사를 드리기 위해 멀리서부터 올 때 굳이 힘들게 제물을 들고 오는 번거로움을 피하고 그냥 빈손으로 와 제사장들이 키워놓은 양이나 소나 비둘기 등을 구입하여 제물로 드리는 형식적 행위가 진행되었을 것으로 추측된다. 이사야 1장에 나오는 책망의 내용은 이러한 형식적이고 가식적인 행위를 여실하게 드러낸다.

"너희의 무수한 제물이 내게 무엇이 유익하뇨 나는 숫양의 번제와 살진 짐승의 기름에 배불렀고 나는 수송아지나 어린 양이나 숫염소의 피를 기뻐하지 아니하노라 너희가 내 앞에 보이러 오니 이것을 누가 너희에게 요구하였느냐…헛된 제물을 다시 가져오지 말라" (사 1:11-13).

이러한 맥락에서 볼 때 예수님의 성전 안에서의 채찍 사건은 당시 종교 지도자였던 바리새인들과 무관하다고 할 수 없다.

당시 바리새인들의 모습을 상상해 보자. 먼저 자신들의 믿음이 매우 좋다고 자평했고, 영성에 있어 늘 남을 자신보다 한 두 수 아래로 내려다보았으며, 비평하고 공격할 대상을 늘 찾아내려고 노력하는 두 눈을 가졌고, 삶이 따르지 못하는 종교적 발언을 끊임없이 하는 습관적 종교인들이었을 것이다. 복음서 전체를 통해 관찰할 수 있는 그들의 모습이다.

그들의 특징은 믿음과 삶의 불일치다. 늘 입에는 "하나님", "믿음", "말씀" 등을 달고 다니지만 삶 속에서는 사랑과 인내와 격려와 화목함과 희생을 찾기가 쉽지 않다. 마치 영지주의 신학과 같이 "영은 선하고 육은 악하다"는 이원론적인 논리가 그들의 삶에 충만하다. 말하는 내용 속에는 하나님의 특별한 역사가 늘 자리 잡고 있고, 하나님이 언제나 자신들에게만 말씀하시는 듯 "하나님이 말씀하시기를", "하나님이 이렇게 말씀하셨는데" 등을 운운하는 방식으로 대화를 진행한다. 계속 듣고 있으면 그들은 늘 하나님과 교통하는데 우리는 그렇지 못한 것 같은 느낌이 든다.

그런데 사실 그들은 많은 경우 독단적인 성격을 가지고 있고, 남의 말에 선한 마음으로 귀 기울일 줄 모르고, 함께 일하는 것이 쉽지 않고, 자기와는 다른 사람들에 대해 정죄와 판단을 일삼곤 한다. 자신에게 영적 이익이 발생한다면 주위 사람의 피해는 그다지 신경쓰지 않는다. 그러니 그들을 지켜보는 것은 참으로 부담스러운 일이 아닐 수 없다. 입에 달고 다니는 말은 "믿음", "신앙", "기도", "거룩", "은사", "계시"인데 정작 삶 속에서는 그러한 모습은커녕 자기중심적인 모습만 보이니 어찌 함께하는 것이 힘들지 않을 수 있겠는가?

그들 중에서 선임 사역자가 배출된다는 것은 참으로 무서운 일이 아닐 수 없다. 그 이유는 영향력 때문이다. 지도자의 말 한마디와 행동 하나하나가 미치는 영향이란 장기적 차원에서 보면 예외 없이 막대하다.

그들을 바라보며 본받고자 노력하는 사람들의 장래의 모습이 그려지지 않는가?

"나더러 주여 주여 하는 자마다 다 천국에 들어갈 것이 아니요 다만 하늘에 계신 내 아버지의 뜻대로 행하는 자라야 들어가리라…그때에 내가 그들에게 밝히 말하되 내가 너희를 도무지 알지 못하니 불법을 행하는 자들아 내게서 떠나가라 하리라"(마 7:21-23).

하나님의 뜻과는 별반 상관없이 살면서도 입에는 습관적으로 "주여 주여"를 달고 사는 그들은 어차피 끝에 가서 이중적 삶에 대한 심판을 피할 수가 없게 되어 있다. 그런데 지도자만이 아니라 그의 영향을 받은 자들까지 더불어 심판을 받아야 하니 안타까울 뿐이다.

선교지에 있다 보면 다양한 종류의 사람들이 찾아온다. 그중 모든 선교사들이 힘들어하는 사람들이 바로 이러한 부류다. 하나님께 기도를 했더니 어느 곳으로 가라고 하셔서 왔고, 그곳에 바로 선교사가 있었고, 선교사를 만나 자신의 상황을 설명하고 나니 선교사가 거절하기 어려운 상황이 되어버렸고, 수일간 철저하게 빈대 역할을 하다 돌아가서는 하나님이 모든 것을 공급해 주셨다고 간증하는 사람들이다.

믿음이 필요 없다는 말도 아니고, 하나님의 음성을 무시하자는 말도 아니며, 믿음 선교(faith mission)를 부정하는 것 역시 아니다. 모두가 필요한 것이다. 하나님에 대한 철저한 믿음 없이 어찌 이 땅에서 생존할 수 있겠는가? 하나님의 구체적 인도하심 없이 어찌 하나님의 사람으로 살아

갈 수 있겠는가? 믿음 선교의 기본 정신 없이 어찌 보배로운 선교 사역을 감당할 수 있겠는가? 그럼에도 불구하고 이것이 경계의 대상이 되는 주요 원인은 신앙과 인격의 불일치 때문이다.

  신앙을 가지고 이 땅에서 숨을 쉬고 일하며 살아가기 위해서는 신앙 인격의 형성이 필수다. 신앙인의 인격은 세상 사람들의 인격을 앞서야 한다. 빛과 소금이 되라는 하나님의 말씀은 당연히 이 원리를 품고 있다. 신앙은 좋은데 인격이 비신자들과 비슷하거나 못하다면 그 신앙이라는 것이 도대체 이 땅을 살아가는 데 무슨 도움이 된다는 말인가? 다시 한 번 강조하거니와 신앙인의 인격은 비신자들의 인격을 앞서야 한다. 쉬운 일은 아니지만 매일같이 강조되고, 요청되고, 검증되어야 할 것이다.

성숙한 인격, 왜 중요한가?

믿음만으로는 부족하다

  사역자에게 있어서 귀한 신앙의 간증과 하나님만을 의지하는 믿음은 강조하고 또 강조해도 지나침이 없을 정도로 중요한 것이다. 그럼에도 불구하고 앞서 심도 있게 언급했듯이 성숙한 인격 역시 결코 간과되어서는 안 될 것이다. 사역자들에게 상당수의 사역 원리를 제공하는 사역자 서신인 디모데전후서와 디도서는 하나님을 의지하는 믿음과 더불어 하나님 안에서 성령의 도우심을 통해 얻어지는 신앙 인격의 중요성 역시 강조하고 있다.

사역자에게 필요한 것이 믿음뿐이라면 사역자를 위하여 기록된 서신에서 믿음만을 강조하면 될 텐데 그렇게 하지 않았다. 사역에 있어서 무릎 꿇고 기도하고, 말씀 보고, 전도하고, 외치고, 부르짖는 것만 필요하다면 얼마나 좋을까? 왜냐하면 사역에 있어 가장 쉬운 일이 그러한 일들이기 때문이다. 그 일들은 대상이 그리 중요하지 않다. 보이지 않으시는 하나님 앞에 앉아 계속해서 아뢰기만 하는 것이니 인격이 그리 중요하지 않다. 내가 무슨 말을 잘못 했다 해서 하나님이 상처받으실 것도 아니고, 기도하다 졸았다 해서 하나님이 불쾌하게 생각하실 일도 아니다. 기도하다 트림 한 번 시원하게 했다 해서 하나님이 코를 막으시겠는가, 아니면 방귀를 뀌었다 해서 역겨워하시겠는가? 세상에 쉬운 것이 하나님 앞에 앉아 하나님과 대화하는 일이 아니겠는가?

나가서 전도하는 것 역시 어찌 보면 쉬운 일이다. 내가 이끌고 있는 사역팀은 1년에 한 차례씩 전체 팀원이 참여하여 약 10주간 전도 활동을 전개한다. 두 지역에 방을 얻어 지속적으로 나가서 전도를 한다. 매주 5일간 나가서 전도하고 6일째 되는 날에는 돌아와 쉬면서 사역 보고를 하고 힘을 얻어 또다시 5일간 나가서 전도하는 일을 반복한다. 육체적으로, 경제적으로 결코 쉬운 일이 아님을 경험을 통해 잘 알고 있다. 그럼에도 불구하고 쉽다고 말할 수 있는 것은 사역의 단순성 때문이다. 전도의 대상과 인격적 교제를 나눌 상황이 주어지지 않기 때문이다. 길거리에서 만난 사람에게 전도지를 나누어주고, 복음을 나누고, 긍정적인 반응을 보이는 경우 영접기도를 함께 드리도록 인도하고, 연락처를 받아 헤어지는 것이 전도다.

진짜 어려운 일은 그다음으로, 목회팀에게 주어진다. 그들은 영접기도를 한 사람들의 명단을 가지고 그에 의거해 심방을 시작한다. 이때부터는 인격적인 대화가 진행되고, 인격적인 교제가 이루어진다. 마음을 다해 상대방의 말을 들어주어야 하고, 최대한 그들의 수준에 맞추어, 그들의 논리로 의사소통을 해야 한다.

목회하는 사람들이 기도하는 것이 힘들다고 목양 생활을 떠난 경우가 있는가? 전도하기가 부끄러워 떠나는 경우가 있는가? 적지 않은 사람들이 인간관계의 어려움으로 인해 목양 생활을 떠나곤 한다. 이러한 관계 속의 어려움이란 결국 인격과 인격의 만남 속에서 발생한다. 어느 한 쪽이 부족한 인격을 갖고 있으면 보다 성숙한 인격이 품게 되고, 비슷한 상황이면 쌍방의 문제로 인해 어려움을 겪게 되는 것이다.

디모데전서 1장 19절에서 사도 바울은 교회의 목회를 담당하고 있는 디모데에게 권면하면서 믿음만을 강조하지 않고 "믿음과 착한 양심을 가지라"고 요청했다. 또한 디모데전서 6장 11-21절에서는 믿음과 의, 경건, 사랑, 인내, 온유 등을 더하여 믿음만의 싸움이 아닌 믿음의 선한 싸움을 싸우라고 요청했다. 더구나 디모데전서 1장 5절에서 "교훈의 목적", 다시 말해 이 서신을 통해 강력한 요청을 하는 목적이 "청결한 마음과 선한 양심과 거짓이 없는 믿음에서 나오는 사랑"이라고 말했다. 믿음만이 아니라 '믿음 더하기 청결한 마음과 선한 양심'이 목적이며, 여기에 그치는 것이 아니라 그것들을 근거로 하여 주어지는 사랑이 교훈의 목적임을 알 수 있다. 따라서 우리는 사역자에게 있어 믿음은 필수적이고 기초적인 것이지만 나아가 그 위에 계속적으로 무엇인가를 쌓아

나가야 한다는 사실을 이해해야 될 것이다.

인격과 사역, 그 연관성

특히 디모데전서 3장 1-7절과 디도서 1장 7-9절에 나오는 감독의 자격을 고찰해 보면 앞서 언급한 원리가 더욱 뚜렷하게 드러난다. 디모데전서 3장에는 감독의 자격이 14가지 나오고(구타하지 아니하며 오직 관용하며"를 구분해서 볼 경우에는 15가지가 되고 하나로 볼 경우에는 14가지가 되는데, 엄격히 보면 구타하지 말고 대신 관용해야 한다는 것으로 해석하여 14가지로 보는 것이 타당할 것 같다), 디도서에는 13가지가 나오는데 중복되는 8가지를 뺀 나머지를 더해 보면 모두 19가지의 감독의 자격이 주어진다고 할 수 있다.

"…그러므로 감독은 책망할 것이 없으며 한 아내의 남편이 되며 절제하며 신중하며 단정하며 나그네를 대접하며 가르치기를 잘하며 술을 즐기지 아니하며 구타하지 아니하며 오직 관용하며 다투지 아니하며 돈을 사랑하지 아니하며…" (딤전 3:1-7).

"감독은 하나님의 청지기로서 책망할 것이 없고 제 고집대로 하지 아니하며 급히 분내지 아니하며 술을 즐기지 아니하며 구타하지 아니하며 더러운 이득을 탐하지 아니하며 오직 나그네를 대접하며 선행을 좋아하며 신중하며 의로우며 거룩하며 절제하며 미쁜 말씀의 가르침을 그대로 지켜야 하리니" (딛 1:7-9).

그런데 흥미 있는 것은 감독의 자격에 있어서 기술을 요하는 부분이 오직 한 가지뿐이라는 사실이다. 그것은 곧 디모데전서 3장에 나오는 '가르침'이다. 디도서에도 가르침이라는 항목이 나오기는 하지만 자격의 한 부분으로서가 아니라 가르쳐진 하나님의 말씀을 잘 지킬 때 사역자에게 주어지는 하나의 특권으로서의 권면, 또는 가르침으로 해석될 수 있다. 따라서 19가지의 감독의 자격 중 한 가지의 기술을 빼놓은 나머지 모두는 인격과 연결되어 있다고 볼 수 있다.

믿음이 있고 가르치기를 아주 잘하는 사역자들 중에 책망할 것이 없고, 제 고집대로 하지 않으며, 분을 내지 않고, 돈을 사랑하여 더러운 이를 탐하지 않으며, 의롭고, 거룩하고, 관용하고, 절제하고, 아담하고, 귀하신 말씀을 가르치는 만큼 잘 지키며, 근신하고, 가정을 잘 돌보는 가장의 노릇을 하는 이들이 얼마나 될지 진지하고 정직하게 생각해 보기를 바란다.

인격을 담은 말

신앙 인격과 관련해서 빼놓을 수 없는 것이 말이다. 특히 사역자의 길에 들어선 사람들에 대해서만큼은 백 번, 천 번을 강조해도 과하다고 할 수 없을 정도로 중요하고, 또 중요한 것이 인격적인 말이다. 사역자 서신 전반에 걸쳐 이 말의 중요성은 반복적으로 강조되고 있다.

어찌 보면 인격적으로 대화를 진행해 나갈 수 있는 능력 하나만 제대로 갖추고 있어도 사역자에게 필요한 항목 중 절반은 얻은 것이라고 말할 수 있다. 그 정도로 인격적인 말은 중요하다. 물론 언변의 힘만을 말하는 것이 아니다. 설득력만을 말하는 것도 아니다. 말에 인격이 담겨야

하고, 말하는 표정에 신실함과 진솔함이 곁들여져야 하며, 상대방을 바라보는 눈동자 속에 진지함이 보여야 하기 때문에 이는 기술적인 훈련만으로 습득될 수 있는 것이 아니다. 그럼에도 불구하고 사역자들은 이 부분의 성숙을 위해 전인격적인 훈련과 노력을 지속해야만 할 것이다. 여기에는 방향성 있는 의지 역시 곁들여져야 한다. 단순한 의지만 갖고 주문을 외우듯이 노력한다고 되는 것이 아니다. 무엇보다도 먼저 불필요한 몇 가지를 우리의 입술에서 제거해야 한다.

첫 번째 불필요한 것은 헛된 말이다. 디모데전서 1장 6절은 우리가 사랑하지 못할 때 헛된 말에 빠지게 된다고 지적하고 있다. 사도 바울은 디모데전서와 디모데후서에서 망령되고 헛된 말을 버릴 것을 반복해서 요청했다.

"망령되고 허탄한 신화를 버리고 경건에 이르도록 네 자신을 연단하라" (딤전 4:7).

"디모데야 망령되고 헛된 말과 거짓된 지식의 반론을 피함으로 네게 부탁한 것을 지키라" (딤전 6:20).

"망령되고 헛된 말을 버리라 그들은 경건하지 아니함에 점점 나아가나니…" (딤후 2:16-17).

사역자와 사역자 간에, 그리고 사역자와 일반 신도 간에 끝없이 이어지는 불필요한 수다들, 비평을 위한 비평, 어떠한 경우에도 전혀 이롭지 않은 도마질[6] 등이 바로 여기에 해당될 것이다. 유쾌한 마음으로 마무리되기 어려운 물질과 관계된 과도한 언급이나 지나치게 세속적인 음담 패설, 가슴에 담아두어도 될 자기 자랑들 역시 허탄한 말의 범주에 속한다. "과연 이것들을 빼내면 무슨 할 말이 있겠는가?"라고 말할 수 있을 정도로 우리의 말에는 이러한 내용들이 가득하다. 그래서 쉬운 일이 아니다. 상당한 절제와 노력이 요구된다. 그럼에도 불구하고 사역자들은 "내게는 우리 주 예수 그리스도의 십자가 외에 결코 자랑할 것이 없으니"라는 갈라디아서 6장 14절 말씀을 마음에 담고 허탄한 수다로부터 입술을 멀리하도록 노력해야만 할 것이다.

두 번째 불필요한 것은 분노와 다툼이다. 어떠한 상황에서든지 사역자들은 싸움닭처럼 싸울 기회만 엿보는 모습으로부터 온전하게 자유함을 얻도록 노력해야 한다. 다음의 말씀은 사역자가 다투고, 쟁론하는 것에 대해 엄중 경고하고 있다.

"그러므로…분노와 다툼이 없이 거룩한 손을 들어 기도하기를 원하노라" (딤전 2:8).

"어리석고 무식한 변론을 버리라 이에서 다툼이 나는 줄 앎이라 주의 종은 마땅히 다투지 아니하고 모든 사람에 대하여 온유하며 가르치기를 잘하며 참으며" (딤후 2:23-24).

"모함하지 아니하며" (딤전 3:11).

"망령되고 헛된 말을 버리라" (딤후 2:16).

"다투지 말며 관용하며" (딛 3:2).

"어리석은 변론과 족보 이야기와 분쟁과 율법에 대한 다툼은 피하라 이

것은 무익한 것이요 헛된 것이니라" (딛 3:9).

하나님만을 바라보고 의지하며, 주님이 힘 주시는 가운데 주위 사람들을 사랑하고, 이해하고, 용서하고, 품어주면서 성령의 열매를 맺는 등 인격적인 성장이 지속될 때에는 망령되고 헛된 말이나 참소하는 말이 절제된다. 반면 주님과의 관계가 요원해지고, 자기중심적인 생각과 삶이 이루어지기 시작하면 자연스럽게 다른 사람이 이해가 안 되고, 미워하게 되고, 증오하게 되고, 참소하게 된다. 그러한 사역자 주위에는 언제나 참소와 비판과 비난이 끊이지 않고, 내가 옳고 네가 틀리다는 식의 논쟁과 언쟁이 끊이지 않게 된다.

끊임없이 주님과 관계를 유지하는 가운데 주님 안에서 함께 성장하며 성령의 열매를 맺어나가지 않을 경우 참소자의 대열에 서서 사역을 한다는 미명하에 사역을 망치고, 하나님의 나라를 위하여 일한다는 명분 하에 하나님의 나라를 어지럽히는 결과를 초래하게 된다는 사실을 잊어서는 안 될 것이다.

세 번째 불필요한 것은 일구이언이다. 인격이 동반된 언어 속에는 정직과 성실함이 담겨 있어야 한다. 그래서 섣부른 약속이나 임기응변식의 대처를 조심해야만 한다. 다음의 말씀은 일구이언하지 말 것과 본의가 아니더라도 거짓말하지 말 것에 대해 권면하고 있다.

"정중하고 일구이언을 하지 아니하고" (딤전 3:8).

"자기 양심이 화인을 맞아서 외식함으로 거짓말하는 자들이라" (딤전 4:2).

회막적 삶과 인격

앞서 언급했듯이 사역자에게 있어서 믿음은 말할 것도 없이 중요하다. 뿐만 아니라 사역자 서신을 통하여 사역자는 성령의 열매를 맺으며 매일같이 인격적으로 성장해 나가야 된다는 사실도 살펴보았다. 이제 사역자의 인격이 매일같이 주님 안에서, 그리고 주님의 말씀 위에서 성장하며 가르치는 만큼 더욱더 성숙해지기 위해서는 디모데후서 2장 15절 말씀을 기억해야 할 것이다.

"너는 진리의 말씀을 옳게 분별하며 부끄러울 것이 없는 일꾼으로 인정된 자로 자신을 하나님 앞에 드리기를 힘쓰라" (딤후 2:15).

사역자는 매일매일 하나님께 자신을 드리는 일에 더욱더 힘써야 된다는 이와 같은 명령에 순종해야 한다. 사역자가 여러 사람에게, 여러 종류의 프로그램에, 그리고 자신의 성취 욕구에 힘을 쓰고, 시간과 정력을 투자하면서 매일같이 자신을 하나님께 드리는 시간을 줄일 때 그는 인격적인 면에서 점점 약해질 수밖에 없을 것이다. 하나님과의 관계 대신에 사람과의 관계가 깊어지고, 하나님께 시간을 드리는 대신에 여러 가지 행사와 프로그램에 많은 시간을 보낼 때 '과연 얼마나 하나님이 원하시는 인격적인 사역자가 될 수 있을까?' 하는 질문이 제기될 수밖에 없다.

구약의 모세를 생각해 보자. 그 혈기 있고 분을 잘 내는 사람이 후에 "이 사람 모세는 온유함이 지면의 모든 사람보다 더하더라"(민 12:3)는 평을 받았다. 무슨 비결이 있었을까? 그에게 있어서의 유일한 비결은 날마다 하나님과 가졌던 규칙적인 만남, 즉 회막적 삶을 인내로 잘 이끌어 나간 것이라고 할 수 있다. 출애굽기 33장 7-11절은 회막적 삶에 대하여 중요한 원리를 제공해 준다. 모세와 여호수아가 하나님과의 만남의 삶, 즉 회막적 삶을 어떻게 살았으며, 그러한 삶의 결과가 무엇인가를 보여주면서 오늘을 사는 우리에게 선한 도전을 주고 있다.

출애굽기 32장을 보면 아비규환의 모습을 생생하게 느낄 수가 있다. 하나님이 친히 새겨주신 두 돌판을 들고 내려오던 모세는 이스라엘 백성들이 금송아지와 함께 춤추는 모습을 보고 분노하여 그 돌판을 산 아래로 내던져 깨뜨렸다. 그리고는 그들이 만든 금송아지를 불살라 부수어 가루로 만들어 물에 뿌리고 이스라엘 자손들의 입에 부어버렸다. 그것으로 끝나지 않았다. 모세는 레위 자손들을 통해 3,000명 가량의 백성을 도륙했다. 이곳저곳에서 쳐 죽이는 소리와 도망쳐 다니는 자들의 비명소리가 귀에 들리는 듯하다.

그런데 33장에 들어와서는 어느덧 안정된 분위기로 바뀌었다. 모세는 아무 말도 없이 매일같이 자신의 회막을 걷어 진 바깥으로, 그것도 진에서 멀리 떨어진 곳으로 나가 회막을 치고 그 속에 들어가 하나님과 만남을 가졌다. 아무리 죄에 대해 진노를 퍼부은 의분(義憤)이었다 하더라도 사람들의 입에 금송아지 가루를 탄 물을 먹이는 인격적 모욕을 가했고, 더구나 책임자급 한두 명이 아닌, 그리고 적도 아닌 같은 골육 형제들 3,000명의 생명을 도륙하고 나서 지도자로서 그의 심정이 어떠했을까를 생각해 보면 아마 매우 고통스러웠으리라 짐작할 수 있다. 그러한 갈등과 심중의 고통이 회막에서 하나님과의 만남을 통해 해결되고 있음을 볼 수 있다.

출애굽기 33장 7절에는 "항상"이라는 단어가 사용되었다. 이는 과거의 습관적인 표현으로 해석될 수 있다. 모세는 고통스럽고 힘든 시간 이후 지속적으로 진 안에 있는 자신의 회막을 거두어 진 밖으로 나가는 시간을 가졌다. 진 안에 있으면 아마도 모세를 가만히 두지 않았을 것이다. 이 사람 저 사람 계속 와서 그를 찾을 것이기 때문이다. 그래서 그는 진 안에서는 회막의 시간을 가질 수 없다고 판단하고 정해진 시간에 규칙적으로 장막을 거두어 진 밖으로 나갔다. 본문에는 "진과 멀리 떠나게 하고"(출 33:7)라고 기록되어 있다. 진 안에 있는 사람들이 방해하지 못하도록 아예 멀리 떠나서 그곳에 다시 회막을 치고 들어가 하나님과 교제를 나눈 것이었다. 그가 매일같이 이러한 시간을 가졌을 때 하나님은 "사람이 자기의 친구와 이야기함같이…모세와 대면하여 말씀"(출 33:11)하셨다.

모세가 규칙적으로, 정해진 시간에 하나님과 회막의 시간을 가짐으로써 사람이 그 친구와 이야기함같이 하나님과 대면하여 말하는 놀라운 특권을 누렸듯이, 오늘날 사역자들에게도 이러한 매일매일의 규칙적인 하나님과의 만남이 있어야 할 것이다. 만약 그렇게 하지 않는다면 과연 얼마나 디모데전후서와 디도서에서 제시하는 사역자의 자질에 합당한 인격적인 사역을 할 수 있을지 의심할 수밖에 없다.

하나님께 매일같이 드리려고 애쓰는 삶의 모습을 통해서만이 그분이 원하시는 인격적인 믿음의 사역을 할 수 있다. 날마다 새로운 삶을 경험하게 해주는 하나님과의 인격적 교제만이 하나님이 원하시는 경건의 연습(딤전 4:7-8 참조)에 참여하게 할 수 있다. 그로 인해 우리 속에 있는 더러운 죄성을 누르고 제거하며 살아갈 수 있는 힘을 공급받고, 돈을 사랑하여 더러운 이를 탐하려는 욕망도 누를 수 있으며, 또한 명예의 욕망이나 권력의 욕망 같은 지저분한 것들과 별 상관없이 주님이 부여하신 귀한 각종 사역에 임할 수 있다.

다름을 거부하지 않는 인격

모든 사람은 나름대로의 기준을 가지고 산다. 선과 악에 대한 기준, 양심적이고 비양심적인 것에 대한 기준, 인격적이고 비인격적인 것에 대한 기준, 신사적이고 비신사적인 것에 대한 기준, 정직하고 비정직한 것에 대한 기준, 성실하고 불성실한 것에 대한 기준, 예쁘고 미운 것에 대한 기준, 좋고 싫음에 대한 기준, 감사함을 느끼는 정도에 대한 기준, 잘하고 못하는 것에 대한 기준, 슬픔과 기쁨을 느끼는 것에 대한 기준 등 모든 것에 대한 기준이 조금씩이라도[7] 다 다르다. 그 이유는 다음과 같다.

- 본능적(무저항적)으로 영향을 받을 수밖에 없었던 어린 시절, 부모가 갖고 있는 가치 기준과 교육 방식, 그리고 삶의 철학이 천차만별이기 때문에
- 의식적이고 논리적으로 이해하면서 습득해 가는 성장 과정(유치원, 초등학교, 중고등학교 등) 중에 영향을 주었던 요소들(학교의 철학, 교사의 세계관, 친구의 생각

과 행동, 종교 활동 등)의 다양성 때문에

- 몸담고 있는 사회가 제공하는 도덕성, 윤리 기준, 세계관, 가치관 등의 다양성 때문에
- 특히 인격의 기본적인 부분에 영향을 주는 종교와 접목된 사람들의 경우 그 종교가 가지고 있는 핵심 메시지에 따라 세계관, 또는 가치관에 대한 기준에 큰 변화가 생길 수 있기 때문에

이와 같이 다양한 기준은 같은 국가, 같은 사회, 같은 지역에 사는 개인 간에도 항상 미묘하게 존재하며[7] 다른 사회, 다른 국가 등에서는 눈에 띌 만큼 큰 폭의 차이로 존재함을 볼 수 있다.[8]

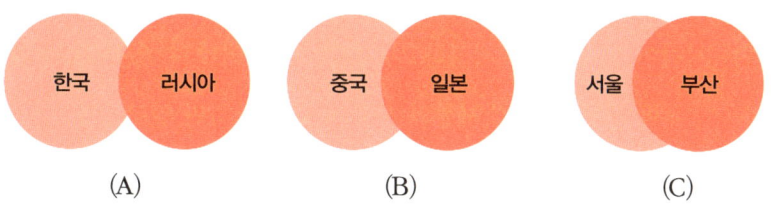

(A)　　　　　(B)　　　　　(C)

이와 같은 ABC 도표는 국가와 국가, 지역과 지역 간의 차이점, 또는 공통점을 보여준다. (A)는 언어와 문화권의 배경이 전혀 다른 국가 간의 모습을 보여준다. 공통분모가 거의 없어 보인다. (B)의 경우 문화권의 배경이 유사하지만 언어와 사상이 다르다. (A)에 비해 공통점이 조금 더 많기는 하지만 그래도 차이점이 상당수 존재한다. (C)는 같은 나라, 같은 언어권이지만 지역과 사람들의 수준에 따라 약간의 차이가 있는 모

습을 보여준다.9)

개개인을 놓고 보아도 다양한 차이점을 발견할 수 있다. 셔우드 링엔펠터가 쓴 『문화적 갈등과 사역』이라는 책을 보면 다양한 종류의 성향이 기록되어 있다. 내용을 일일이 소개할 수는 없지만 기록된 내용에 근거하여 문화적으로 다른 여러 종류의 성향을 살펴볼 수 있다.

지극히 시간 중심인 사람이 있는가 하면 시간보다는 사건 위주로만 움직이는 성향을 가진 사람이 있다. 사람들과의 관계를 중심으로 움직이는 사람이 있는가 하면 목표 지향적으로 계획을 하고 진행하는 사람이 있다. 자신의 단점을 쉽게 노출시키는 데 있어 별로 문제가 되지 않는 사람이 있는 반면 단점을 가능한 은폐시키고자 하는 유형의 사람이 있다. 언제나 모 아니면 도, 흑 아니면 백의 관점으로 일을 바라보고 평가하는 사람이 있는가 하면 모든 일을 총체적인 관점에서 바라보고 진행하는 사람이 있다. 일을 계획하고 진행할 때 일어날 수 있는 모든 가능성을 염두에 두는 위기 대처형의 사람이 있는가 하면 일단 일을 시작하고 보는 무계획형의 사람이 있다.

이러한 문화적 성향의 다양성을 접하면서 우리는 각 개인의 성향이 한결같이 다름을 보게 된다. 그렇다고 해서 이 사람은 이러한 성향의 사람이고, 저 사람은 저러한 성향의 사람이라고 못을 박아 단정 짓는 것은 타당하지 않다.

시간 중심적인 사람이라고 해서 100퍼센트 시간만 보면서 사는 것은 아니다. 그 역시 일의 중요성을 인지하고 많은 시간을 들여 일을 진행시켜나간다. 그러면서도 사람들과의 약속 시간에 맞추어 나가려고 노력하고, 정해진 시간 계획에 따라 움직이려고 노력하는 모습을 보인다. 그러면 일 중심의 사람은 시간을 전혀 무시하면서 사는가? 역시 그렇지 않다. 어떤 경우에는 일과 시간을 4대 6, 3대 7, 2대 8 등으로 나눌 수 있을 것이고, 거의 균형을 맞추어 사는 사람의 경우 5.5대 4.5 등으로 배합해 크게 충돌 없이 지낼 수 있을 것이다. 그러니 쉽게 단정 짓고 대하면 곤란하다.

중요한 것은 다름에 대한 인정이다. 다름을 다름으로 인정해 주면 어려움이 감소된다. 하지만 다름을 틀림으로 받아들이면 관계가 어려워진다. 또한 다름을 자기보다 못한 것으로 받아들여서도 곤란하다. 신앙 인격은 생활 안에서 요구되는 사항이다. 생활 안이라 함은 끊임없이 발생하는 사람과 사람의 만남을 의미한다. 무조건 독불장군식의 태도를 갖고 산다면 아무리 많이 기도해도, 아무리 많은 성경 지식을 갖고 있어도, 아무리 모든 사역에 빠짐없이 참여해도 인정받기가 어렵다.

디모데후서 2장 15절은 "부끄러울 것이 없는 일꾼으로 인정된 자"로 살 것에 대해 강조하고 있다. 말씀을 열심히 공부하고, 기도를 열심히 하는 것은 눈에 보이지 않는 땅 밑 작업들에 해당한다. 골로새서 2장 7절에 기록된 "그(예수) 안에 뿌리를 박으며"라는 말씀은 곧 땅 밑 작업을 의미한다. 눈에 보이지 않는다. 얼마나 많이 기도하고, 얼마나 열심히 성경을 연구하는지는 잘 보이지 않는다. 그러나 "부끄러울 것이 없는 일꾼으로 인정된 자"라는 말씀은 눈에 보이는 부분을 의미한다. 다시 골로새서 2장 7절을 보면 "세움을 받아"라는 말씀이 "뿌리를 박으며"라는 말씀 다음에 나오는 것을 알 수 있다.

> "그 안에 뿌리를 박으며 세움을 받아" (골 2:7).

뿌리를 박는 작업이 눈에 보이지 않는 땅 밑 작업을 의미하는 반면 세움을 받는 작업은 땅 위의 일들을 의미한다. 신앙생활을 단편적으로만 봐서는 안 된다. 더구나 사역자들은 신앙을 전면적으로 이해해야 될 책임이 있다. 그러므로 일상생활에서 발생하는 모든 사람과의 관계는 대단히 중요한 의미를 갖는다. 교회 안에서든 교회 밖에서든 대인관계는 피할 수 없으며, 만나는 모든 사람들과의 관계에서 나타나 보이는 신앙 인격은 사역자의 필수적인 요소로 작용될 수밖에 없다. 이러한 신앙 인격 가운데 가장 중요한 한 가지 요소는 다른 사람에 대한 존중의 마음과 태도이고, 그것을 객관적으로 보여주는 것이다.

이러한 관점에서 볼 때 자기의 관점에서 탈피한다는 것은 매우 중요한 의미를 갖는다. 나중에 좀 더 자세히 다루겠지만 여기에서 다름에 대하여 계속해서 언급하는 이유는 하나님이 사람을 창조하실 때 로봇과 같이 한결같은 모습으로 만드신 것이 아니라 각자 다르고 개성 있게 만드셨다는 것을 우리가 먼저 알고 있어야 한다고 생각하기 때문이다. 우리 각 사람의 개성은 천차만별이고 각양각색이다. 바로 이러한 다름으로 인해 사람과 사람의 만남 가운데에는 언제나 긴장이 있기 마련이다.

서로의 다른 부분이 마주쳤을 경우 때로는 쉽게 극복되기도 하지만 때로는 난관에 봉착해 어려운 순간을 맞이하기도 한다. 이러한 난관을 여러 상황 가운데 슬기롭게 극복하지 못하면 대인관계에 어려움을 겪게 된다. 얼굴에 기쁨을 상실하게 되고, 자연히 주위 사람들에게 아름다운 모습으로 표현되기가 어렵고, 상처를 주게 되고, 그러다 보면 전도의 문도, 사역의 문도 좁아지게 되는 것이 자연스러운 현상이다. 또한 그 연장선상에서 생각해 볼 때 신앙 인격에 대한 평가도 낮아질 수밖에 없다.

이쯤에서 몇 가지 질문을 던질 필요가 있을 것 같다.

- 당신은 자신에 대해, 즉 자신의 성향과 기질에 대해 잘 알고 있는가?
- 당신의 대인관계는 원만한 편인가?
- 당신의 대인관계에 있어 언제, 어떠한 원인으로 어려움이 생기는가?
- 당신은 대인관계에 어려움이 생겼을 때 주로 자신이 옳다고 생각하는가, 아니면 자신이 잘못했다고 생각하는가?

신앙 인격에 있어 가장 어려운 것 중에 하나는 신앙생활을 하는 개인이 아직 스스로에 대해 분석을 제대로 하지 못하고 있다는 데 있다. 그러다 보니 다른 사람에 대한 분석 역시 일방적인 경우가 많다. "지피지기 백전백승"(知彼知己 百戰百勝)이라는 말이 있다. 나를 알고 남을 알면 백 번 싸워 백 번 이길 수 있다는 뜻이다. 하나님을 믿고 하나님의 나라에 적극적으로 참여하고 있는 사역자가 자기 자신도 제대로 파악하지 못한 채 사역을 시작하여 진행하고 있다면 얼마나 불안한 일인가? 무엇보다도 먼저 자신에 대해 잘 이해해야 한다. 그리고 사람들을 만날 때마다 그들의 성향과 기질을 분석할 수 있는 지혜가 필요하다. 함께 대화를 나누면서 상대방의 반응과 말투와 행동을 자연스레 관찰하고, 특징을 살피고, 유형을 이해하면서 자신이 취할 대화의 모습과 태도 등을 결정해 나간다면 자연스럽게 부드러운 인격적 관계를 유지할 수 있을 것이다.

그럼에도 불구하고 상대방의 독단적인 대화 진행 방식이라든지, 귀에 거슬리는 말투, 함부로 판단하여 말을 뱉어내는 대화법 등으로 인해서 얼마든지 긴장의 관계가 형성될 수 있다. 그렇다면 이러한 긴장감은 어떻게 극복해낼 수 있을까? 원칙론적이기는 하지만 먼저 말씀에 근거하여 생각해 보자.

긴장 관계를 극복하는 성경의 원리

성육신의 원리

하나님은 전능하신 분이시다. 전능하신 하나님이 죄인 된 우리를 구제하기 위해 사용하실 수 있는 방법은 무궁무진했을 것이다. 천사를 통해서도 얼마든지, 천지를 창조하실 때 사용하셨던 말씀 한마디만으로도 얼마든지 우리를 죄로부터 구원하실 수 있었을 것이다. 그럼에도 불구하고 하나님은 독생자 예수님의 성육신의 방법을 택하셨다.

고린도후서 8장 9절을 보면 "우리 주 예수 그리스도의 은혜를 너희가 알거니와 부요하신 이로서 너희를 위하여 가난하게 되심은 그의 가난함으로 말미암아 너희를 부요하게 하려 하심이라"고 기록되어 있는데 이는 하나님이 왜 성육신의 방법을 택하셨는가를 보여준다. 기독교는 세상 안으로 들어가는 종교다(종교라고 표현하는 것이 우리에게는 적합하지 않지만 세상 사람들의 관점으로 보자면 그렇다). 예수님부터 완벽한 조건의 하늘을 포기하시고 성육신하심으로 세상에 들어오셨다. 따라서 속세에 있으면 득도하는 데 장애가 된다는 이유로 세상을 떠나 세상과 격리되어 사는 방식을 택하는 모습은 어떠한 형태든 기독교의 기본 정신과 부합되지 않는다.

"그의 가난함으로 말미암아 너희를 부요하게 하려 하심이라"는 말씀은 예수님이 성육신하신 후에 그냥 조용히 계신 것이 아니라 적극적으로 가난한 자들에게 나누어주는 삶을 사셨다는 것을 암시하고 있다. 그 나누는 과정은 보기에 좋고, 쉽기만 한 것은 아니었다. 오히려 성경에 근거하여 보면 긴장의 연속이었다. 바리새인과 사두개인의 조직적인 저항이 끊임없이 있었고, 시시각각 실수를 틈타 가해하고자 하는 시도가 있었다. 예수님 개인적으로도 질문 공세와 각종 시험과 유혹이 지속적으로 주어졌다. 실로 긴장의 연속선상에서 주어진 목적의 성취를 위하여 묵묵히 앞으로 나가셨던 주님의 모습을 사도 바울은 그렇게 묘사했던 것이다. 또한 히브리서는 다음과 같이 기록하고 있다.

> "그러므로 그가 범사에 형제들과 같이 되심이 마땅하도다…그가 시험을 받아 고난을 당하셨은즉 시험받는 자들을 능히 도우실 수 있느니라"(히 2:17-18).
>
> "우리에게 있는 대제사장은 우리의 연약함을 동정하지 못하실 이가 아니요 모든 일에 우리와 똑같이 시험을 받으신 이로되 죄는 없으시니라"(히 4:15).

온전하신 분이 우리와 같이 연약한 자처럼 사셨다는 것이다. 시험받지 않아도 되실 분이 시험을 받으셨고, 고난받을 이유가 없으신 분이 고난을 당하셨다고 말씀한다. 그 목적은 우리를 도와주시기 위함이었다. 우리의 연약함을 불쌍히 여기지 않으시는 분이 아니라 아주 긍휼히 여기시고, 돕고자 하시는 분이라고 선포하고 있다.

성육신의 방법은 궁에 있는 왕이 평복으로 갈아입고 나들이하는 것을 의미하지 않는다. 궁중의 왕이 왕으로서의 신분을 포기하고, 평민의 옷을 입고, 평민처럼 살고, 평민의 신분을 갖는 것이다. 어떤 종교적 목적으로 자신의 해탈을 위해 높은 신분을 포기하는 것과 같이 낭만적인 것이 아니다. 자신과 함께 있을 사람들의 유익을 위해, 그들의 아픔을 해결해 주기 위해 희생의 자리로 찾아 들어가는 것을 의미한다.

예수님의 성육신을 본받으려고 애썼던 사람이 있다. 그는 사도 바울이다. 그는 "즐거워하는 자들과 함께 즐거워하고 우는 자들과 함께 울라 서로 마음을 같이하며 높은 데 마음을 두지 말고 도리어 낮은 데 처하며 스스로 지혜 있는 체하지 말라"(롬 12:15-16)고 제자들에게 가르쳤다. 더 나아가 그는 사람과의 관계에 있어 어떻게 성육신의 방법을 적극적으로 사용할 것인가에 대해 고린도전서 9장 19-23절에서 다음과 같이 교훈했다.

"내가 모든 사람에게서 자유로우나 스스로 모든 사람에게 종이 된 것은 더 많은 사람을 얻고자 함이라 유대인들에게 내가 유대인과 같이 된 것은 유대인들을 얻고자 함이요…약한 자들에게 내가 약한 자와 같이 된 것은 약한 자들을 얻고자 함이요 내가 여러 사람에게 여러 모습이 된 것은 아무쪼록 몇 사람이라도 구원하고자 함이니 내가 복음을 위하여 모든 것을 행함은 복음에 참여하고자 함이라"(고전 9:19-23).

사도 바울에게 있어서 중요한 목적은 복음을 나누는 것이었다. 복음을 통해 영원한 생명을 미리 맛본 사람으로서, 또한 복음을 전하는 부르심을 받은 사역자로서 그는 복음을 나누는 것이 사람들의 생애에 있어 가장 중요한 것이라고 판단했다. 따라서 그들과의 만남 속에서 복음의 음성이 크게 들리게 하기 위해 자신이 포기해야 될 것이 무엇인가를 말한 것이다. 만남 속에서 사소한 내용으로 인해 논쟁에 말려들 경우 복음의 핵심을 나눌 길이 없어진다는 것을 사도 바울은 너무나도 잘 알고 있었다.

신앙 인격은 자신의 것을 내세움으로써가 아니라 복음의 내용을 앞에 둠으로써 가치가 높아진다는 사실을 잘 이해하고 있는 사람이 얼마나 될까? 이것이 곧 성육신의 의미가 아닐까? 대화하는 상대방의 입장에 서서, 가장 가치 있는 것을 나누기 위해 자신의 내세울 만한 것들을 포기하면서 대화에 임하는 것 말이다. 자존심이 강한 사람 앞에서 자신의 자존심을 내세우기보다는 인정해 주고, 세워주고, 격려하는 것이 곧 실생활 속에서 예수님의 성육신을 본받는 모습일 것이다.

이는 결코 쉬운 일이 아니다. 우리의 죄성이 이러한 모습을 용납하지 못하기 때문이다. 우리의 죄성이 상대방을 발로 밟고 일어서서 나 자신을 높이 드러내기를 원하기 때문이나. 결심은 쉽게 할 수 있지만 마음먹은 바를 실행에 옮기기는 너무 어렵다. 그럼에도 불구하고 성경에서 제시하고 있는 성육신의 모범이 있기에 우리는 스스로를 제어하면서 그

모범을 따르도록 힘써야만 한다. 우리의 사역 목표가 하나님이 원하시는 것을 행하는 것이라면 우리는 주님과 사도 바울 같은 선배들의 모습을 본받아야 할 것이다. 참으로 어려운 과제이지만 그래도 실천하고자 애써야만 한다.

사역자들은 다른 사람들과 선한 인격적 관계를 유지하기 위해 예수 그리스도께서 앞서 행하신 성육신의 방법을 수용해야 한다. 그러기 위해서는 무엇보다도 먼저 자기중심적인 관점에서 한 걸음 뒤로 물러나는 법을 습득해야 한다.

자기중심주의로부터 한 걸음 후퇴

문화인류학에서 사용하는 용어 중에 '자민족 중심주의'라는 말이 있다. 이는 자기 민족의 관점에서 다른 민족을 바라보는 것으로서, 자신들의 문화와 가치와 사고하는 방식은 비교적 옳고, 자신들과 다른 상대방의 것들은 일반적으로 부적절하다는 결론으로 유추해 들어가는 성향을 갖는다. 이러한 성향을 유지하는 자들의 생각과 말 속에는 언제나 "아니야", "틀렸어", "그러면 안 되지", "말도 안 되는 소리를 하는군" 등의 판단과 정죄가 떠나지 않는다. 따라서 그들에게서 "미안합니다", "잘못했습니다" 등과 같이 잘못을 인정하는 말을 듣기란 아주 어렵다. 그 이유는 언제나 간단하다. 모든 것의 중심에 자기가 있고, 모든 것을 판단하는 기준이 자기 자신이기 때문이다.

나라와 나라, 문화와 문화 간에도 이러한 입장은 존재한다. 나는 미국에서 공부를 하면서 학비 마련을 위하여 관광 가이드를 한 적이 있었다. 주로 미국을 방문하는 한국인들이 대상이었다. 매 학기가 끝난 뒤 방학 기간을 이용하여 일을 했는데, 지금도 기억나는 것은 처음 미국을 방문한 한국인들이 미국에 대하여 단편적 평가를 쉽게 내뱉었던 말들이다. 그중에서 미국인의 적극적 사랑 표현에 대한 좋지 못한 평가가 제법 많은 분포를 차지했던 것 같다. 물론 연령에 따라, 남녀에 따라, 문화의 이해도에 따라 달랐지만 일반적으로 공통된 부분은 그것이었다. 특히 어르신들의 경우 다소 거친 표현까지도 아무 여과 없이 뱉어내시곤 했다. 유교적 사고 구조에 젖어 있는 그들의 관점을 업신여기거나 우습게 보는 것은 아니다. 하지만 당시는 문화인류학에 관심을 갖고 공부하는 시기였던 터라 문화적 관점에서 비교를 해보지 않을 수가 없었다.

사랑의 적극적 표현에 대하여 이처럼 하찮게 보는 우리 한국인들의 감정 표현은 어떠한가? 과연 한국인들의 감정 표현은 어느 쪽에 강한가? 한국인들이 바라보는 미국인들의 표현 문화가 있듯이, 외국인들이 바라보는 한국인들의 표현 문화가 있을 것이다. 과연 미국인들은 한국인들을 바라볼 때 어느 쪽으로 평가를 내릴까?

미국인들의 경우 사랑에 대하여 적극적으로 표현한다고 평가할 수 있다면, 아마도 한국인들은 분노에 대하여 좀 더 적극적으로 표현한다고 말할 수 있을 것이다. 자녀들 앞에서 부부간의 사랑은 잘 표현하지 못하는 반면 화를 내고, 불평하고, 분노하는 표현은 쉽게 하는 게 우리의 모습이다. 시장터에서 여자들이 싸우는 모습은 이전에 쉽게 볼 수 있는 구경거리였다. 감사와 고마움, 그리고 사랑에 대한 표현은 아끼는 대신 분노와 화난 감정은 쉽게 표현하는 것이 한국인들이라고 말하면 실례일까?

물론 어느 쪽은 맞고, 어느 쪽은 틀렸다고 할 수 없다. 다른 것은 틀린 것이 아니기 때문이다. 만일 자민족 중심주의에 근거하여 다른 문화를 평가한다면 당연히 자기와 다른 상대방이 틀렸다고 할 수 있을 것이다. 하지만 자민족 중심주의를 극복하여 상대방의 입장에 서주기만 하면 틀린 것이 아니라 다를 뿐임을 알고 인정하게 된다.

이러한 자민족 중심주의의 원리는 개인에게도 똑같이 적용된다. 삶 속에서 자신의 것만을 앞세우면서 대인 관계를 유지한다면 부득불 자신의 판단이 앞서게 되고, 융화와 화목을 비켜가게 될 것이다. 만일 우리 그리스도인들이, 특히 하나님의 일에 전적으로 매달려 헌신하는 사역자들이 이와 같이 자기중심주의에서 벗어나지 못하고, 자민족 중심주의에서 헤어나지 못한다면 과연 전도가 가능하고, 선교가 가능할까? 그들이 화합의 주역을 감당할 수 있을까? 아마도 쉽지 않을 것이다.

주님이 그분의 관점에서 우리를 바라보시고, 판단하시고, 쟁론하셨다면 우리 중 어느 누구도 감히 하나님 앞에 설 수 없었을 것이다. 주님이 그분의 관점에서 바라보시고 잘못된 것을 보셨으나 성육신하시어 우리의 잘못을 감당해 주셨기 때문에 감히 우리가 그분과 대면할 수 있으며, 그분과 더불어 교제할 수 있는 것이다. 이와 같이 우리도 우리의 관점에서 상대방의 문제나 기질이나 성품 등을 바라보고, 평가하고, 분석할 수 있으나 여기에서 한 단계 승화시켜 상대방의 약점 속으로 성육신하여 들어가 그의 부족함을 이해하고, 품으며, 연약함을 감당하고자 몸부림 쳐야 할 것이다.

Chapter 5
MINISTRY MANUAL

- "내가 마게도냐로 갈 때에 너를 권하여 에베소에 머물라 한 것은 어떤 사람들을 명하여 다른 교훈을 가르치지 말며 신화와 끝없는 족보에 몰두하지 말게 하려 함이라"(딤전 1:3-4).

- "너는 진리의 말씀을 옳게 분별하며 부끄러울 것이 없는 일꾼으로 인정된 자로 자신을 하나님 앞에 드리기를 힘쓰라"(딤후 2:15).

- "모든 성경은 하나님의 감동으로 된 것으로 교훈과 책망과 바르게 함과 의로 교육하기에 유익하니 이는 하나님의 사람으로 온전하게 하며 모든 선한 일을 행할 능력을 갖추게 하려 함이라"(딤후 3:16-17).

성경에 능한
사역자가 되라

사역자에게 있어 바른 성경관을 소유하는 것은 생명과 같이 중요하다. 목양 사역이든, 행정을 전문으로 하는 사역이든, 가르치는 사역이든, 각종 분야의 전문인 사역이든 제대로 된 성경관을 가지고 사역에 참여하는 것은 발생할 수 있는 실수들을 최소화할 수 있는 사역 보험과도 같다.

　사역자에게 있어 바른 성경관을 소유하는 것은 생명과 같이 중요하다. 목양 사역이든, 행정을 전문으로 하는 사역이든, 가르치는 사역이든, 각종 분야의 전문인 사역이든 제대로 된 성경관을 가지고 사역에 참여하는 것은 발생할 수 있는 실수들을 최소화할 수 있는 사역 보험과도 같다. 너무나도 당연한 사실을 재삼 강조하지 않으면 안 되는 이유는 옛날에도 그러했듯이 지금도 특별 계시의 방편으로 주어진 전능하신 하나님의 말씀을 피조물인 우리 인간의 산유물인 양 인간적인 시각에서 멋대로 바라보고, 해석하는 경향이 너무 많기 때문이다. 더구나 자칭 사역자라는 이들 중에 올바른 성경관을 갖지 못한 상태에서 사역에 참여하는 경우가 종종 있는 것을 보면서 안타까운 마음이 들기 때문이다. 마치 디모데후서 3장 5절에서 말세의 현상 중 한 가지로 "경건의 모양은 있으나 경건의 능력은 부인"하는 자들을 소개했듯이, 그들은 전지전능하신 하나님을 믿는다고 하면서도 제3위 되시는 성령의 영감에 의하여 특별히 기록된 하나님의 말씀인 성경을 대할 때 이리저리 인간적인 설명과 해석을 갖다 대면서 사람이 기록한 책과 같이 취급해버린다. 그러면서도 성령의 사역은 믿는다고 하니 분명 모순을 안고 일하는 사역자들임에 틀림이 없다.

하나님의 말씀은 가장 중요한 은혜의 방편으로서 우리에게 주어진 하나님의 귀한 선물이다.[10] 하나님의 명확한 목적을 수반하고, 하나님에 의하여, 그리고 하나님의 방법으로 기록된 것이 하나님의 말씀인 성경이다. 디모데후서 3장 15-17절은 성경의 기원과 목적에 대하여 정확하게 설명하고 있다.

> "또 어려서부터 성경을 알았나니 성경은 능히 너로 하여금 그리스도 예수 안에 있는 믿음으로 말미암아 구원에 이르는 지혜가 있게 하느니라 모든 성경은 하나님의 감동으로 된 것으로 교훈과 책망과 바르게 함과 의로 교육하기에 유익하니 이는 하나님의 사람으로 온전하게 하며 모든 선한 일을 행할 능력을 갖추게 하려 함이라" (딤후 3:15-17).

이 말씀은 성경의 근거가 하나님의 감동이라고 명시하고 있으며, 동시에 성경의 목적이 교훈과 책망과 바르게 함과 의로 교육함으로 모든 자들에게 유익을 제공하기 위함이라고 선언하고 있다. 모든 성경이 하나님의 감동에 의하여 기록되었다는 사실을 우리 주님은 너무나도 잘 아셨다. 따라서 그분은 늘 구약의 말씀을 인용하여 설명해 주셨다. 그 외에 성경이 소개하는 사역자들 역시 말씀에 근거하여 변증하고 전도했음을 알 수 있다.

하나님의 말씀인 성경을 대하는 데 있어 문제가 있는 부류는 크게 둘로 나눌 수 있다. 하나는 이성과 논리를 멀리하는 신비주의, 또는 반이성주의이고, 또 다른 하나는 이성과 논리를 최우선의 자리에 놓고 모든 것을 바라보는 인본주의다. 전자는 하나님이 우리 인간에게 제공해 주신 자연 계시와 일반적 은혜를 너무 경외시하여 오직 영적 차원에서만 모든 것을 보고 해석하려는 데 문제가 있고, 후자는 이성과 논리와 과학적인 해석 등에 지나치게 의존함으로 영적인 부분을 경홀히 여기는 데 문제가 있다. 어떻게 보면 양상은 다르나 둘 다 인간의 이성, 또는 합리성과 특별한 체험, 또는 경험에 지나치게 의존하여 하나님의 말씀을 대한다는 데 문제가 있다. 그 이유에 대하여 원천적으로 생각해 보지 않을 수 없다.

인간의 죄성이 미치는 영향

최초의 인간인 아담과 하와의 타락 이후 다윗이 시편 51편 5절에서 "내가 죄악 중에서 출생하였음이여 어머니가 죄 중에서 나를 잉태하였나이다"라고 고백한 것과 같이 인간은 늘 죄의 영향권 아래에서 살아왔다. 자신의 도덕적 가치 기준을 잣대로 삼아 판단하여 스스로가 죄인이라고 인정하든, 거부하든 모든 사람은 예외 없이 죄의 영향권 아래에 존재하고 있다. 이는 부인할 수 없는 사실이다.

창세기 6장 5절은 "사람의 죄악이 세상에 가득함과 그의 마음으로 생각하는 모든 계획이 항상 악할 뿐"이라고 기록하고 있다. 또한 로마서 3장 10-12절에서 바울은 선민이라고 자부하며 늘 종교적인 행위를 통하여 스스로의 만족을 자랑스럽게 내세우는 유대인들을 향하여 다음과 같이 담대하게 선포했다.

> "의인은 없나니 하나도 없으며…선을 행하는 자는 없나니 하나도 없도다" (롬 3:10-12).

이 말씀들을 살펴볼 때 타락 직후부터 시작하여 사도 바울 시대까지, 그리고 우리가 살고 있는 현 시대에 이르기까지 사람들은 죄의 영향권 아래에서 죄의 종노릇을 하며 살아왔다는 것을 시인하지 않을 수 없다.

죄의 영향권 아래에서 산다는 말은 언뜻 들으면 부정적인 느낌이 먼저 든다. 마치 캄캄하고 흉측한 모습으로 가득 찬 분위기가 떠오른다. 하지만 실제로는 그 반대다. 아니, 최소한 이 땅에 사는 동안만큼은 그렇지 않다고 역설하고 싶다. 왜냐하면 죄라는 것은 사람으로 하여금 가장 인본주의적인 모습을 취하도록 도와주는 것이기 때문이다. 따라서 죄의 영향권 아래에 있는 사람일수록 더욱 인본주의적인 삶을 영위하게 된다. 그 모습은 일반인이 바라볼 때에는 멋있어 보이고, 오히려 훨씬 자연스럽게 보일 수 있다. 다시 말해 죄의 영향권 아래에 있기 때문에 당연히 인간의 논리와 이성을 삶의 가장 핵심 부위에 놓고, 그것을 근거로 다른 모든 것들을 판단하고 행동으로 옮길 수밖에 없다. 신본 위주의 삶을 요청하시는 하나님이 들어오실 자리가 적은 만큼 사람 중심으로 모든 것이 치장되어 있기 때문에 사람의 눈에는 그만큼 보기 좋게 비칠 수 있다는 것이다.

나는 이 장에서 조직신학에서 언급하는 인간론이나 죄론을 다루려는 시도를 하지 않을 것이다. 단지 올바른 성경관을 유지하는 것의 중요성을 언급하고자 한다. 이러한 목적하에 하나님의 말씀을 이해하는 데 있어 인간의 죄성으로 인해 야기될 수 있는 여러 방해 요소에 대해 짚고 넘어가고 싶다.

로마서 3장 11절은 죄 아래에 있는 자들에 관해 "깨닫는 자도 없고 하나님을 찾는 자도 없고"라고 기록하고 있다. 죄로 인해 사람들은 늘 자연스럽게 눈에 보이는 이성과 합리성으로 모든 것을 이해하려고 한다. 또한 하나님에 대한 이해 능력과 하나님을 이해하고자 하는 의지를 의도적으로 거부하고 인정하지 않으려 한다. 물론 이것들은 사람에게서 나오는 것이 아니다. 하지만 어쨌든 사람들은 이 위대한 것들, 즉 하나님에 대한 이해 능력과 하나님을 이해하고자 하는 의지를 소유하고 있지 않다. 일반적인 학습 능력이 아니라 하나님에 관하여 알고 깨달을 수 있는 이해 능력을 의미하며, 일반적인 의지가 아니라 하나님을 알아보고, 하나님이 주신 말씀을 읽고, 이해하고, 깨닫고자 하는 영적 의지를 말하는 것이다.

인간의 죄성은 같은 죄성을 가진 사람들로부터 흘러나오는 부분에 대해서는 적극적으로 받아들이려는 노력을 기울이게 만들지만, 눈에 보이지 않는 우주 만물의 근본이 되시는 하나님과 그분의 말씀은 본능적으로 멀리하도록 사람들을 조종한다. 그래서 사람으로부터 나오는 것들은 자연스럽게 받아들여지고, 하나님께 속한 것들은 자연스럽게 거부된다. 그러다 보니 하나님의 말씀을 대함에 있어서도 이러한 죄성의 영향이 적극적으로 행사될 수밖에 없다.

성령의 감동으로 기록된 하나님의 말씀을 죄성의 각도에서 바라보면 이해하기가 쉽지 않다. 또한 하나님의 말씀을 바라보려는 노력이 제대로 시도될지라도 개인의 죄성이 개입되어 해석되면 올바른 성경 해석이 이루어지기 어렵다. 이에 대해 베드로는 다음과 같이 경고했다.

"먼저 알 것은 성경의 모든 예언은 사사로이 풀 것이 아니니 예언은 언제든지 사람의 뜻으로 낸 것이 아니요 오직 성령의 감동하심을 받은 사람들이 하나님께 받아 말한 것임이라"(벧후 1:20-21).

성경을 대함에 있어서 최대한 죄성의 개입을 막아야 하겠지만, 성경을 해석하고 적용함에 있어서도 죄성의 역할을 철저하게 견제해야만 한다. 이 말씀에서 "사사로이"라는 단어는 죄성을 대변하는 의미로 해석될 수 있다. 성령의 감동으로 기록된 하나님의 말씀을 해석할 수 있는 유일한 방법은 성령의 조명이다. 성령의 조명 사역을 통해서만 제대로 이해하고 해석할 수 있다.

나는 말씀을 전하는 사람으로서 "사사로이"라는 단어를 매우 의미 있게 받아들인다. 말씀에 근거하여 경건의 시간을 갖고, 말씀을 가지고 가정예배 시에 훈계하고, 말씀에 의지하여 동역자들과의 경건의 시간을 인도하며, 말씀을 철저하게 연구하면서 설교를 준비하고, 말씀에 근거하여 삶과 사역의 원칙을 세우며, 말씀 가운데 장래의 계획을 세운다. 객관적인 하나님의 말씀이지만 내가 섬기는 일의 종류와 대상과 상황에 따라 성경 속에 주어진 한 단어 한 단어, 한 구절 한 구절을 조심스럽게 다룬다.

조심스러움에서 조금만 벗어나면 금새 하나님의 말씀은 나의 사사로운 무기로 사용될 수 있다. 혹시 누군가가 내 말을 듣지 않으면 곧 불순종과 관계된 내용을 찾게 된다. 누군가가 나의 눈에 충성되지 못한 모습으로 비추어지면 곧 질서와 충성의 용어를 찾아 사용하고 싶어진다. 그러다 보니 조심스러움과 신중함과 두려움의 범주에서 조금만 벗어나도 위험스러운 해석으로 들어가기가 얼마나 쉬운지 모른다. 대부분의 영적 리더십을 갖고 있는 사람들이 이러한 위험성을 감지하면서 사역에 참여하고 있을 것이다.

죄성을 하나님의 말씀보다 앞세우면 지극히 위험하다. 사역자들이 명심해야 할 것은 어떠한 상황에서든 하나님의 말씀을 죄성 앞에 놓아야 한다는 것이다. 죄성의 총탄을 피할 길은 없으나 적어도 내 몸에 와 닿을 때 나를 보호해 줄 수 있는 철모와 방탄복은 입고 있어야 할 것이다. 유일한 방법은 하나님의 말씀을 앞에 놓는 것뿐이다.

나의 예를 들어보고자 한다. 신학교를 다닐 때 교수님들로부터 많은 다짐을 받아서인지 나는 졸업 후 설교를 준비할 때마다 먼저 서투른 원어 실력이기는 해도 항상 원어에 충실하려고 노력을 해왔다. 그러다 보니 가끔 어려울 때가 있다. 먼저 설교를 위해 본문을 정한 뒤 본문에 나오는 단어를 연구한다. 일반적으로 단어를 심도 있게 연구하는 데 서너 시간이 소요되곤 하는데, 때로는 열심히 연구한 단어의 원래 뜻이 처음 의도했던 내용과 전혀 다른 경우가 있다. 그때마다 매번 고민하지만 결국은 서너 시간의 연구 시간을 없었던 것으로 돌리고 처음부터 다시 시작하곤 한다.

설교자라고 죄성이 없겠는가? 설교자뿐만 아니라 모든 분야의 사역자 역시 일반인과 마찬가지로 죄성의 영향에서 벗어날 수가 없다. 따라서 어떠한 분야의 사역자든 자신의 것을 강조하기 위해 하나님의 말씀을 사사로이 이용해서는 안 된다.

말씀에 비추어볼 때 나의 전문 분야가 간접 사역[11]이라면 간접 사역이라고 인정하면 간단하다. 복음의 직접적인 전파가 어려운 지역에서 의료 사역을 통해 복음의 문을 열어주는 일은 마치 보병이 진군하기 쉽도록 뒤에서 포를 쏘는 역할과 같은 것이다. 이 얼마나 중요한 일인가? 그런데 포병이 스스로 '나는 간접적인 역할을 하니 보병보다 못해'라고 생각한다면, 그것은 타당할까? 결코 그렇지 않다. 보병이나 포병이나 다 한가지로 군인이기 때문이다. 그럼에도 불구하고 인정해야만 하는 것은 보병에 비해 포병의 사상률이 낮을 수밖에 없다는 사실이다. 뒤에 있기 때문이다. 그러니 보병이 내 앞서 조금 더 수고하고 있다는 것을 인정해 주면 크게 문제 될 것이 없다.

어쩌면 내가 보병 출신이라서 이러한 예를 드는 것인지도 모르겠다.

나는 ROTC 출신으로 보병 장교였다. 그것도 최전방의 보병 소대장 출신이다. 장교임에도 불구하고 당시 무릎 관절 때문에 많은 어려움을 겪었던 나는 행군 중에 대포와 함께 차를 타고 이동하는 포병 사병들이 얼마나 부러웠는지 모른다. 하지만 전쟁 중에 지역을 탈환하기 위해 수많은 희생을 내지만 결국 기를 꽂는 영광은 누가 누리는가? 바로 보병이다. 어쨌든 보병이든 포병이든 같은 군인이지만 그 역할과 위치에 있어서의 다름은 분명히 인정해야 한다.

이와 같이 사역의 종류에 따라 사역자의 위치와 역할이 다를 수 있다. 초대 교회 시절 사도들은 교인 수의 증가와 그에 따른 헌금의 증가로 인해 야기된 갈등을 바라보면서 사도들이 할 일과 일반 평신도들 중에서 선택된 집사들이 할 일을 나누었다. 그리고 자신들의 일을 직접적인 것으로 분류하여 "오로지 기도하는 일과 말씀 사역에 힘쓰리라"(행 6:4)고 결정했고, 사도와 버금갈 정도로 성령과 지혜가 충만한 자 일곱을 선택하여 집사로 세워 그들로 하여금 행정적인 사역을 감당하도록 했다. 집사로 세움을 받은 이들 역시 사도들과 마찬가지로 복음 전파에 관심을 가졌고, 복음을 전하고 변호하다 순교를 당하기도 했다.

다시 한 번 강조하거니와 우리 안에 여전히 존재하고 있는 죄성을 하나님의 말씀 뒤에 두도록 늘 노력해야 할 것이다. 보기에 어색하고 부자연스러워도, 힘들어도, 이해가 안 돼도, 비합리적이고 비이성적으로 느껴져도 하나님의 말씀을 앞에 두고 그 말씀에 근거하여 주님을 섬기는 사역자가 되어야 할 것이다.

이해 능력과 영적 의지력의 손상

예수님이 공생애 기간 동안 특별히 열두 명의 제자들에게 상당한 정성과 사랑과 관심을 베풀어주신 것을 우리는 잘 알고 있다. 짧다면 짧고, 길다면 제법 길다고 할 수 있는 3년의 공동체 생활이었다. 그럼에도 불구하고 하나님에 대한 지식과 하나님을 알고자 하는 의지의 결핍으로 인해 끊임없이 발생된 동문서답의 사건들은 우리로 하여금 죄성의 결과가 가져다준 이해 능력과 영적 의지력의 손상 정도가 얼마나 심각한가를 이해하도록 도와준다.

입력과 해석

사람 간의 대화에는 항상 입력되는 시스템과 입력된 정보를 해석하는 시스템이 존재한다. 한쪽에서 A라는 의도를 가지고 상대방에게 전달을 하면 상대방의 귀에는 A라는 내용이 입력된다. 그리고 입력된 A라는 내용은 상대방의 해석 시스템에 의해 A로, a로, B로, 또는 C로 해석될 수 있다. 따라서 대화 가운데 발생하는 오해의 대부분은, 또는 동문서답을 하게 되는 대부분의 원인은 입력, 또는 해석 시스템이 동일하지 못한 데서 기인한다. 만일 말하는 사람이 정확하게 발음하여 전달을 했는데 듣는 사람이 다르게 이해를 했다면 그것은 듣는 사람의 해석 시스템이 그 입력된 말을 제대로 해석할 수 있는 능력이 없거나, 미달되거나, 아니면 아예 다른 데서 그 원인을 찾을 수 있다.

나는 중국말을 어느 정도 구사한다. 그런데 각 지역의 방언을 들을 때마다 잠시 동안은 혼란을 피할 길이 없음을 느낀다. 언젠가 중국의 어느 지역을 방문했는데 그 지역의 방언으로 계속해서 '페이라이'(飛來), 즉 '비행기를 타고 오다'라는 말을 쓰기에 나는 "그렇다. 나는 비행기를 타고 왔다"고 말했다. 그러자 그들의 표정이 석연치 않았다. 나중에 알고 보니 그 지역은 'h' 발음을 'f'로 발음하는 습관이 있었다. 다시 말해 그 말뜻은 '후이라이'(回來), 즉 '돌아오다'였는데 나는 내 머릿속에 이미 입력된 지식으로 그들의 말을 오해했던 것이다.

이처럼 언어의 다름 때문에, 이미 각인되어 있는 지식이나 사고 때문에, 바꾸기 어려운 완고한 원칙 때문에 이러한 문제는 끊임없이 발생할 수 있다. 문화와 문화 간에 생겨나는 많은 오해들의 근본은 다른 시각과 다른 이해 시스템에 있는 것이 아닐까? 이러한 문제는 예수님과 제자들 사이에도 동일하게 존재했다. 다음의 세 가지 사례는 이 문제를 잘 보여준다.

먼저 마태복음 16장 6-7절을 보자. 예수님은 6절에서 "삼가 바리새인과 사두개인들의 누룩을 주의하라"고 말씀하셨다. 이때 예수님의 근본 의도는 12절에서 설명하듯이 "바리새인과 사두개인들의 교훈을 삼가라"는 것이었다. 하지만 제자들은 예수님의 말씀을 들었을 때 "아이고! 우리가 먹고 남은 떡을 가져오지 못해서 이렇게 말씀하시는구나. 큰일 났네!"라고 반응했다. 예수님이 입력하고자 하셨던 내용은 '잘못된 가르침에 대한 경고'였고, 세자들의 해석의 기초는 '육적 양식'에 있었다. 예수님의 강조점은 '바리새인과 사두개인'에 있었고, 제자들이 이해한 강조점은 '누룩'이었다. 그러니 다른 강조점으로 인해 동문서답하는 상황이 발생했던 것이다. 이에 대해 예수님은 한탄하시면서 다음과 같이 말씀하셨다.

> "믿음이 작은 자들아 어찌 떡이 없으므로 서로 논의하느냐 너희가 아직도 깨닫지 못하느냐 떡 다섯 개로 오천 명을 먹이고 주운 것이 몇 바구니며 떡 일곱 개로 사천 명을 먹이고 주운 것이 몇 광주리였는지를 기억하지 못하느냐 어찌 내 말한 것이 떡에 관함이 아닌 줄을 깨닫지 못하느냐 오직 바리새인과 사두개인들의 누룩을 주의하라"(마 16:8-11).

예수님의 말씀을 들은 제자들은 그제야 "떡의 누룩이 아니요 바리새인과 사두개인들의 교훈을 삼가라고 말씀하신 줄을"(마 16:12) 깨달았다. 예수님은 교훈에 대하여 다시 설명해 주심으로 그들을 이해시키셨고, 제자들은 그것이 누룩이 아니라 잘못된 교훈에 관한 것임을 예수님의 책망을 통해 이해하게 되었다. 예수님과 제자들의 다른 강조점의 근원이 무엇일까를 생각해 볼 때 결국 죄성이라는 답을 끄집어낼 수밖에 없다.

다음 예로 마태복음 16장 15-23절을 보자. 여기에서 예수님은 제자들에게 "너희는 나를 누구라 하느냐"(마 16:15)고 질문하셨다. 이때 베드로는 선뜻 나서서 "주는 그리스도시요 살아 계신 하나님의 아들이시니이다"(마 16:16)라고 고백했다. 이에 예수님은 베드로를 크게 칭찬하셨고 이 정도의 수준이라면 앞으로 일어날 일들에 대하여 설명해 주어도 괜찮겠다고 생각하셔서 자신이 고난을 받고, 죽임을 당하고, 다시 부활할 것에 대하여 말씀해 주셨다. 그러나 그 순간 베드로가 다시 나서서 "주여 그리 마옵소서 이 일이 결코 주께 미치지 아니하리이다"(마 16:22)라고 말하며 주님을 강력하게 만류했다. 베드로는 이 일로 인하여 예수님으로부터 아주 심한 꾸지람을 듣게 되었다.

> "사탄아 내 뒤로 물러가라 너는 나를 넘어지게 하는 자로다 네가 하나님의 일을 생각하지 아니하고 도리어 사람의 일을 생각하는도다"(마 16:23).

여기에서 베드로를 향하여 호령하시는 예수님의 모습을 볼 수 있다. 주님에 대한 분명한 고백이 있었음에도 불구하고 베드로의 해석 시스템과 모든 이루어지는 일들을 바라보는 그의 관점은 하나님의 일보다는 사람의 일에 여전히 기초를 두고 있었다. 그러다 보니 예수님이 입력하고자 하셨던 의도를 이해할 수 없었던 것이다. 의도적 오해가 아니라 다른 시스템의 유지가 문제의 원인이었다. 그 이유는 간단하다. 죄의 결과로 인간에게 주어진 지적 손상, 즉 하나님의 말씀과 하나님 나라의 일을 이해할 수 있는 부분에 대한 훼손이 베드로에게도 나타났기 때문이다.

마지막으로 사도행전 1장 3-8절을 보자. 이 부분은 예수님이 부활하신 후 40일간 이 땅에 머물러 계시다가 승천하시기 전에 제자들과 중요한 내용들을 제목으로 놓고 담화하시는 장면이다. 예수님의 지상 사역의 마지막 모습이다.

> "그가 고난받으신 후에 또한 그들에게 확실한 많은 증거로 친히 살아 계

심을 나타내사 사십 일 동안 그들에게 보이시며 하나님 나라의 일을 말씀하시니라" (행 1:3).

마지막 40일은 예수님께 매우 중요한 날들이었다. 그 기간 중에 예수님이 유일하게 관심을 갖고 행하신 일은 모두가 하나님 나라와 관계된 일이었다. 돌아가시기 전이나, 부활하신 후나, 그리고 지금까지도 그분의 유일한 관심은 하나님 나라라고 할 수 있다.

예수님은 공생애 3년간을 인본 위주로 형성되어 있는 제자들과 동고동락하시면서 그들에 대하여 너무나도 잘 알고 계셨다. 즉 항상 동문서답을 해대는 제자들임을 알고 계셨다. 그리고 자신이 승천한 뒤에는 얼마나 더 많은 동문서답을 하게 될 것인지도 잘 알고 계셨다. 따라서 그분은 사도행전 1장 4절에서 "예루살렘을 떠나지 말고 내게서 들은 바 아버지께서 약속하신 것을 기다리라"고 요청하셨으며, 이어 5절에서 좀 더 자세히 "요한은 물로 세례를 베풀었으나 너희는 몇 날이 못 되어 성령으로 세례를 받으리라"고 설명해 주셨다.

5절과 6절 사이에 약간의 시간 차이가 있었으리라 가정해 볼 때, 이 말씀을 들은 제자들이 나름대로 모여서 예수님이 하신 말씀의 뜻을 숙고했을 것으로 짐작된다. 어느 정도 모아진 결론을 들고 온 제자들은 예수님께 "주께서 이스라엘 나라를 회복하심이 이때니이까"(행 1:6)라고 여쭈었다. 다시 말해 그들은 5절에서 분명하게 성령의 강림하심에 관한 약속이 언급되었음에도 불구하고 "아버지께서 약속하신 것"을 이스라엘의 해방으로 해석하여 예수님께 질문했던 것이다. 예수님이 하고자 하셨던 말씀, 즉 "아버지께서 약속하신 것"은 성령이었다. 하지만 제자들의 해석 시스템으로는 그 말씀이 이해가 되지 않았다. 그들의 해석의 실마리는 이스라엘의 해방이었다. "아버지께서 약속하신 것"이라는 예수님의 말씀이 '성령에 대해 말씀하고자 하셨던 의도'와 '제자들의 해방에 대한 관심으로 인한 왜곡된 해석'으로 나누어진 것이다. 이에 예수님이 약간 격앙된 목소리로 "때와 시기는 아버지께서 자기의 권한에 두셨으니 너희가 알 바 아니요"(행 1:7)라고 야단을 치시는 모습을 볼 수 있다.

처음부터 마지막 순간까지 동문서답하는 제자들의 모습을 바라보면서 한편으로는 실망을, 다른 한편으로는 위로를 느끼게 된다. 실망스런 이유는 '3년씩이나 예수님과 더불어 생활하고, 함께 사역에 참여했던 제자들도 저러한데, 과연 나 같은 사람은 희망이 있는 것인가?' 하는 생각에서다. 매일같이 예수님을 닮기 원한다고 노래를 한다 하여 동문서답의 삶을 피할 수 있겠느냐는 말이다. 반면에 위로가 되는 이유는 '3년씩이나 예수님과 더불어 생활하고, 함께 사역에 참여했던 제자들도 저러한데, 한 번도 예수님을 직접 뵌 적이 없는 우리 같은 사역자들이 매일같이 실수하고 헤매는 것은 어쩌면 당연한 일이 아니겠는가?' 하는 생각에서다. 순간순간 실수하고, 그 실수로 인하여 고민하고 애통해하는 모습이 오히려 자연스러울 수도 있다는 생각이 든다.

히지민 쉬모를 믿는 네 그칠 수는 없다. 우리는 하나님과의 관계에 있어 우리의 해석 시스템을 하나님이 말씀하고자 하시는 의도에 맞추도록 노력해야 한다. 우리의 눈높이를 조절할 필요가 있다. 죄성의 존재를 부인할 수는 없겠지만, 죄성의 영향을 너무 쉽게 인정하고 받아들여서는 안 된다는 말이다. 우리의 제한된 지식으로 하나님의 의도를 이해하고 해석하다 보면 언제나 제자들과 같이 동문서답을 반복할 수밖에 없다. 하나님과 교통함에 있어 올바른 성경관을 유지하고, 수시로 객관적인 하나님의 말씀을 통해 자신의 주관적 견해를 통제하면서 하나님이 하고자 하시는 말씀의 의도를 분별해야 할 것이다. 그분의 말씀을 최우선에 놓고, 있는 그대로 이해하고 받아들이는 해석 시스템을 갖추도록 노력해야 한다.

신본주의 vs 인본주의

앞서 세 가지 예를 통하여 하나님의 말씀에 대한 이해력, 하나님 나라의 일에 대한 이해도, 그리고 하나님의 일을 이해하고 행동으로 옮기고자 하는 의지 부분에 대한 손상을 좀 더 명확하게 이해했으리라 본다. 이러한 손상은 구약성경과 신약성경에 나오는 인물들에게만 국한되지 않는다. 지금 이 시간에도 우리의 삶 가운데 이러한 손상으로 인하여 반복되고 반복되는 동문서답의 사건들이 끊임없이 지속되고 있다는 사실을 인지하고 있어야 할 것이다. 사람의 관점에서 하나님 나라의 일을 이해하고 해석하려는 무한한 시도가 지금도 하나님의 이름 아래 지속적으로 시도되고 있으며, 사람의 경험과 지식과 이성과 논리로 하나님의 말씀을 해석하고, 이해하고, 가르치는 행위 역시 끊임없이 이루어지고 있다. 더군다나 인본주의 운동이 태동하고 난 이후부터 서서히 일어나기 시작한 신본주의 배격운동이 찬란하게 꽃을 피우고 있는 현 시대를 살고 있는 우리의 삶 가운데에는 과거 어느 때보다도 이러한 행위들이 지나치게 기승을 부리고 있다.

14세기에 발원하여 15-16세기에 꽃을 피운 인본주의 운동은 중세 암흑시대에 대한 반항 세력으로 자리를 잡아가면서 "모든 지식은 예외 없이 위대하고 완벽한 진리의 한 부분"이라고 주장했던 플라토닉 사상을 받아들이며 기독교의 신본 중심적인 사고에서 해방되고자 노력했다. 그리고 결국에는 17-18세기를 화려하게 수놓았던, 이성을 최고의 지위에 올려놓는 이성주의로 접어들게 되었다. 인본주의와 그 핵심에 자리 잡고 있는 이성주의가 생활 속에서 무르익어가고 있는 시대가 곧 우리가 태어나서 살고 있는 20-21세기인 것이다. 우리는 태어나면서부터 지금까지 철저한 인본주의의 교육제도하에서 교육을 받으며 자라났다. 우리의 머릿속에 담긴 대부분의 지식들은 신본 위주의 내용들이 아니라 하나같이 인본 위주의 내용들이다. 절대성 교육보다는 아인슈타인의 상대성 이론이 훨씬 더 우리에게 맞다고 이해하며 배워왔다.

그런데 우리는 어느 날 하나님의 크신 은혜로 예수님을 주님으로 받아들임으로써 하나님의 자녀가 되었다. 그리고 그때부터 "인본주의의 삶을 탈피하고 하나님 중심으로 살라", 다시 말해 "신본 위주의 삶을 살라"는 강력한 요청을 설교를 통해, 성경 공부를 통해 받기 시작했다. 더군다나 예수님의 지상명령인 땅끝까지의 복음 전도 사역에 관심을 갖게 되었고, 어떠한 형태로든지 사역에 참여하기를 원하게 되었다.

하지만 이미 머리끝부터 발끝까지 인본주의 사고로 철저하게 세뇌되어 있는 우리에게는 아무리 사역자라는 직분을 부여받았음에도 불구하고 신본 위주의 삶을 사는 것이 여전히 무리한 과제일 수밖에 없다. 교회에 출석하여 예배를 드리고, 성경 공부를 하며, 성도들과 교제를 나누면서도 언제나 측정 기준은 이제껏 살아온 방식과 경험의 중심이 된 인본주의의 틀일 때가 비일비재하다. 그러므로 '그런 우리가 과연 성경을 읽으면서 성경을 기록하신 분의 마음을 가지고 바라보고, 이해하고, 행할 수 있을까?' 라는 당연한 의구심을 갖지 않을 수 없다. 왜냐하면 여전히 연약한 인간의 관점을 가지고 말씀을 이해하고자 하는 시도가 지속되고 있기 때문이다.

이러한 고민 가운데 어떤 사람들은 자기의 생각과 하나님의 생각을 잘 흔들어 섞어 나름대로 정리된 사고를 가지고 신앙생활을 하기도 한다. 소위 말하는 교회 안에서의 '개똥철학' 신앙은 그들에 의해 늘 주장된다. 그들에게는 이미 나름대로 형성된 관점이 있기 때문에 어지간한 말씀은 먹혀들어가지도 않는다. 참으로 가련하고 불쌍한 이들이 아닐 수 없다. 단 것은 삼키고 쓴 것은 뱉어버린다. 나름대로의 틀 속에 하나님을 가두어놓고, 하나님의 말씀은 자기의 개똥철학을 주장하고 설파하는 데만 사용하고, 자신을 성찰하는 데는 오히려 신문에 난 감동적인 기사나 누군가의 글을 이용한다. 그들에게 하나님의 입력 시스템이 작동될 리는 만무하다. 그러니 언제나 심각한 동문서답을 내뱉으며 그렇게 살다 가는 것이다. 그들은 예수님이 "나더러 주여 주여 하는 자마다 다 천국에 들어갈 것이 아니요 다만 하늘에 계신 내 아버지의 뜻대로 행하는 자라야 들어가리라"고 말씀하신 마태복음 7장 21절 말씀을 유의해서 들어야 최후의 심판을 견뎌낼 수 있을 것이다.

지나친 영성주의

인본주의적인 신학을 이성주의와 합리주의에만 국한시켜 생각할 수 있는 것은 아니다. 하나님의 말씀을 객관적으로 받아들이고 적용시키지 않는 모든 종류의 사고 구조에 그 범위를 적용시킬 수 있다. 우리가 혼동하기 쉬운 것 중에 하나가 바로 여기에 있다. 즉 너무나도 명백한 이성 위주의 신앙은 인본적인 신앙으로 쉽게 바라보면서, 지극히 주관적인 영적 생활에 대해서는 뛰어난 영성으로 치부해버리기 쉽다는 것이다. 하지만 하나님이 우리에게 주신 말씀의 객관성으로부터 멀리 떨어져 나간 모든 신앙의 형태는 인본적인 것임을 알아야 한다. 중심에서 왼쪽으로 멀리 떨어져 나간 것을 이성주의와 합리주의에 근거한 인본주의적인 신학이라고 한다면, 오른쪽으로 멀리 떨어져 나간 과도한 주관적 영성은 주관적 경험 위주의 인본주의적 신앙이라고 할 수 있다.

여기에서 '과도한', '주관적'이라는 단어에 주의할 필요가 있다. 초대 교회 당시 이단이었던 영지주의는 "영은 선하고 육은 악하다"는 주장을 했다. 여기에서 "구원받은 영혼은 선하기 때문에 죄를 지을 수 없다. 죄를 짓는 것은 육체일 뿐이다"와 같은 주장이 나왔다. 이러한 원리에 입각하여 파생된 이단의 종류가 얼마나 많았는가! 육은 언제나 악하다는 교리는 예수 그리스도의 인성을 인정할 수 없게 했고, 이러한 억지 주장에 근거를 둔 기독론과 관계된 이단 역시 적지 않았다. 악한 육체는 언제나 악할 뿐이기 때문에 늘 쳐서 복종시켜야만 한다는 성경의 잘못된 적용으로 인해 세상과 격리되는 수도원 운동이 생겨났고,[12] 철저하게 세상을 등지고 사다리를 타고 올라가 제자들이 주는 음식을 먹으면서 평생을 살아가는 영성을 위대한 영성으로 이해하는 모습이 교회 안에 보편화되었다.

자녀들이 밥을 먹었는지, 무슨 옷을 입고 밖에서 뒹구는지 무관심한 채 매일같이 무릎 꿇고 기도만 하는 영성, 다시 말해 소위 한국적 표현으로 도를 닦는 모습이 훌륭한 영성으로 인정되었다. 마치 세상과 격리되어 거리가 멀수록 거룩하고 신비스러운 것이라고 이해시키려 하고, 실제로 그렇게 이해되고 있는 듯하다. 그러한 사고의 중심에는 불교적인 생각과 수도원 운동의 영향이 매우 깊게 자리 잡고 있을 것이다.

그러나 성경은 결코 그렇게 가르치지 않는다. 하나님의 말씀을 하나하나 이성적으로 쪼개어 분석하고 이해하려는 이성주의에 대해 "인본주의"라고 큰소리 외쳐 경고했듯이, 인간의 죄된 심성이 추구하고자 하는 세상으로부터의 격리와 분리 역시 결코 성경적이지 않음을 말씀에 근거하여 외칠 필요가 있다.

"너희는 세상의 소금이니"(마 5:13), "너희는 세상의 빛이라"(마 5:14)는 말씀이 제시하는 바를 우리가 이해한다면, 그리고 "너는 말씀을 전파하라 때를 얻든지 못 얻든지 항상 힘쓰라"(딤후 4:2)고 도전하는 말씀을 분명히 이해한다면 하나님의 말씀이 이 세상을 향하여 얼마나 진취적이고, 공격적이고, 주동적이고, 적극적인지 알게 될 것이다. 하나님의 말씀을 이해하고 깨닫는 만큼 우리의 활동 영역은 세상 속으로 들어가게 되어 있다. 세상의 영향을 받는 것은 당연히 조심해야 하지만, 그것이 무서워 세상으로부터 도망치는 것은 성경이 가르치고 있는 내용이 전혀 아님을 이해해야 할 것이다.

신본주의 아닌 신본주의

최근에는 마치 영의 세계에서 살고 있는 듯한 표현을 시도 때도 없이 사용하는 사람들이 종종 있는 듯하다. 이러한 자들의 입술에는 항상 "하나님이 말씀하시기를", "성령께서 감동을 주셔서", "하나님이 보여 주시기를" 등과 같은 표현이 붙어 있다. 나 역시 성령의 사역에 의해 예수 그리스도를 구주로 고백하고 그리스도인이 되었다. 나는 성령의 사역을 전적으로 인정한다. 하지만 내 안에 계신 성령께서 하시는 말씀인지, 아니면 나의 생각인지 구별이 안 갈 때가 너무 많다. 따라서 감히 성령께서 하시는 말씀이라고 당당하게 외칠 수 있는 상황은 지극히 제한적이다. 나의 판단인지, 하나님의 말씀인지 감히 결정하여 말하는 것이 얼마나 두렵고 떨리는 일인데, 마치 인성은 없고 영성만 있는 사람처럼 말하는 것은 매우 조심스러운 일이 아닐 수 없다.

그럼에도 불구하고 너무나도 많은 사람들이 이러한 말들을 쉽게 내뱉는다. 길을 가다 파도소리를 한 번 듣고는 "하나님이 바닷가로 가라고 하셔서 이쪽으로 핸들을 돌렸다"고 말하는 영성이 적지 않다. 오랜만에 만나 반갑다고 포옹하고 나서 자신의 몸 상태는 전혀 고려하지 않은 채 상대방의 아픔이 자신에게 전달되어 온 몸이 아프다고 쉽게 말해버리는 영성도 종종 찾아볼 수 있다. 그런 은사는 도대체 무슨 종류의 은사인지 나 역시 설명하기가 어렵다. 하나님의 은사가 그렇게도 불완전한 것인가? 성령께서는 전지전능하신 3위 하나님이시라 결코 그 사역의 범위와 능력을 조금도 제한할 수 없다. 문제는 성령께 있는 것이 아니라 유한한 우리에게 있다. 여전히 죄성을 갖고 있고, 이기적이고, 미성숙한 우리의 생각이나 느낌을 우리 가운데 내재하시는 성령의 사역과 혼동해서는 안 된다.

이와 연관해서 잊을 수 없는 한 가지 경험이 있다. 어느 누구를 폄하하여 말하고자 함이 아님을 밝힌다. 내가 미국에서 목회를 할 때의 일이었다. 4년에 한 번씩 열리는 한인세계선교대회가 있어 그곳에 참석한 몇몇 선교사들의 왕복 항공편을 우리 교회에서 협력하고, 대회 후에 그들을 초빙하여 교회 안에서 선교 동원의 시간을 갖고자 하는 계획을 세웠다. 대회가 끝나기 전에 그들 중 한 선교사와 함께 내가 목회학 석사 과정을 공부했던 신학교를 방문했다. 그러고 나서 공부할 당시 아주 가깝게 지냈던 대만 친구 가정에 잠시 들렀다. 선교사는 장시간의 비행과 시차 적응으로 몸이 많이 피곤한 상태라 친구의 방에서 휴식을 취하고 나는 친구와 오랜만에 회포를 푸는 시간을 가졌다.

그런데 갑자기 쾅 하는 소리와 함께 선교사가 방에서 뛰쳐나왔다. 그러더니 다급하게 회의 장소로 돌아가자고 했다. 오랜만에 만난 친구 부부와 제대로 인사도 하지 못하고 돌아오는데, 그 선교사가 하는 말인즉 친구 집에 문제가 있다는 것이었다. 그렇지 않고서는 이렇게 머리가 아플 수가 없다고 했다. 약간 석연치는 않았지만 회의가 진행되고 있는 신학교로 돌아와서 친구 집에 전화를 걸어 조심스럽게 안부를 물었다. "혹시 집에 무슨 문제는 없는가?" 그러자 친구는 "아무 문제 없는데, 혹시 선교사님은 괜찮으신가?" 하고 오히려 되물었다. 그리고 바쁜 일정 때문에 그 사건을 잊어버렸다.

대회가 끝난 뒤 예정대로 그 선교사를 포함한 몇몇 선교사들과 함께 교회로 돌아왔다. 돌아가면서 강의도 하고, 설교도 하는 중에 그 선교사가 주일 저녁 설교를 하게 되었다. 그런데 설교 도중에 이전과 유사한 상황이 발생했다. 설교를 하다 말고 갑자기 다시 기도를 하자고 요청을 했다. 그리고는 기도 중에 "하나님! 저의 마음이 아주 혼란스럽습니다. 혹시 이 교회에 문제가 있다면 그 문제를 해결하여 주십시오!"라고 아뢴 후 몇 마디 횡설수설하고는 단에서 내려갔다. 모든 교회가 그렇듯 우리 교회 역시 몇 가지 문제가 있었던 터였다. 예배 후 전체가 모여 선교 사역에 대한 좌담회를 하는 중에 한 집사가 일어나 "좀 전에 기도할 때 교회에 문제가 있다고 했는데 무엇입니까?"라고 질문을 했다. 이로 인해 잠시 교회가 술렁거렸던 기억이 있다.

그리고 나서 그 선교사를 초청하는 가정마다 유사한 상황이 벌어졌다. 내가 직접 경험한 것은 어느 집사 가정에 그와 함께 초대를 받았을 때였는데, 여러 가정이 함께 모인 자리였다. 대화 중간에 선교사가 또 말을 시작했다. "제가 이 집에 들어오니 머리가 아픈데 이 집에 문제가 있는 것 같습니다." 그 순간 이전에 대만 친구 가정에서 경험했던 일이 떠올랐다. 그리고 설교 시간에 횡설수설했던 일도 생각났다. '혹시 상습범 아닌가?' 하는 생각이 들었다. 아닌 게 아니라 그는 우리 교회에서 가장 많은 선교 헌금을 받고 간 선교사로 기록되었다. 무서운 영성 앞에서 모두가 쩔쩔 맸던 것이다.

그때 이후로 나는 그러한 부류의 사역자나 성도를 보면 긴장을 하고 조심한다. 자신의 몸에 나타나는 반응을 다 영적인 것과 연결시키는 것은 성경적으로 과연 타당한 일일까? 준비된 설교를 해야지, 늘 즉석 불고기를 굽듯 즉석 설교를 하면서 설교가 막히면 교회에 문제가 있는 것이라고 추측하여 발언하는 설교자를 과연 신뢰할 수 있을까? 문제 없는 가정이 얼마나 되고, 문제 없는 교회가 얼마나 되겠는가? 머리가 아프고, 몸이 안 좋고, 설교가 막히는 것의 모든 책임이 자신과 함께하고 있는 개인이나 집이나 교회에 있다니, 이는 과연 사실일까? 하나님은 과연 일반적으로 그렇게 역사하시는가? 특수한 상황이 아닌 일반적 상황에서 항상 그렇게 하실까? 적어도 내가 성경 말씀을 통해 이해하고 있는 하나님은 그러한 방식으로 역사하지 않으신다.

하나님의 영광을 위하여 수고하는 모든 사역자들에게 당부하고 싶다. 성령의 사역을 훼방하거나 소멸해서는 절대로 안 되겠지만, 동시에 비록 지극히 소수의 사역자들에 불과하겠지만 성령의 이름과 역사하심과 사역하심을 빙자하여 교회를 어지럽히고, 가정을 힘들게 하고, 개인을 어렵게 만드는 이러한 행위만큼은 자제할 수 있기를 진심으로 바란다.

이러한 제반 문제들의 근원에는 성경관이 자리 잡고 있다. 잘못된 성경관을 소유한 사람은 사역자든 평신도든 언제나 성경과 거리가 먼 행동으로 영성을 유지하려고 한다. 하지만 올바른 성경관을 소유한 사람은 다른 이들의 눈에 어떻게 비치든 올바른 영성을 유지할 수밖에 없다.

인본주의가 자연스러운 죄성의 산물이라면 경건의 모양으로 옷을 입고 종교라는 이름으로 치장된 신본주의 아닌 신본주의 역시 죄성의 산물임을 인정해야 할 것이다.

인본주의를 유지하면서 말씀을 올바로 볼 수 있을까?

성경이 성령의 영감을 통하여 기록되었음을 인정한다면 성경의 해석은 성령의 조명하에서 가능하다는 것을 인정해야 한다. 문제는 우리 모두가 하나님을 알기 전까지 의식적으로든 무의식적으로든 인본주의 중심으로 짜인 교육의 틀 속에 있었다는 것이다. 그와 같은 방식으로 보고, 듣고, 배우면서 축적된 경험을 근거로 성경을 보려는 시도를 지속적으로 해온 우리로서는 해석상의 오류를 피할 수가 없다. 따라서 성경을 바라보는 우리의 시각과 관점이 하나님 중심적으로, 즉 신본주의적으로 바뀌어야만 된다는 결론이 유출된다.

이러한 시각의 교정은 결코 쉬운 일이 아니다. 한국에 살던 사람이 어느 날 언어와 문화와 법률과 규정이 아주 다른 미국에 가서 정착하여 생활할 때 겪는 문화 충격이 하나의 예가 될 수 있겠다. 20세에 갔다면 20년간, 30세에 갔다면 30년간, 50세에 갔다면 50년간을 한국의 단일 문화권 속에서 살고, 항상 한국인으로서 한국의 법과 규정과 문화와 언어에만 익숙하던 사람이 전혀 다른 문화권을 접촉하면서 보일 수 있는 반응은 실로 다양하다.

내가 미국 서부 지역에 위치한 한 경찰국에서 근무하면서 체험한 내용을 소개하면 쉽게 이해될 것 같다. 경찰국의 사령부에 근무하면서 매주 한 번씩 흑인들과 멕시칸들로 구성된 전도팀과 함께 유치장에 들어가 전도를 했다. 갇혀 있는 사람들의 대부분은 흑인들과 멕시칸들이었지만 가끔 매끈하게 생긴 동양인들도 보였다. 그들의 기록을 들여다보면 자기 나라에 있으면 죄로 성립되지 않았을 죄명들이 적혀 있었다. 길거리 음주를 예로 들 수 있다. 미국은 지역마다 다르지만 특히 캘리포니아 지역은 길거리 음주를 금하고 있다. 길에 서서 맥주병을 들고 마시다가 지나가는 경찰의 눈에 띄면, 또는 고발에 의해 경찰이 오면 체포의 사유가 된다. 중국이나 한국에서는 있을 수 없는 일이다. 흔히 볼 수 있는 또 다른 죄명은 배우자 폭행이다.

이런 유의 죄목으로 유치장 신세를 진다든지, 아니면 감옥에 갇히는 일들은 문화적 차이에 의한 것으로 볼 수도 있지만 그들이 이미 살기로 결정한 지역의 법과 질서에 대한 몰이해로 인한 원인 역시 크다고 할 수 있다. 한 나라에서 다른 나라로 건너갔음에도 불구하고 자신이 살았던 나라의 관점에서 그 나라를 바라보기 때문에 결국에는 여행자의 입장만을 유지하다 돌아오게 되는 것이 아닐까 생각해 본다. 하지만 이주를 간 이민자의 입장은 달라야만 한다. 자신이 살았던 나라의 법률을 잊어버리고 새로운 나라의 법과 질서를 존중하는 마음을 가져야 쉽고 빠르게 적응할 수 있다.

영적인 부분도 이와 크게 다르지 않다. 이 땅의 국적만 갖고 살던 사람이 어느 날 하늘의 국적도 취득했다. 그리고 영원한 하늘나라의 시민권을 부여받는 세례도 받았다. 몸은 이 땅에 있지만 동시에 영원한 나라의 시민권자가 되었기 때문에 땅의 법도 준수해야 하고 하늘의 법 역시 엄수해야 한다. 그렇다면 만일 땅의 법과 하늘의 법이 충돌할 수밖에 없는 상황을 맞이한다면 어떻게 해야 할까? 하나님은 하늘의 법을 선택함으로 파생되는 손실을 감사한 마음으로 받아들이는 순교 정신까지도 우리에게 요구하신다.

그럼에도 불구하고 현실적으로 존재하는 어려움은 인정하지 않을 수 없다. 아무리 성정이 같은 인간끼리라도 바다 하나, 강 하나, 산 하나를 사이에 두고 이해하기 어려운 문화적 차이를 가지고 있기에 오해가 쉽게 발생하고, 피차간에 충분한 설명이 어려운 것이 현실이다. 하물며 하나님을 알지 못하고 인본주의적인 삶을 영위하던 사람이 어느 날 주님을 구주로 영접했다고 하여 그날부터 하나님과 하나님 나라의 일들에 관하여 기록된 성경을 금방 이해하고 해석할 수 있으리라 기대한다면 이 얼마나 무모한 처사이겠는가? 따라서 세상을 바라보는 세계관과 지금까지 옳다고 여겨온 삶의 가치관이 하나님 중심으로 변화된다는 전제를 동반하지 않고서는 성경을 올바로 이해하고, 제대로 해석한다는 것 자체가 참으로 어렵다는 사실을 분명히 말해 두고 싶다.

이미 이성과 합리성에 바탕을 둔 인본주의에 대해 생각을 해보았지만 다시 한 번 살펴보고자 한다. 특히 오래전부터 많은 신자들을 혼란스럽게 하고, 진리의 도에서 벗어나게 하려고 끊임없이 시도했던 고등비평을 예로 들어보자. 이러한 비평의 기저에는 언제나 인간의 이성과 합리성에 대한 호소가 깔려 있다. 참으로 다양한 종류가 있지만 그중에서도 특히 그리스도의 역사성 자체를 부인하거나 신약의 기록 자체를 의심함으로써 그 안에 기록된 그리스도의 행적 등에 대한 짙은 의심을 듣기 좋은 학문적 표현으로 주장한 내용들을 대표적으로 들 수 있겠다. 유명한 고등비평 학자인 루돌프 불트만의 저서 『신화론』의 내용을 보면 대략 다음과 같다.[13)]

- 초대 그리스도인들이 갖고 있던 자료들은 그리스도의 실제적 역사, 또는 인물에 그다지 큰 관심을 갖고 있지 않았다.
- 성경의 기록들은 이리저리 흩어져 있는 것들을 짜맞추었거나 신화적인 것들이다.
- 성경의 저자들이 제공한 자료들이 제대로 검증되었다는 근거를 제공할 만한 자료들이 없다.
- 예수를 역사적 실존 인물로 미리 전제하는 것은 사실 기독교를 파괴하는 행위다. 왜냐하면 그러한 생각은 하나님으로서의 예수를 믿지 못하게 할 뿐만 아니라 오히려 경건주의 같은 것에서나 분명하게 나타나는 영향들로서 예수교라는 일단의 이단을 믿게 만들기 때문이다.

고등비평을 논하는 내용이 아니기 때문에 더 이상의 지면을 할애할 수는 없지만 이러한 부류가 갖고 있는 특징들 중 두 가지만 언급하고자 한다.

- "성경은 하나님의 말씀이고, 성령에 의하여 영감된 말씀이고, 무오하

다"고 믿는 자들이 성경에 대하여 지나치리만큼 그냥 믿어버린다는 데 일체감이 있는 반면 이러한 부류의 주장은 지나치리만큼 다양하며 같은 시대 중에도 피차간의 주장이 모순될 때가 많다.

- 매우 인간적이고 인본적인 주장을 한다. 대체로 이성과 논리에 늘 근거한다. 눈에 보이지 않는 하나님을 믿는다고 하면서도 늘 하나님의 능력을 그들의 유한한 이성과 논리로 제한한다.

이들에 대해 사역자 서신인 디모데전후서와 디도서는 계속해서 경고하고 경고한다. 디모데전서 1장 3절은 인사말이 끝나기 무섭게 바울이 디모데로 하여금 에베소에 머물러 에베소 교회를 목회하도록 한 이유를 설명하고 있다.

> "내가 마게도냐로 갈 때에 너를 권하여 에베소에 머물라 한 것은 어떤 사람들을 명하여 다른 교훈을 가르치지 말며" (딤전 1:3).

여기에서 "어떤 사람들"이란 누구를 말하는 것인가? 그들은 물론 정확 무오한 하나님의 말씀에 근거한 복음 외에 다른 복음을 가르치고, 신앙생활에 도움이 되는 교훈이 아닌 신화와 끝없는 족보 등 늘 논쟁을 유발시키는 무익한 교훈을 가르치는 자들이었을 것이다. 그들은 우리 주위에도 얼마든지 있다. 말씀을 말씀대로 보지 않고 인본주의의 눈으로 보고 해석하려는 자들이다. 이단은 오히려 멀리하기가 쉽다. 하지만 그들은 비슷비슷해 보이고 인본주의적이기 때문에 사람들의 비위를 맞추는 데 오히려 적격이라 대충대충 믿는 자들로서는 구별조차 하기가 어렵다. 그래서 사도 바울은 사역자로 부르심을 받은 디모데에게 다음과 같이 요청했다.

"진리의 말씀을 옳게 분별하며 부끄러울 것이 없는 일꾼으로 인정된 자로 자신을 하나님 앞에 드리기를 힘쓰라"(딤후 2:15).

사역자들은 늘 깨어 기도하며 맡겨진 일들을 말씀에 근거하여 제대로 감당하기 위해 정신을 차리고 있어야 될 것이다.

성령의 권능을 덧입으라

올바른 성경관과 성령의 권능이 무슨 관계가 있을까 의아해할 수도 있다. 하지만 둘은 끊을 수 없는 불가분의 관계다. 성경 자체가 성령의 감동으로 기록되었음을 인정한다면, 성경을 이해하고 해석하는 조건 역시 성령과 떼어서는 생각할 수 없다고 받아들이는 것이 당연하다.

누구든지 성경을 열어 보면서 나름대로 해석하는 것은 자유다. 한 예로 한국에서 나름대로 유명하다고 하는 어떤 철학자가 요한복음을 강해한 책을 내고 동시에 불교의 금강경 강해서를 출판한 바 있다. 그러나 성경을 올바로 보기 위해서, 그리고 성경에 기록된 모든 내용을 제대로 읽고, 이해하고, 해석하기 위해서는 올바른 성경관을 논하지 않을 수 없다. 또한 그렇게 하기 위해서는 성경의 기록과 성령의 밀접한 관계 역시 논해야만 할 것이다.

　주님은 제자들이 인본 위주적인 사고를 계속해서 유지하는 한 늘 동문서답하며 자신들의 이성과 논리만을 끊임없이 주장할 것을 알고 계셨기 때문에 그들에게 성령을 통한 권능을 받아야 될 것을 강조하셨다. 또한 아버지께서 약속하신 성령을 받기 전에는 예루살렘을 떠나지도 말라고 명하셨다. 그 이유는 앞서 고찰해 보았듯이 성령을 통한 권능을 부여받지 않은 상태에서는 늘 동문서답식의 사역을 할 수밖에 없고, 성경 해석에 있어서도 동문서답식의 성경 해석이 나올 수밖에 없기 때문이다. 이로 인해 하나님의 뜻과 의도가 잘못 이해될 가능성이 충분히 있을 것이라는 사실을 주님은 이미 알고 계셨다.

　성령을 통한 권능에 대한 의견은 참으로 분분하다. 여러 가지 의견이 있을 수 있겠으나 나는 일차적으로 성령의 도우심을 통하여 인본주의적 사고방식이 신본주의적 사고방식으로 바뀌는 것이라고 해석하고 이해한다. 베드로를 비롯한 다른 사도들이 성령을 체험하고 권능을 받은 후에 행한 여러 가지 기적을 보면서 성령의 권능을 이해할 수도 있다. 그러나 성경을 잘 살펴보면 그전에 베드로와 다른 사도들의 가치관과 세계관의 변화가 이미 일어났음을 볼 수 있다. "은과 금은 내게 없거니와 내게 있는 이것을 네게 주노니 나사렛 예수 그리스도의 이름으로 일어나 걸으라"(행 3:6)는 베드로의 말속에서 참 구제의 본질을 이해한 모습이 보이며, "하나님 앞에서 너희의 말을 듣는 것이 하나님의 말씀을 듣는 것보다 옳은가 판단하라"(행 4:19)는 베드로와 요한의 담대한 자세와 말에서 사도들의 가치관이 얼마나 변해 있는가를 볼 수 있다. 그들의 내면세계가 성령의 능력으로 변화되었다는 사실이다.

이것이야말로 큰 권능이 아니겠는가? 눈에 보이는 이적과 기사는 내면세계의 변화로부터 출발된 것이 아니겠는가? 성령의 권능을 덧입은 제자들의 삶은 인본주의적인 사고의 틀을 철저하게 배격하고 최선의 노력을 기울여 신본주의적인 삶을 살고자 몸부림치는 모습으로 바뀌었다.

이 원리는 말씀에 대한 태도에만 적용되는 것이 아니다. 우리가 하나님의 선하시고 기뻐하시고 온전하신 뜻이 무엇인지 제대로 이해하지 않고서는 하나님을 기쁘시게 해드릴 수 없을 것이고, 하나님 나라의 확장 사업에 제대로 동참하기도 어려울 것이다. 또한 하나님의 선하시고 기뻐하시고 온전하신 뜻을 제대로 이해하기 위해서는 성경에 기록된 하나님의 말씀을 제대로 해석할 수 있어야 한다. 이를 위해서는 성령의 강력한 조명하심과 아울러 말씀을 바라보는 시각의 교정이, 다시 말해 인본주의 시각에서 신본주의 시각으로의 교정이 있어야만 한다. 여기에서 성령의 권능을 덧입어야만 한다는 조건은 필수다.

인본주의 철학과 사고방식, 그리고 이를 바탕으로 한 인본주의적인 세계관과 가치관이 삶 가운데 깊이 뿌리내리고 있는 우리는 다음의 말씀을 꼭 기억해야 한다.

"누구든지 그리스도 안에 있으면 새로운 피조물이라 이전 것은 지나갔으니 보라 새 것이 되었도다" (고후 5:17).

이 말씀과 같이 새로운 피조물로서 철저한 신본주의에 입각한 안경을 쓰고 하나님의 말씀을 바라보며, 성령의 조명하심을 힘입어 말씀을 제대로 이해하고 해석하는 사역자들이 되어야 할 것이다.

Chapter 6
MINISTRY MANUAL

- "내가 전에는 비방자요 박해자요 폭행자였으나…죄인 중에 내가 괴수니라…
  예수 그리스도께서 내게 먼저 일체 오래 참으심을 보이사…하나님께 존귀와 영광이
  영원무궁하도록 있을지어다 아멘"(딤전 1:13-17).

- "전에는 어리석은 자요 순종하지 아니한 자요 속은 자요 여러 가지 정욕과 행락에
  종노릇한 자요…그의 은혜를 힘입어 의롭다 하심을 얻어 영생의 소망을 따라
  상속자가 되게 하려 하심이라"(딛 3:3-7).

- "내가 이 복음을 위하여 선포자와 사도와 교사로 세우심을 입었노라
  이로 말미암아 내가 또 이 고난을 받되 부끄러워하지 아니함은…
  그가 능히 지키실 줄을 확신함이라"(딤후 1:11-12).

- "나는 선한 싸움을 싸우고 나의 달려갈 길을 마치고 믿음을 지켰으니
  이제 후로는 나를 위하여 의의 면류관이 예비되었으므로"(딤후 4:7-8).

- "주께서 내 곁에 서서 나에게 힘을 주심은…주께서 나를 모든 악한 일에서 건져내시고
  또 그의 천국에 들어가도록 구원하시리니"(딤후 4:17-18).

삶의 간증이 있는
사역자가 되라

하나님의 일에 참여하는 사역자는 주님을 만난 첫 순간부터 계속적으로 삶 속에서 역사하시는 하나님에 대한 살아 있는 간증을 유지해야 한다. 그러기 위해서는 하나님과 끊임없이 교제해야 한다. 간증이 끊임없이 나오는 삶은 지속적으로 무엇인가가 진행되고 있다는 증거가 되기도 하며, 동시에 지속적으로 향상되는 삶으로 이해할 수도 있다. 매너리즘의 늪에 빠져 이것도 저것도 아닌 삶을 살면서 생명을 유지하는 것은 얼마나 낭비적이고 소모적인 일인가?

존 롭이 쓴 『전략적인 기도』라는 책에 보면 다음과 같은 글이 소개되어 있다.

"에티오피아 아디스아바바에서 차로 두 시간 가량 떨어진 한 메마른 골짜기 아와시 강 제방에 거대한 나무가 한 그루 서 있었다. 그 나무는 수세대 동안 거기 서 있었으며 영원한 존재처럼 보였다. 강물을 육지까지 끌어올 수 없었기 때문에 주변 지역에 사는 사람들은 오랫동안 기근에 시달려왔다. 사람들은 고통을 받다가 급기야는 나무에게 도움을 청했다. 사람들은 하늘을 찌를 듯이 솟아 있는 그 거대한 나무에 절을 했다. 어떤 정령이 그 나무에 신적인 능력을 주었다고 믿었기 때문이다. 어른들은 그 나무 곁을 지나가면서 그 커다란 둥치에 입을 맞추었다. 그들은 그 나무에 대해 경의를 표했으며, 아이들은 '이 나무가 우리를 구했어'라고 말했다.

월드비전이 1989년에 처음으로 개발 사업을 시작했을 때 그 커다란 나무는 가까이하기 어려운 옛 질서의 파수병처럼 서 있었다.

그 나무는 지역 사회 사람들을 두려움의 노예로 만들면서 그들을 장악했다. 그래서 사람들은 짐승을 제사로 바치고 금기 사항들을 엄격하게 지킴으로 정령들의 비위를 맞추어야 한다고 확신했다. 월드비전 일꾼들은 마을 사람들이 그 나무를 숭배하는 모습을 보았으며, 그것이 그리스도의 나라와 지역 사회를 변혁시키는 일을 가로막는 우상 숭배적인 장애물이라는 것을 깨닫게 되었다.

어느 날 아침 월드비전 직원들이 함께 기도하고 있을 때 예수님이 말씀하신 약속 중 하나가 특별히 그들의 마음에 떠올랐다. 그 약속은 '만일 너희가 믿음이 있고 의심하지 아니하면…이 산더러 들려 바다에 던져지라 하여도 될 것이요'(마 21:21)라는 것이었다. 그들은 이 말씀을 기억하면서 하나님께 사람들을 위협하는 골리앗과도 같은 그 나무를 꺾어버려 달라고 믿음으로 기도하기 시작했다. 곧 온 마을 사람들은 그리스도인들이 그 나무를 놓고 기도하고 있다는 것을 알게 되었다.

여섯 달 후, 그 나무는 마르기 시작했다. 나무의 무성한 잎들이 사라졌으며, 마침내 얻어맞은 거인처럼 강으로 쓰러져버렸다. 사람들은 깜짝 놀랐다. 그리고 '당신들의 하나님이 이 일을 했소!'라고 말했다. 그 후로 몇 주가 지나지 않아 약 100명의 마을 사람들이 예수 그리스도를 영접했는데, 그 이유는 기도를 통해 하나님의 권능이 나타난 것을 직접 보았기 때문이었다."[14]

가슴을 뭉클하게 하는 간증이요, 하나님의 일을 함에 있어 기도의 역할이 얼마나 중요한가를 다시 한 번 일깨워주는 내용이다. 목사 사역자든, 평신도 전문인 사역자든, 전임 사역자든, 파트타임 사역자든 하나님의 일을 맡은 사역자에게 있어 이와 같은 종류의 간증이 함께하는 삶과 사역은 필수적 요소라고 할 수 있다. 간증이 없다는 말은 문자적으로 본 것이 없다는 말이기도 하다. 요한일서 1장 1-3절을 보면 다음과 같이 기록되어 있다.

> "태초부터 있는 생명의 말씀에 관하여는 우리가 들은 바요 눈으로 본 바요 자세히 보고 우리의 손으로 만진 바라 이 생명이 나타내신 바 된지라 이 영원한 생명을 우리가 보았고 증언하여 너희에게 전하노니 이는 아버지와 함께 계시다가 우리에게 나타내신 바 된 이시니라 우리가 보고 들은 바를 너희에게도 전함은 너희로 우리와 사귐이 있게 하려 함이니 우리의 사귐은 아버지와 그의 아들 예수 그리스도와 더불어 누림이라" (요일 1:1-3).

이 말씀은 간증이 무엇인가를 명확하게 설명해 주고 있다. 간증이란 귀로 듣고, 눈으로 본 것들을 있는 그대로 다른 사람들에게 전달하는 것을 의미한다. 하나님의 일에 참여하고 있는 사역자들이 자주 범하는 잘못 중 한 가지는 일에 강조점을 크게 둔다는 것이나. 하지만 그보다 더 강조해야 될 부분이 하나님이라는 것은 굳이 설명하지 않아도 되는 진리다. 다음 세 종류의 강조점을 보자.

- 하나님의 **일**
- **하나님**의 일
- **하나님의 일**

이중에 어느 것을 취해야 할지는 자연스럽게 마음속에 떠오를 것이다. 우리는 "하나님"의 '일'을 해야 한다. 일을 한다는 명분하에 하나님과의 관계를 희생시킬 수는 없다. 또한 하나님과의 관계에 너무 깊이 몰두되어 '여기가 좋사오니' 하는 마음으로 마땅히 해야 할 일을 무시해서도 안 된다. 하나님의 일을 하는 사람들에게 있어 우선되어야 할 부분은 무엇보다도 하나님과의 관계다. 하나님과의 관계 속에서 힘을 얻고, 지혜를 받고, 포용과 희생을 배우고, 지치고 피곤한 몸과 마음을 회복할 수 있기 때문이다.

이러한 관점에서 살아 있는 간증이 넘치는 삶을 유지하기 위한 원리는 대단히 중요하다. 성경에서 말씀하는 원리를 알지 못해 사랑하지 못하고, 섬기지 못하고, 포용하지 못하는 평신도들이 얼마나 많은지 모른다. 용서할 수 없는 상황에서 용서하고자 고통스럽게 몸부림치고, 괴로움 속에서 겨우 힘을 얻어 어렵게 용서하는 시도를 해내는 것이 우리 연약한 인간의 신앙생활이다. 이러한 전투적 신앙생활을 평생 해내야 하는 신자들 앞에 그래도 "나를 따르라!"고 외치며 앞서 나가는 이가 사역자라고 할 수 있다. 따라서 사역자는 자신이 먼저 사역을 하고 삶을 살아가면서 끊임없는 하나님과의 관계 속에서 힘을 공급받고, 지혜를 공급받고, 황량한 벌판 같은 곳에 서 있더라도 기쁨을 공급받아 웃을 수 있어야 할 것이다. 바로 이러한 모습 속에서 간증이 공유될 수 있고, 삶 속에서 역사하시는 하나님에 대한 증거가 이루어질 수 있다. 그럼에도 불구하고 때로 사역자는 스스로의 연약함을 인정하지 않을 수 없고, 그 앞에 힘없이 무릎을 꿇을 수밖에 없음을 부정할 길이 없다.

지금 생각하면 조금도 철이 들지 않았던 젊은 시절, 나는 ROTC 훈련을 받고, 보병 소위로 임관을 받아, 광주 보병 학교에서 훈련을 받고, 임지로 부임하여 헤매면서 초급 지휘자 생활을 했던 적이 있었다. 보병 학교에서 훈련을 받을 때 보병 훈련 장교들의 군복 왼쪽 견장에는 "나를 따르라"는 글귀가 새겨져 있었다. 교관들이 늘 야단치면서 외치는 소리는 "이렇게 해서 어떻게 소대원들을 따르게 할 수 있나!"였다. 그렇게 "나를 따르라"는 구호를 수도 없이 외치면서 훈련을 받았건만 실제 최전방 사단에 배치를 받아 첫날부터 방탄복을 입고, 실탄을 장전하고, 지뢰밭을 통과할 때 맨 앞에 지휘자로 서 있던 나의 모습은 지금 생각해도 얼마나 어리고 연약한 모습이었는지 모른다.

물론 시간이 흐르면서 여유도 생기고, 지휘 요령도 터득해 지휘관 견장까지 달고 중대를 호령해 보기도 했으나 초급 지휘자로서의 초창기 시절을 생각해 보면 아직도 식은땀이 절로 나는 느낌이다. 남들 앞에 서서, 비슷한 환경 안에서, 손을 들어 "나를 따르라"고 외치는 것은 결코 이론만으로 가능한 일이 아님을 뼈저리게 체험했다.

하나님의 일을 맡은 사역자들은 모두 "나를 따르라"는 견장을 차고 있는 사람들이다. 그렇기 때문에 똑같이 피곤하고, 힘들고, 지친 상황에 처해 있다 하더라도 여전히 처음과 마찬가지로 "나를 따르라"고 외치면서 나갈 수 있어야 한다. 이것을 거부한다면 사역 자체를 거부하는 것과 큰 차이가 없다. 자신이 책임진 사람이 있든 없든 적어도 그 책임지고 있는 일이 하나님의 나라와 관계가 있는 사역이라면 이러한 요구는 중단되지 않을 것이다. 이로 인해 사역자들에게는 부담스러운 부하(負荷)가 언제나 삶의 중심부에 걸려 있는 것 같다. 어차피 이러한 부담을 느끼며 사역에 참여해야 한다면 우리 힘의 근원이 되시는 하나님과의 관계를 진솔하게 유지하고, 그 관계를 통해 체험하게 되는 여러 종류의 간증들을 늘 간직하면서 살고 사역하지 않을 이유가 전혀 없다.

그럼에도 불구하고 우리는 이러한 당위성을 가로막는 것들을 심각하게, 그리고 정직하게 고려해 보지 않을 수가 없다. "지피지기 백전백승"이라는 말이 있다. 이미 우리의 연약함은 인정하고 있는 바이니 "지기"는 어느 정도 된 것으로 보고, 이제 남을 알아야 한다. 다시 말해 사역자인 우리가 하나님이 공급해 주시는 힘을 통해 간증을 유지해 나가는 삶을 살아가는 데 방해가 되는 요소가 무엇인지 알 필요가 있다.

매너리즘

초기 신앙생활

나는 이 책의 앞부분에서 사역자가 가장 경계해야 될 대상들 중 하나로 매너리즘을 꼽았다. 그것은 사실이다. 하나님을 믿고 사역자가 된 사람들 중에 간증이 없는 사람이 과연 누가 있겠는가? 모두가 나름대로 예수 그리스도를 인격적 구주로 영접한 뜨거운 경험이 있을 것이다. 아울러 많고 많은 그리스도인들 가운데 하나님의 일에 특별히 관심을 갖고, 또 그 일에 특별히 참여하라는 부르심을 받아 하나님 나라의 일에 참여하게 된 사람들이므로 더욱 귀한 간증을 갖고 있을 것이다. 그때를 다시 한 번 생각해 보자.

나는 처음 주님을 나의 구주로 영접하고 받아들였을 때의 뜨거움을 잊을 수가 없다. 당시 대학생의 신분으로 등교하기 전에 먼저 교회에 들려 무릎을 꿇고 간절하게 기도하며 하루를 시작했다. 하교 후에는 집에 가기 전에 교회에 들려 무릎을 꿇고 하루를 성찰하면서 간절히 은혜를 사모했다. 지금도 가끔 그 시절에 함께 간절히 울부짖으며 은혜를 사모했던 형제자매들이 생각난다. 어느 곳에서, 어떠한 모습으로 살고 있을지 궁금하고 보고 싶다.

수업이 없을 때면 지금도 여전히 건재하고 있는 성균관 대학교 내의 "겟세마네"라고 명명된 기독교 동아리방에 들르곤 했다. 그곳에서 몇몇 친구들과 함께 학교를 나와 골목에 서서 간절히 하나님의 도우심을 요청한 후 전도지를 들고 버스에 올라타 담대히 복음을 외쳤다. 그때만 해도 버스 안내양이 있었기 때문에 먼저 차비를 내고 한가운데 서서 이렇게 외쳤다. "여러분! 저는 학생입니다. 그런데 어느 날 저의 마음에 주어진 평안함과 기쁨을 혼자만 간직할 수 없어 이 자리에 서서 어떻게 이러한 평안함과 기쁨을 얻게 되었는가를 나누고자 합니다." 이렇게 복음을 외치기를 수없이 했다. 때로는 시외버스를 타고 장시간 복음을 전하기도 했다. 어차피 장시간 가는 버스 안이니까 승객들과 토론도 하고, 함께 『사영리』를 통해 영접기도까지 드리면서 복음을 전했다.

매주 금요일만 되면 "겟세마네"에 속한 형제자매들과 함께 기도하러 이 산 저 산을 전전하며 새벽까지 함께 기도하며 밤을 지새웠다. 기도한 후 함께 모여 새벽이슬을 맞으면서 지난 몇 시간 동안 기도하면서 느끼고 체험한 것들을 피곤한 줄 모르고 나누었던 그 시절이 엊그제 같다.

벌써 30년이 훨씬 넘은 이야기다. 지금은 하나님 나라에 있어 중요한 직분을 받은 목사로, 선교사로, 가르치는 자로 섬기고 있지만, 30여 년 전 간절함과 순수한 열정으로 복음을 전했던 간증을 현재는 거의 하지 못하고 있음을 정직하게 고백한다. 물론 또 다른 종류의 간증이 있기는 하지만 그럼에도 불구하고 과거의 조건 없는 뜨거움이 그립고, 그 순수한 열정이 회복되기를 원한다.

사역자들의 문제는 반복적으로 이루어지는 기도와 성경 공부와 가르침과 전도에 대한 습관성에 있다. 어제의 기도가 오늘의 새로운 기도로 유지될 때 습관성을 막을 수 있지만, 어쩔 수 없이 책임에 의해, 또는 직분 때문에 하는 기도의 경우 새로움을 기대하기란 어렵다. 그리스도의 십자가를 생각하기만 해도 흘러내리는 눈물을 막을 길이 없었던 그때가 언제인지 기억조차 할 수 없고, 오히려 지금은 매일같이 그리스도의 십자가를 입버릇처럼 언급하고 가르치면서도 눈물샘이 바싹 말라붙은 사역자들의 현실에 의아함을 갖지 않을 수 없다.

단순한 관계에서 복잡한 관계로의 진입

이와 같은 상황에 대해 분석해 볼 필요가 있다고 생각한다. 가장 먼저, 처음 우리가 성령의 도우심을 힘입어 예수 그리스도를 구주로 영접했을 때를 생각해 봐야 한다. 예수님을 주님으로 인격적으로 인정하고 받아들였던 당시 주님과 나의 관계는 아주 단순했다. 나 개인과 하나님 사이에 다른 어느 것도 머물러 있지 않았다는 사실에 있어서 단순했다.

갓난아기가 오직 젖을 먹여주는 어머니의 얼굴만을 바라보는 모습이 바로 갓 중생하여 태어난 영적 아기의 모습일 것이다. 아기는 배고프면 울고, 젖을 먹고, 오줌 싸고 똥을 싸서 불편하여 울면 기저귀를 갈고, 새로운 옷으로 갈아입으면서 영아기를 보낸다. 마찬가지로 우리 역시 오직 어머니의 얼굴만 바라보는 갓난아기의 심정으로 하나님을 바라보고, 사모하고, 젖을 먹으면서 자란 시절이 있었다. 이때가 초신자 시절이다. 이때 어머니만을 알고 어머니만을 바라보던 단순하고 순수한 마음과, 어머니의 품과 어머니의 젖에 대한 사모함이 평생의 신앙생활 속에 깊이 자리하게 된다. 이는 어찌 보면 매우 자연스럽고 바람직한 현상이다.

다음으로, 아기가 자라면서 만나게 되는 여러 가지 다른 환경적 요인과 생각지 못했던 사건의 발생에 대한 인식과 그 영향을 생각할 수 있다. 아기가 조금씩 자라고 스스로 활동할 수 있을 만큼 성장하면 아기의 눈에는 어머니나 아버지 외에 다른 존재들이 들어오기 시작한다. 언니나 누나, 형, 오빠가 서서히 어머니와 나 사이에 끼어드는 모습이 보이기 시작한다. 또는 어린 동생이 태어나 나와 어머니 사이에서 사랑을 빼앗아가는 느낌을 받기도 한다. 때로는 어머니와 아버지가 다투는 무섭고 긴장된 경험도 하게 되고, 아파서 누워 있는 어머니의 연약한 모습을 보기도 한다.

이와 같이 하나님을 바라보는 나의 눈앞에 여러 가지 다른 요소들이 어른거리고, 하나님의 음성을 듣는 나의 귓가에 속삭이는 다른 말들이 들려오고, 오직 하나님 한 분만 머물러 계셨던 나의 뇌리에 여러 잡념들이 끝없이 드나들며 단순한 생각을 어지럽힌다. 선한 형제요 자매로 여겼던 자가 나의 등 뒤에서 나에 대해 부정적인 말을 하는 것을 듣기도 하고, 선한 목자로 존경하고 따르던 교사나 전도사, 목사의 생활을 보고 실망을 경험하기도 한다. 하늘 아버지께서 하시는 말씀인지, 아니면 나의 생각인지 구별이 되지 않아 며칠간 금식을 하며 고민하는 경험도 해본다. 아버지의 은혜만 있으면 아무 문제도 없을 줄 알았는데 물질이 없어 너무나도 많은 제한과 불편을 느끼고는 아버지와 물질 사이에서 눈물을 흘리며 갈등하는 경험 역시 적지 않게 해보게 된다. 아골 골짝 빈 들에도 복음 들고 가겠다고 헌신했는데, 그보다 훨씬 좋은 환경의 나라조차 가지 못해 갈등하면서 위선자라고 스스로 자책하며 고통스러워하기도 한다.

아버지와 나 사이에 이미 존재하고 있던 수많은 환경적 문제들이 눈에 들어오고, 귀에 들리고, 마음으로 느껴지고, 삶 속에서 실제로 체험되면서 단순하게 아버지만 바라보았던 갓난아기와 같은 그리스도인의 단순함과 순수함은 과거의 단어로, 잊힌 단어로 멀어져감을 아쉽게도 인정해야만 한다.

그뿐만이 아니다. 외적 환경이나 타인의 문제만이 아니라 바로 나 자신의 변화에도 문제가 있었다. 단순하게 어머니만 바라보던 나의 주위에 놀기 좋은 장난감이 보이기 시작하고, 텔레비전의 유아 프로그램이 재미있어진다. 오히려 그 시간에 어머니가 개입하는 것이 귀찮아지기 시작하고, 친구도 생겨나면서 나의 어머니에 대한 100퍼센트의 집중력은 조금씩 분산되기 시작한다.

우리의 영성 역시 이와 유사하지 않을까? 주일오전예배를 드리고 나서 저녁예배 시간까지 기다리는 것이 멀게만 느껴지고, 수요예배를 드리는 날이 더디 오는 것 같아 조바심이 나고, 사랑하는 형제자매들과 함께 금요철야기도회에 참석하기를 사모하고, 하루가 지나 주일이 오는 것이 더디게만 느껴졌던 초신자 시절이었다. 그런데 어느 날부터인가 수요예배, 금요철야기도회, 주일저녁예배 등이 부담스러운 하나의 행사로 다가오기 시작한다. 그렇게 된 데는 교회 자체의 문제도, 목회자의 문제도 있겠지만 무엇보다 바로 자신의 주님에 대한 집중력 분산에 가장 큰 원인이 있음을 알아야 한다.

그럼에도 불구하고 이러한 유아 시절의 부모에 대한 집중력 분산을 아주 부정적으로 볼 수만은 없다. 물론 단순 논리로 어느 한 가지 문제만을 지적하여 그 원인을 분석할 수도 있다. 예를 들어 부모의 자녀에 대한 무관심, 부모의 무능함이나 심각한 문세로 인한 상처, 부모와 자녀 사이에 경제적으로 넉넉한 친구가 버젓이 자리를 잡고 있는 경우, 친형제자매나 친구들과의 긴장 관계, 또는 심한 상처 등이다.

하지만 우리가 반드시 기억해야 할 사항은 사람은 '하나 더하기 하나는 둘' 이라는 공식으로 이해될 수 있을 정도로 단순하지 않다는 사실이다. 말이 없고 조용하니까 내성적이라고, 말이 많고 여러 사람들과 쉽게 어울리니까 외향적이라고 쉽게 평가할 수 없는 것과 같다. 기도하는 모습이 눈에 보였으니 영적이고, 술 한 잔 마셔 얼굴이 벌게졌으니 육에 속한 사람이라고 단정할 수 있는 성질이 아니다. 적어도 영적인 부분을 논할 때만큼은, 아니 내면세계의 일들을 논할 때만큼은 '흑 아니면 백'과 같은 극단적 논리나 '하나 더하기 하나는 둘' 이라는 단순 논리의 틀에서 벗어나 필요한 만큼 전면적이면서도 종합적인 분석과, 구체적이면서도 섬세한 분석의 자세로 임할 필요가 있다.

매너리즘 역시 마찬가지다. 부부관계에 매일같이 연애할 때의 흥분과 기대감과 새로움이 함께하지 못할 때에는 아무리 사이가 좋은 잉꼬부부라 할지라도 권태기, 또는 그와 유사한 성질의 관계장애를 피할 길이 없다.

첫사랑 시절을 떠올려보자. 서로 사랑하는 둘 사이에 다른 아무것도 보이지 않고 오로지 서로만 보였을 때의 상황을 그려보자. 더구나 앞뒤를 재며 계산하지 않고 오로지 낭만적인 관계만을 유지하는 어린 남녀의 첫사랑의 관계 속에는 대개 다른 조건이 거의 개입되지 않는다.

그러나 항상 이러한 관계가 지속되는 것은 아니다. 둘 사이에 아무도 끼어드는 일이 없이 연애만 하는 관계가 지속된다면 얼마나 좋을까? 하지만 그런 일은 사실 존재하기 어렵다. 사랑의 결과로 아기를 갖게 되었다고 하자. 아내의 예쁘던 몸매는 사라지고, 피곤과 짜증 섞인 목소리

및 표정, 잔소리 등 끝없이 열거할 수 있을 정도로 둘 사이에 끼어드는 일이나 내용들이 많아진다. 오로지 둘만 존재하던 낭만적인 시간이 언제 있었는지 의심이 들 정도로 복잡해져버린다.

그러다 보니 아내나 남편에 대해 그저 항상 곁에 있는 존재로서만 만족할 뿐 함께하는 모든 시간 속에서 새로움을 느끼지 못하며, 있으나 없으나 똑같은 심정으로 살게 된다. 이것이 바로 부부관계의 매너리즘 상황이라고 볼 수 있다.

사실 서로 사랑하는 남녀 사이에 여러 가지 복잡한 일들이 끼어드는 것은 어떻게 생각하느냐에 따라 다르겠지만 어찌 보면 필요한 것일 수도 있다. 둘 사이에 여러 가지 것들이 하나씩 끼어듦으로 인해 오히려 더 건강한 관계로 발전하는 기회가 될 수도 있기 때문이다.

하나님이 우리를 향하여 기대하시는 내용도 이와 유사할 것이다. 만일 우리가 다른 일은 하지 않고 매일같이 기도원에서 하나님만 바라보고 산다면 하나님은 뭐라고 말씀하실까? "얘들아! 너희가 세상에 있을 필요가 없을 것 같구나. 매일 나만 바라보려면 무엇 때문에 그 땅에 계속 있겠느냐? 그냥 내 옆으로 와서 영원토록 나만 바라보거라!" 하고 말씀하시지 않을까?

우리가 이 땅에 사는 이유는 세상에서 할 일이 있기 때문이다. 하나님은 천사들을 통해서 단번에 처리하실 수 있는 일들을 사람들을 통해 처리하기를 원하셨다. 따라서 우리는 한편으로는 주님을 의지하면서도 다른 한편으로는 세상을 향하여 우리의 할 일들에 대해 마음을 쏟고 노력하면서 살아야 한다. 그러다 보면 하나님과 우리 사이에 너무나도 많은 것들이 머물러 있는 것 같아 힘들 수도 있다. 그러나 때로 그러한 역동적인 것들이 우리에게 힘을 실어주기도 하고, 살고자 하는 의지를 불어넣어주기도 한다.

부부관계에 있어서도 마찬가지다. 어찌 보면 자녀들이 부모에게 많은 어려움을 안겨주고, 그들로 인해 여러 종류의 번거로운 일들이 일어나지만 그럼에도 불구하고 긍정적으로 생각하면 하나님의 선하신 의도를 훨씬 더 많이 찾아볼 수 있는 존재가 자녀라는 선물이다. 그래서 하나님은 부부 사이에 자녀를 주시어 서로만의 얼굴을 바라보며 사는 단조로운 생활에서 벗어나 자녀를 함께 바라보면서 신비스러운 역학 관계를 조성해 나가도록 하셨다. 부부관계 속에서 습관적으로 반복되는 원인으로 인해 주어지는 어려움을 해소해 나갈 수 있도록 배려해 주신 것이라는 의미이기도 하다. "생육하고 번성하라"(창 1장 참조)는 말씀은 단순한 숫자의 번영만을 위해 결혼하고 아이를 낳으라는 뜻은 아닐 것이다.

때로는 또 다른 제3자, 즉 사업이든, 다른 부부들과의 관계 형성이든, 또는 대외 정치적인 부분이든 부부 사이를 새롭게 해주는 활력소의 출현으로 다시 한 번 관계가 새로워지는 경험을 함으로써 새 힘을 얻기도 한다.

이러한 여러 요소들을 통해 부부관계의 매너리즘이 자연스럽게 극복되고, 부부관계가 더욱 성숙해지고, 서로를 바라보는 시각과 기대감과 포용력과 이해력과 사랑의 정도가 보다 넓어지고, 깊어지고, 높아지는 것을 경험하게 되는 것은 아닐까?

부모와 자녀의 관계 역시 동일선상에서 이해할 수 있다. 자녀를 키우면서 평생 아버지와 어머니만을 바라보며 살 것을 요청하고 기대하는 부모는 많지 않다. 아이에 대한 부모의 장악력은 아이가 어릴수록 막강하다.

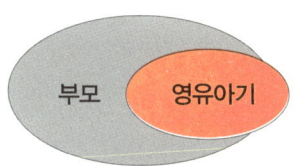

부모의 생각이 자녀의 생각이고, 부모의 계획이 자녀의 계획이다. 100퍼센트 부모에게 의존하는 시기다.

친구들, 학교, 또는 교회의 영향으로 자기의 세계가 주어지기 시작하고, 부모의 100퍼센트 영향권에서 벗어나려는 시도를 지속적으로 한다. 또한 이때 부모는 무의식적으로 자녀를 품 안에 두려는 시도를 지속적으로 한다.

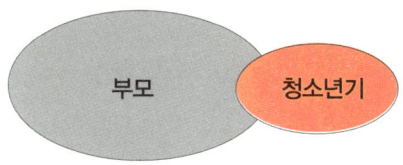

부모의 존재만으로도 만족할 수 있고, 부모의 관심 있는 눈길을 필요로 할 때다. 그러나 자신의 존재 가치와 자존감을 집에서 찾기보다는 밖에서 친구들과 활동하거나 교제하는 영역을 통해서 발견하는 때다.

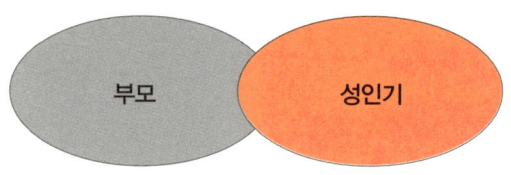

성인 자녀란 영적인 분야, 심적인 분야, 경제적 분야에 있어 독립을 한 자녀를 의미한다. 어떤 자녀는 대학교에 다니면서부터 이에 근접한 삶을 살고, 어떤 자녀는 부모에게 의존하는 기간이 좀 더 길다. 이때는 부모는 부모대로 자녀로부터 놓임을 받는 시기이고, 자녀는 자녀대로 부모로부터 독립하는 시기다. 부모의 의지로 자녀를 좌지우지할 수 없으며, 부모와 자녀의 관계가 서로에 대한 관심과 사랑과 협조로 유지되는 시기라고 볼 수 있다.

도표에 제시된 대로 영유아기에는 부모의 영향권 속에 자녀의 100퍼센트가 들어가 있다. 예쁘기도 하고, 귀엽기도 하고, 무슨 짓을 해도 사랑스럽기만 한 시절이다. 울어도 웃어도 언제나 귀엽다. 어머니와 아버지의 모든 것이 아기가 아니라 아기의 모든 것이 어머니와 아버지일 때다.

나 역시 하나님을 갓 믿었을 때를 생각해 보면 거의 영유아기의 모습과 같다. 누워도, 일어나도, 사람을 만나도, 무슨 일을 해도 그저 머릿속에 하나님 생각뿐이었던 것 같다. 마치 어린아이가 어머니만 바라보듯 그저 하나님만 바라고, 생각하고, 묵상하고, 그리워했다.

그렇게 시간을 보내다가 서서히 주위 사람들이 눈에 들어오기 시작하고, 공부를 하면서 영유아기에서 아동기로 옮겨가기 시작했다. 어머니 앞에서 떼를 쓰듯이 하나님께 떼를 썼고, 옳지 않은 줄 알면서도 나름대로 고집을 피우며 잘못된 길로 나가기도 했다. 그러나 앞서 언급했듯이 이러한 상황을 무조건 나쁘게만 볼 수는 없다. 100퍼센트 수동적인 상황이었다가 이제는 기저귀도 필요 없고, 밥을 먹고, 고기를 먹어도 소화시킬 수 있을 정도로 육체가 성장했다는 뜻이기 때문이다. 잘못된 친구와 함께 놀다 한 번 제대로 혼이 난 후 그러한 친구들의 유혹을 알고 멀리할 수도 있었다.

이러한 식으로 영적인 청소년기를 지냈고, 청년기를 지냈으며, 이제는 성인기에 들어와 있다. 내가 1976년도에 새로 태어난 경험을 하고 주님을 인격적으로 영접했으니 올해가 바로 36세 되는 해다. 그러니 이제는 성년의 시기에 접어들어 하나님을 믿고, 하나님의 나라를 섬기고 있다고 볼 수 있다.

이러한 한 걸음 한 걸음의 과정을 통해 비록 아기가 어머니를 바라보듯 순진하고 단순한 눈은 갖고 있지 못하지만 여전히 어머니를 존경하고, 사랑하고, 기대하듯 하나님을 바라고, 기대하고, 존중하고, 경외하는 마음을 간직하고자 노력하고 있다.

하나님 역시 나의 분석에 동의하실 것이라고 믿는다. 어린 자녀를 품에 두기 위해 학교에 가서 공부하는 것을 막을 부모는 없다. 자녀는 그런 과정을 겪으면서 열심히 공부하여 나름대로의 논리를 형성하고, 부모와 별개의 사고를 갖추고, 부모와 아주 다를 수는 없겠지만 자신의 인생관, 가치관, 사회관, 세계관, 물질관, 가정관 등을 형성한다.

자녀가 똑똑하게 자라기를 기대하는 만큼 부모는 자녀를 조금씩 자신의 품에서 내어놓을 준비를 해야 한다. 학교에서 열심히 공부하고, 자신의 주장을 또렷하게 발표하는 총명한 자녀를 바라보며 흐뭇해하는 만큼 자신의 영향권에서 자녀가 조금씩 멀어져가고 있다는 가슴 아픈 인정을 준비해야 하는 것이 모든 부모의 현실이다. 그러나 사람들은 가슴 아파해도 하나님은 우리의 성장에 대해 결코 가슴 아파하지 않으신다. 우리가 겪는 성장통을 우리의 부모들은 힘들게 대했고, 많이 아파했지만 하나님은 그것을 기쁨으로 지켜보시고, 격려하시고, 성장통 이후의 삶을 기대하는 눈빛으로 바라보신다.

영적 성장통

영적 성장통을 이해하는 데 있어 중요한 한 가지 요소는 지금 우리가 다루고 있는 매너리즘이다. 매너리즘의 사전적 정의를 살펴보면 다음과 같다.

- "예술 창작이나 발상 면에서 독창성을 잃고 평범한 경향으로 흘러 표현 수단의 고정과 상식성으로 인하여 예술의 신선미와 생기를 잃는 일."
- "일정한 기법이나 형식 따위가 습관적으로 되풀이되어 독창성과 신선한 맛을 잃어버리는 것으로, 오늘날에는 현상 유지 경향이나 자세를 뜻함."[15]

여기에서 "고정", "습관적으로 되풀이", 또는 "현상 유지 경향이나 자세" 등의 표현을 주의해서 볼 필요가 있다. 끊임없이 새로운 것들을 만들어내야 하는 예술 세계에서 사용되던 말이니 이는 이미 가치를 상실해버린 모습을 나타내기에 충분할 것이다.

그럼에도 불구하고 영적 세계에 있어서 매너리즘은 무조건 나쁘기만

한 것은 아니다. 왜냐하면 매너리즘을 위기로 간주한다면 이를 통해 한 단계 성장하기 위한 기회를 맞이할 수 있기 때문이다. 매너리즘이란 어느 한 과정이나 단계, 또는 일정한 연령대에만 존재하는 것이 아니라 모두에게 찾아온다. 학교에서 공부하는 학생들에게도 매너리즘은 찾아오고, 학교에서 학생들을 가르치는 교사들에게도 찾아온다. 연구실에서 연구를 하는 연구원들에게도, 신학교에서 말씀을 가르치는 교수들에게도, 교회에서 목회를 전문적으로 담당하는 목사들이나 전도사들에게도, 선교지에서 선교를 하는 선교사들에게도 매너리즘은 예외 없이 찾아온다.

하나님을 처음 믿을 때의 감격은 이미 우리 모두가 체험했다. 또한 하나님을 믿은 후 특별하게 경험한 놀라운 여러 가지 사건들 역시 우리 모두 나름대로 간직하고 있다. 그러나 우리가 알다시피 놀라운 경험들 한가운데에도 매너리즘은 찾아온다.

모태신앙인으로 교회에 출석만 했던 내가 처음 주님을 만난 때는 대학 1학년 6월 중순이었다. 주님을 믿기는 믿었지만 마치 처음 신앙생활을 하듯 어리벙벙하게 한 걸음씩 내딛던 내가 처음으로 주님의 구체적 손길을 경험했던 것은 매일 새벽 시간의 깨움이었다.

주님을 구주로 영접한 지 약 일주일 정도 지났을 때였다. 새벽에 누군가가 나를 흔들어 깨우면서 "성철아, 성철아! 일어나라!"고 했다. 잠결에 눈을 떠서 보니 어떤 사람이 문을 열고 나가는 모습이 보였다. 나는 별 생각 없이 어머니에게 가서 "어머니, 저 깨우셨어요?" 하고 여쭈었다. 그러자 어머니가 "아니?"라고 반문하셨다. 마침 그때 시계를 보니 4시

30분이었다. 그래서 아무 생각 없이 '새벽기도나 한번 가볼까?' 하는 마음으로 새벽기도회에 처음으로 참석했다. 그 이후로 거의 6개월 동안 매일 새벽마다 누군가가 나를 깨우고 나가는 것을 경험하면서 새벽기도회에 꾸준히 참석했다.

약간 으스스한 느낌이 들지도 모르겠지만 당시 나로서는 큰 기대 속에서 잠자리에 들곤 했다. 그뿐이 아니다. 중생을 체험한 대부분의 사람들이 나름대로 하나님의 역사를 경험했듯이 정말 다양한 사건들이 처음 주님을 믿었던 그 시간대에 연속으로 주어졌다.

그렇게 하루하루를 흥미진진하게 하나님을 경험하면서 지내던 나에게도 매너리즘이 찾아왔다. 나는 가끔 매너리즘을 경험할 때마다 '돌아온 탕자'의 후속편이 떠오르곤 한다. 그러면서 다시 한 번 아버지 옆을 지켰던 장자의 중요성을 느껴본다. 돌아온 탕자의 후속편은 어떠할까? 아버지의 품에 안겼던 아들은 아버지 집에서 착실하게 농사일을 거들면서 지냈을까? 아니면 가끔 한 번씩 아버지를 보채 돈을 들고 나갔다 들어오는 일을 반복했을까?

성경이 뒷이야기를 전혀 언급하고 있지 않기 때문에 억지 추측은 불가하겠지만, 현실에 대입해서 생각해 보면 아마도 나갔다 들어오고, 들어왔다 나가는 일을 수차례 되풀이하지 않았을까 하고 추측된다. 마약 중독자들이 혀를 깨물며 결심하는 모습을 보고 그들을 훈련시켜 하나님의 일에 참여시켜보려고 여러 번 시도했지만 열 명 중 여덟이 일 년을 못 버티고 다시 동일한 삶으로 돌아가 고통스러워 몸부림치는 모습을 함께 아파하며 지켜본 경험이 있어서다. 하나님의 은혜를 처절하게 체험한 뒤 어느 순간 매일 똑같은 삶을 사는 자신의 모습에 답답함을 느끼고는 새로운 변화를 경험하고 싶어 하지만 그러한 감성에 대한 충족이 일어나지 않을 때 거부할 수 없는 매너리즘이 찾아온다. 이러한 매너리즘은 우리를 다시 옛 삶의 쓴 뿌리로 데려간다.

이러한 관점에서 바라보면 매너리즘은 실로 모든 단계에, 모든 과정에 때가 되면 찾아오는 위협적인 도전이다. 성령의 정적인 사역 가운데에도, 지적인 활동 속에도, 성경에 기록된 하나님의 말씀을 깨닫고 삶에서 실천하고자 애쓰는 의지적인 역사 속에도 예외 없이 매너리즘은 찾아온다. 불쌍한 자들을 돌보는 선행 속에도, 해외에서 선교하는 활동 속에도, 한 달에 여러 번 하는 금식 속에도 마찬가지다.

그러나 매너리즘을 축복의 기회로 승화시킬 수 없는 것은 아니다. 왜냐하면 어느 한 단계에서 매너리즘이 찾아왔다는 것은 그 단계를 속히 정리하고 다음 단계로 넘어가라는 요청으로 받아들일 수 있기 때문이다. 매너리즘에 빠져 있을 때에는 간증이 나오기가 쉽지 않다. 하지만 찾아온 매너리즘을 다음 단계로 도약하는 기회로 삼아 노력하다 보면 그 과정을 통해, 또한 새로 진입한 단계에서의 삶과 사역을 통해 하나님의 구체적인 손길과 섭리하시는 역사를 체험하게 될 것이다. 이러한 체험은 간증의 제목이 되고, 새로운 간증을 주위 사람들과 함께 나눔으로써 피차 격려받고, 새로운 힘을 공급받는 귀한 통로가 될 것이다.

간증이 끊임없이 나오는 삶은 지속적으로 무엇인가가 진행되고 있다는 증거가 되기도 하며, 동시에 지속적으로 향상되는 삶으로 이해할 수도 있다. 매너리즘의 늪에 빠져 이것도 저것도 아닌 삶을 살면서 생명을 유지하는 것은 얼마나 낭비적이고 소모적인 일인가? 혹시 독자들 중에 현재 매너리즘의 늪에 빠져 허덕이는 사람이 있다면 매너리즘의 모습을 먼저 분석하고, 거기에서 벗어날 수 있는 방법을 기도하면서 고민하고, 속히 대처해 나가기를 권한다. 그렇다고 현재의 직업을 버리고 새로운 직업을 찾아 나서라는 말은 아니다. 새로운 사역을 위해 현재의 사역에서 벗어나라는 말도 아니다. 같은 환경과 상황 속에서 새로운 시작을 고민하라는 의미다.

책임자의 위치에 있는 사람은 비교적 이러한 결정을 쉽게 내릴 수 있고, 변화를 향한 새로운 발걸음을 가볍게 내디딜 수 있다. 반면 위에 상사나 책임자가 있는 경우에는 조금 어려울 수 있다. 하지만 불가능한 것은 아니다. 예를 들어 일찍 자고 일찍 일어나기를 계획하여 집에서의 시간을 새로운 도약의 밑거름으로 삼을 수 있다. 출퇴근 시간을 이용해 성경을 일독하는 계획을 세울 수도 있고, 하루에 한 가지의 문제를 분석하고 정리하는 시간을 가질 수도 있을 것이다. 하루의 일과 속에서 반복된 일로 인해 지루함을 느끼고 있다면 그 일을 즐겁게 할 수 있는 새로운 방법을 연구하여 도입하는 것도 좋다.

내 경험에 의하면 어떠한 경우에도 전혀 바꿀 수 없는, 어떠한 변화도 줄 수 없는 일은 존재하지 않는다. 아주 미천하고 단순한 일에서부터 시작하여 복잡하고 미묘한 일에 이르기까지 매너리즘이 찾아올 수 있다는 말은 곧 매너리즘에서 벗어날 수 있는 방법도 함께 있다는 것을 의미한다.

매너리즘을 정복하여 한 단계 향상되는 발판의 기회로 삼기를 바란다. 그리고 그러한 전 과정을 통해 하나님의 개입하심과 역사하심을 새롭게 경험하고, 그것들을 간증하는 삶이 계속해서 이어지기를 진심으로 원한다.

Chapter 7
MINISTRY MANUAL

- "가르치기를 잘하며"(딤전 3:2).
- "명하고 가르치라…읽는 것과 권하는 것과 가르치는 것에 전념하라"(딤전 4:11, 13).
- "내게 들은 바를 충성된 사람들에게 부탁하라 그들이 또 다른 사람들을 가르칠 수 있으리라"(딤후 2:2).
- "너는 진리의 말씀을 옳게 분별하며"(딤후 2:15).
- "주의 종은 마땅히…가르치기를 잘하며"(딤후 2:24).
- "너는 배우고 확신한 일에 거하라"(딤후 3:14).

가르치는 일에 능한
사역자가 되라

사역자는 언제나 배우는 자세를 유지해야 한다. 책으로 배우든, 학교에서 배우든 쉬지 않고 배워야 한다. 사역자는 생활을 통하여, 또는 언어라는 도구를 통하여 주위 사람들에게 나누고 가르치는 일을 생각하고 실행해야 한다. 미련함과 배움의 마음에는 언제나 반비례 관계가 형성되어 있다. 미련한 자들은 진정한 의미의 배움을 본능적으로 거절한다. 자신의 학위나 명예를 위해서는 배움의 간판을 높이 들지만, 진정한 배움으로부터는 멀리 떨어져 있다. 그래서 학위와 학식을 갖고 있어도 여전히 미련함을 떨쳐버리지 못하는 사람들이 많다.

잠언의 말씀을 보다가 강력한 표현으로 인해 전기 충격을 받는 듯한 느낌이 든 적이 있었다. 그중 두 가지를 소개하면 다음과 같다.

"차라리 새끼 빼앗긴 암곰을 만날지언정 미련한 일을 행하는 미련한 자를 만나지 말 것이니라"(잠 17:12).

"한마디 말로 총명한 자에게 충고하는 것이 매 백 대로 미련한 자를 때리는 것보다 더욱 깊이 박히느니라"(잠 17:10).

아마도 미련함에 대해 최대의 모욕을 주는 내용이 아닐까 한다. 미련한 자를 만나는 것이 새끼를 갓 빼앗기고는 눈이 벌겋게 충혈되어 닥치는 대로 살상을 할 수 있는 독기 오른 암곰을 만나는 것보다 더 무서운 일이라 말하고 있으니 말이다. 지혜로운 자에게 한마디 충고를 전하는 것이 매 백 개가 다 부러질 정도로 미련한 자를 때리는 것보다 훨씬 더 효과가 있다는 표현 역시 그렇다. 미련한 자와 지혜로운 자의 거리를 여실히 느끼게 해주는 말씀이다. 우리가 평소에 대충 이해하고 있는 것보다 잠언이 말씀하고 있는 미련함과 미련한 자에 대한 표현의 농도는 훨씬 더 진하다. 간단하게 말해서 우리 그리스도인들은 절대로 미련한 자가 되어서는 안 되고, 동시에 절대로 미련한 자와 함께해서도 안 된다는 말이다.

미련한 자의 특징

미련함과 미련한 자의 특징은 두 가지가 있는데 첫 번째는 그 귀가 언제나 막혀 있다는 것이다. 특히 달콤한 말이나 칭찬의 말 외에는 귀에다 말뚝을 박아놓은 듯 전달되지 않는다고 표현하고 있다. 오죽하면 매 백 개가 다 부러질 정도로 미련한 자를 때리는 것이 한마디를 지자(智者)에게 전달하는 것보다 못하다고 했겠는가? 그러니 심각한 대화나 마음속 이야기를 함께 나누기란 무척 어려운 일일 것이다. 그저 듣기에 좋은 말만 해야 대화가 될 수 있으니 그와는 어떠한 관계도, 관계를 위한 어떠한 노력도 쉽지 않을 것이다.

두 번째는 언제나 자기가 옳다는 생각에서 벗어나지 못한다는 것이다. 세상에서 가장 무서운 사람은 태어나서 책을 한 권만 읽은 사람이라는 말이 있다. 아주 틀린 말은 아닌 듯하다. 나 역시 그러한 부류의 사람들을 몇 번 경험한 적이 있었다. 입에는 늘 "저는 아무것도 배운 것이 없으니 잘 좀 지도해 주십시오"라는 말을 달고 다니지만 마음에는 '나보다 더 똑똑한 사람은 없다'는 생각을 간직하며 사는 것 같다. 그래서 자기보다 좀 나은 사람이 있으면 어떻게 해서든지 밟아버리려고 하고, 조금 똑똑한 사람을 보면 원수처럼 여긴다. 그리스도인이라 할지라도 자신도 모르게 무지한 독선을 유지하고 있는 경우가 종종 있다.

미련함과 배움의 마음에는 언제나 반비례 관계가 형성되어 있다. 미련한 자들은 진정한 의미의 배움을 본능적으로 거절한다. 자신의 학위나 명예를 위해서는 배움의 간판을 높이 들지만, 진정한 배움으로부터는 멀리 떨어져 있다. 그래서 학위와 학식을 갖고 있어도 여전히 미련함을 떨쳐버리지 못하는 사람들이 많다. 진정한 배움을 유지하는 자는 미련함과 거리를 두고, 미련함은 배움을 유지하는 사람을 멀리하게끔 되어 있다.

하나님의 일에 참여하는 사역자는 마땅히 지혜로워야 한다. 적어도 미련함만큼은 떨쳐버려야 한다. 앞서 새끼를 잃어버린 암곰을 만나는 것이 미련한 일을 행하는 미련한 자를 만나는 것보다 차라리 낫다는 말씀이 만일 사역자에게 적용된다면 어떠할까? 하나님의 귀한 일을 맡은 사역자가 그 정도로 미련하다면 이 얼마나 위험하고 아찔한 일인가? 그러니 사역자는 늘 자신을 돌아보아 부족한 부분을 채울 수 있는 지혜를 가져야 하고 부치하문(不恥下問, 아랫사람에게 묻는 것은 부끄러운 일이 아니다)의 마음으로 늘 배우는 일에 열심을 내야 할 것이다.

게으르면서 미련한 자

나는 제법 많은 수의 사역자들과 교제를 하고 함께 일한다. 많은 경우 내가 직접 관리 감독하면서 함께 동역하는 이들이다. 시간이 지날수록 마음에 다져지는 한 가지가 있는데, 그것은 "사역자는 지혜로워야 하고, 가능하면 지혜로운 사역자와 함께 교제하고 동역하는 길을 택해야 한다"는 결론이다. 지혜로운 사역자는 이미 이루어놓은 것을 즐기는 사람이 아니라 부단하게 이루기 위해 애쓰는 사람이다. 그는 일반적으로 부지런하고, 매사에 열심을 낸다. 어려운 일을 만나면 하나님 앞에 무릎을 꿇고 하늘의 지혜를 구하며, 먼저 경험한 선배들을 찾아 자문을 구하는 것을 어려워하지 않는다.

하지만 미련한 사역자는 일반적으로 고집이 있고 자존심이 강하지만, 대체적으로 게으르고 우매하며 노력을 하지 않는다. "게으른 자는 사리에 맞게 대답하는 사람 일곱보다 자기를 지혜롭게 여기느니라"(잠 26:16)는 말씀을 통해 깨달을 수 있는 것은 미련한 자는 일반적으로 게으르다는 것이다. 아울러 우매하면서도 게으른 자는 착각을 잘하는데, 곧 어리석은 자신이 사리에 맞게 대답하는 사람 일곱보다 더 지혜가 있다고 여긴다는 것이다. 이러한 자들을 경험하면서 지혜로운 사역자와 함께 동역하는 것이 매우 복된 일이라는 믿음을 갖게 되었고, 이 일이 가능하기 위해 사람을 잘 선별하게 해달라고 기도하게 되었다.

세상의 학력이나 지식이 조금 뒤떨어져도 지혜가 있는 사람은 맡겨진 일을 처리함에 있어 훨씬 더 선하고 풍성한 결과를 가져온다. 왜냐하면 그는 늘 노력하고, 맡겨진 일에 열심을 내며, 부지런히 지혜를 구하는 모습을 유지하기 때문에, 반어법으로 표현하자면 맡겨진 일을 못 이루어내기가 어렵다.

그러나 미련한 자는 맡겨진 일을 열심히 하려고 노력하면 할수록 일을 망가뜨리곤 한다. 왜냐하면 고집스럽고, 자신의 방법만이 옳다는 생각을 버리지 못하기 때문이다. 그는 자문을 구하는 것에 자존심 상해하고, 자기가 옳다고 생각하는 대로 처리해버린다. 그의 입술에는 늘 자신에 대한 칭찬이 붙어 있고, 남에 대한 비평이 따른다. 모든 일의 잘못은 남에게 있고, 잘못된 부분에 대해 절대 인정하려 하지 않는다. 비평의 말은 입에서 떨어지지 않지만, 칭찬의 말은 매우 인색하다. 침상 위에서 뒹굴면서도 게으른 줄 모르고, 일을 망쳐놓고도 자신의 잘못을 인정하지 않으며, 윗사람의 제안과 충고의 말에 귀를 기울이지도 않는다.

자의 충만한 자와 미련한 자의 관계

이쯤에서 우리의 모습을 한번 살펴볼 필요가 있을 것 같다. 다른 누군가가 아니라 먼저 나 자신에 대해 생각해 보자.

- 당신은 지혜로운 자인가, 아니면 미련한 자인가?
- 당신이 하는 일의 열매는 일반적으로 좋은가, 아니면 별로 좋지 못한가? 혹시 매우 나쁜가?
- 나쁠 경우에 당신은 스스로의 연약함과 실수를 인정하는가?

- 좀 더 잘해내기 위해 경험자나 선배를 자주 찾아 자문을 구하는가?
- 이러이러한 환경 때문에 어려운 일을 자신이 맡아서 하고 있으니 잘못된 결과는 당연하다며 책임을 다른 사람에게 전가하고 있지는 않는가?

냉정하게 스스로를 먼저 살필 필요가 있다. 이러한 자평(自評)은 대단히 중요하다. 특히 당신이 사역자라면 더욱 그렇다. 나는 마음속에 소화해 내기 어려운 두 사람을 간직하고 있다. 둘 다 자신의 입으로 다음과 같이 말하는 것을 들었다. "나는 어떤 사람과 부딪히면 그에게 찾아가지 않고 하나님 앞에 앉는다. 그리고 시간이 지나면 대부분의 경우에는 상대방이 나에게 와서 잘못했다고 말한다." 어떻게 이러한 생각이 대인관계를 유지하는 방식으로 마음속에 새겨져 있을까? 그들은 평생 가도 사람들과의 관계 속에서 미안하다는 말을 할 일이 없을 것이다. 아마도 하나님 외에 그 누구도 그들을 훈계할 엄두를 내지 못할 것이다. 이러한 사역자들이 교회의 강단을 지킨다면, 이는 얼마나 무서운 일일까?

이와 같이 자의에 충만한 사람들은 성경 말씀에 근거해 보면 미련한 자다. 왜냐하면 미련한 자와 자의에 충만한 자들의 공통된 특징은 귀를 열고 듣지 않는 것이기 때문이다.

"미련한 자는 자기 행위를 바른 줄로 여기나 지혜로운 자는 권고를 듣느니라"(잠 12:15).

이 말씀은 미련한 자와 자의에 충만한 자를 동일선상에 놓고 해석하고 있다. 따라서 무슨 일이 생길 때 먼저 자기 자신을 돌아보는 자는 지혜로운 사람이고, 남을 지적하면서 그에게서 잘못을 찾으려는 자는 미련한 사람이다. 이러한 이유 때문에 우리는 스스로를 엄중하게 자평할 필요가 있는 것이다.

가르치는 일

사역자는 배움의 지혜에만 만족해서는 안 된다. 성경은 가르침에 대한 책임과 능력 역시 강조하고 있다. 디모데전서 3장에는 남을 관리하는 사역자의 자격에 대해 명시되어 있는데, 그 내용을 살펴보면 기술적인 분야[16] 한 가지가 소개되어 있다. 비록 많은 자격의 내용 중에서 오직 한 가지만 가르침에 대해 언급하고 있지만, 그럼에도 불구하고 사역자에게 있어 가르침이란 결코 배제되거나 무시될 수 없는 중요한 분야임을 강조하는 내용이기도 하다. 사역자의 믿음이 아무리 좋아도, 그의 인격이 아무리 훌륭해도 사역자로서 가르치는 분야에 있어 인정을 받지 못한다면 어쩐지 공허하고, 불완전하고, 균형이 깨지는 듯한 느낌을 준다.

내 친구들 중에는 타고난 말꾼이 여럿 있다. 입만 열면 어찌 그리 말을 잘하는지 감탄이 절로 나온다. 그런데 말꾼들을 가만히 살펴보면 모두 다 잘 가르치는 것은 아닌 듯하다. 특히 하나님의 말씀을 놓고 말하자면 말꾼식으로 가르치는 자가 있고, 가르치는 자로서 거듭난 훌륭한 설교자가 있다.

가르치는 자는 먼저 위로부터 세우심을 받아야 한다. 그렇다고 다른 부르심과 큰 차이가 있는 것은 아니다. 왜냐하면 하나의 머리로부터 세우심을 받는 것에 있어서는 동일하기 때문이다. "그가 어떤 사람은 사도로, 어떤 사람은 선지자로, 어떤 사람은 복음 전하는 자로, 어떤 사람은 목사와 교사로 삼으셨으니"라는 에베소서 4장 11절 말씀은 각 직분의 유일한 근거가 하늘에 있음을 상기시켜준다.

> "오직 사랑 안에서 참된 것을 하여 범사에 그에게까지 자랄지라 그는 머리니 곧 그리스도라 그에게서 온 몸이 각 마디를 통하여 도움을 받음으로 연결되고 결합되어 각 지체의 분량대로 역사하여 그 몸을 자라게 하며 사랑 안에서 스스로 세우느니라" (엡 4:15-17).

이 말씀은 더욱 분명하게 각 지체의 근원과 중심이 머리임을 가르치고 있다. 여기에 근거하여 가르침의 직분을 보면 그 직분은 바로 머리에 붙어 있는 입술이고, 혀이고, 성대다.

세상의 말꾼에게는 다른 지체가 중요하지 않다. 그냥 사람을 울렸다 웃겼다 하는 혀와 입술과 성대만 있으면 된다. 그러한 입술과 혀와 성대와 언변이 그리스도와 연결되지 않은 채, 다른 지체들의 강함과 약함과 마디마디를 통한 연결과 결합을 이해하지 못한 채 강단의 일만 부여받는 것은 위험천만한 일이 아닐 수 없다.

그런데 불행하게도 우리 주위에는 적지 않은 말꾼 설교자들이, 그리고 가르치는 자들이 있는 것이 사실이다. 더 큰 문제는 이러한 말꾼들을 구별해내지 못하고 맹목적으로 쫓아다니는 자들이 적지 않다는 데 있다. 그럴싸하게 성경 말씀을 사용하여 포장된 내용으로 외모를 치장하지만, 그의 입에서 나오는 허황된 자기 주장들과 철학들과 이상야릇한 내용들을 살펴보면 틀림없는 말꾼들이다. 그들은 하나님의 말씀을 가르치는 것 같으나 실상은 "신화"와 "끝없는 족보"와 성경과 근본적으로 관계없는 "다른 교훈"을 가르친다(딤전 1:3-4 참조). 바울은 에베소 교회에서 목회하고 있는 디모데에게 말꾼들에 대해 다음과 같이 경고했다.

> "어떤 사람들을 명하여 다른 교훈을 가르치지 말며 신화와 끝없는 족보에 몰두하지 말게 하려 함이라 이런 것은 믿음 안에 있는 하나님의 경륜을 이룸보다 도리어 변론을 내는 것이라"(딤전 1:3-4).

이 말씀을 보면 옛날이나 지금이나 가르치는 무리들 중에 말꾼들이 늘 섞여 있는 것이 사실인가 보다. 오죽하면 바울이 자신이 아끼는 영적 아들인 디모데에게 에베소 교회의 담임을 맡게 한 목적을 설명하는 첫 내용에서 이러한 말을 했을까? 그가 경고한 사람들은 이미 가르침의 자리에 있는 자들이었다. 그들은 말씀과 상관없는 내용을 갖고 변론을 유발하는 "헛된 말"을 하는 말쟁이들이자, 동시에 많은 사람들 앞에서 스스로 "율법의 선생"으로 존중을 받으려 하지만 사실은 "자기가 말하는 것이나 자기가 확증하는 것도 깨닫지 못하는" 말꾼들이라는 공통된 특징을 갖고 있었다(딤전 1:6-7 참조).

이러한 자들, 즉 말쟁이들이나 말꾼들은 무엇보다도 지체 간의 연합과 결합을 이해하지 못하는 자들이다. 비록 비판을 받아야 될 수많은 사람들이 있지만 자신도 그들 중 하나임을 잠시라도 잊어서는 안 되는데, 바로 그 중요한 사실을 잊어버리고 늘 비판의 침을 튀기며 외치곤 하는 것이다.

가르침의 직분을 받은 사역자들이 명심해야 될 몇 가지는 다음과 같다. 첫 번째, 가르침의 직분은 하늘에서 주어지는 것이다. 입술과 혀를 내가 선택하여 만들어내는 것이 아니듯이, 하나님의 말씀을 가르치고 전하는 직분 역시 내가 선택하는 것이 아니라 하늘로부터 주어지는 것이라는 사실을 이해해야만 한다. 여기에서 말꾼과 가르치는 성직의 구별이 시작된다. 따라서 말씀을 가르치는 직분을 하늘로부터 받은 자의 언변은 보장되어 있다. 하늘로부터 주어진 것이라면 한낱 말꾼의 언변 능력과 감히 비교될 수 없다.

두 번째, 가르치는 자의 입술과 혀는 단번에 주어지는 것이 아니라 자라는 것이다. 자람의 조건에는 "온 몸이 각 마디를 통하여 도움을 받음으로 연결되고 결합"(엡 4:16)됨이 필요하다. 입술과 혀만 왕성하게 움직이고 다른 지체는 힘이 없어 축 늘어진 흉측한 모습을 상상해 보라. 이름이 없는 마디마디를 통해 각 지체에 영양분이 공급되어 함께 자라는 과정 중에 입술도, 혀도, 성대도, 논리를 전개해 나가는 설득력도 함께 자란다는 사실을 배제할 수 없다.

말쟁이, 또는 말꾼들의 언변의 힘을 재능으로 본다면 가르치는 소명을 받은 자들의 입술에 주어지는 언변의 힘은 은사다. 은사란 말 그대로 선물이다. 후천적으로 주어지는 것이다. 물론 언변의 힘을 재능으로 가진 사람들이 동일한 부르심을 받는 것은 사실이다. 하지만 재능 위에 하나님으로부터 주어지는 은사가 덧입혀져 거듭나지 않는다면 오히려 불행을 초래할 수도 있다. 그 정도로 후천적 은사는 중요한 것이다. 하나님의 말씀으로 세상을 바라보는 세계관의 변화와 성숙, 말씀으로 다져진 하나님 나라의 가치관의 성장, 하나님과의 관계를 유지하는 기도의 지속성, 연약한 지체들을 바라볼 수 있는 시각, 함께 울 수 있는 뜨거운 가슴 등 그리스도 안에서 온 몸이 각 마디를 통하여 서로서로 도움을 입음으로 연결되고 성숙해지면서 입술에 언변의 힘이 성장할 때 힘 있는 설교자가 될 수 있다.

세 번째, 가르치는 자는 끊임없이 배움의 자세를 견지하여 배움을 쉬지 않으며, 주어진 진리의 말씀을 옳게 분별하는 데(딤후 2:15 참조) 최선의 노력을 기울여야 한다. 말씀 사역자들이 지쳐서 힘이 빠져버리는, 즉 소진하는 일반적 이유 중 하나는 바로 배움을 중단하기 때문이다. 지속적으로 주기는 주어야 되고, 줄 것은 없고, 줄 것을 준비할 시간도 없고, 그러다 보니 저절로 뒤로 넘어질 수밖에 없고, 그냥 주저앉아서 버티는 안타까운 경우가 생기는 것이다. 마치 젖을 먹이는 어머니가 아무것도 먹지 않은 채 아기에게 젖을 주어 금새 어머니도 아기도 힘든 상황에 처하게 되는 것과 유사하다.

하나님의 말씀을 어떠한 형태로든 가르치는 자는 꾸준히 공부해야 한다. 이는 설교 예화를 찾기 위해 인터넷을 사냥하는 행위와는 다르다. 꾸준히 성경을 보거나 들어야 하고, 경건 서적만이 아니라 신학에 관계된 서적 역시 꾸준히 보며 연구해야 한다. 할 수만 있다면 하나님의 말씀을 원문으로 읽을 수 있는 실력을 기르기 위해 꾸준히 노력하고, 최소한 원문을 읽을 수 있는 도구의 사용법 정도는 익혀두어 하나님의 말씀을 옳게 분별할 수 있는 능력을 계속해서 적극적으로 기른다면 더욱 좋을 것이다. 분명한 것은 성경 말씀을 말씀에 근거하여 지속적으로 연구해야만 하나님이 말씀에 담아주신 뜻을 이해할 수 있고, 그 말씀을 이해해야만 그에 합당한 삶을 살려고 노력할 수 있으며, 그래야만 말씀을 제대로 가르칠 수 있다는 것이다.

내게는 개인적인 간증이 하나 있다. 나는 집에서 사무실까지 도보로 약 40분 걸리는 거리에 살고 있는데 가능하면 아침에 걸어서 출근을 한다. 걸을 때 나는 항상 잠언의 말씀을 듣는다. 무엇을 들을지 선택할 때마다 사실 망설여지기는 한다. 말씀을 재미있게 풀어놓은 설교들이 많기 때문이다. 하지만 아침 첫 시간만큼은 원액인 말씀 자체를 듣는 것이 좋을 것 같아 말씀을 낭독한 것을 들으며 걷는다.

매번 걸을 때마다 듣는 잠언의 말씀이 얼마나 좋은지 모른다. 많이 읽기도 한 잠언이지만 걸으면서, 땀을 흘리면서 해석되지 않은 순수한 말씀을 듣자면 걷다가도 아멘 소리가 절로 나온다. 때로는 미처 이해하지 못했던 내용을 깨달으면서 탄식하기도 하고, 감사의 노래를 부르기도 한다. 매일 아침마다 말씀을 들으면서 배우고, 배우면서 감동하고, 감동을 받고 깨달으면서 새 힘을 얻는다.

신학에 관계된 내용을 공부하면서도 역시 동일한 느낌을 받는다. 이는 지식에 대한 해갈의 시간이다. 나는 신학 석사 과정을 공부할 때 언약 신학을 공부했다. 시간이 많이 흘렀지만 지금도 언약 신학에 대한 책을 잡고 공부를 하다 보면 지적 갈급함이 해결되는 듯한 느낌을 얻는다. 지금은 설교학을 좀 더 공부하려고 책도 보고, 논문도 쓰려고 애쓰고 있다. 이 분야에 좀 더 시간을 투자하여 장차 후학들에게 설교 분야에 대해 나름대로 객관적인 자격을 갖고 도움을 주고 싶은 마음에서다. 그러다 보니 매일 지식에 대해 새로움을 느끼며 살고 있고, 하나님의 말씀을 들으면서 새로운 영성에 대한 도전도 받는다. 사역과 생활에 대한 고갈은 쉼의 부족에도 그 원인이 있겠지만 꾸준한 말씀 연구와 지식에 대한 도전의 부족 역시 중요한 원인으로 꼽을 수 있다.

안타까운 것은 말씀의 사역에 이미 들어선 사역자들이 하나님의 말씀을 지속적으로 연구하는 일을 포기한 채 그날그날 생각나는 대로 말씀을 가르치려는 경우가 생각보다 많다는 것이다. 자칫 잘못하면 주의 말씀을 경히 여기며, 사사로이 해석하며, 자신이 하고 싶은 말에 말씀을 끼워 맞추는 말쟁이식의 삶을 반복함으로써 스스로 하나님의 진노를 사는 결과를 초래할 수도 있다. 따라서 사역자들은 에스라가 "여호와의 율법을 연구하여 준행하며 율례와 규례를 이스라엘에게 가르치기로 결심"(스7:10)했듯이 주님의 말씀을 연구하는 데 많은 시간과 정성을 쏟으면서 가르치는 삶을 유지해야 할 것이다.

가르침의 기술

사역자는 가르치는 기술을 잘 연구하고 익혀서 자신이 깨달은 내용을 청중이 이해하고, 깨닫고, 도전받을 수 있도록 도와주는 능력도 배양해야 한다. 열을 아는데 하나만 전달할 수 있는 사람이 있고, 하나를 아는데 열을 아는 것처럼 전달할 수 있는 사람이 있다. 물론 양극단에 속한 경우이기는 하지만 실제로 이러한 부류의 사람들이 존재한다. 어쨌든 중요한 것은 내가 알고 있는 것을 상대방에게 그대로 전달할 수 있는 능력을 갖추어야 된다는 것이다.

말씀 사역은 입으로 장사하는 것이 아니고, 사실이 아닌 것을 사실인 양 과장되게 표현하여 청중으로 하여금 피해자가 되게 만드는 것도 아니다. 사실을 있는 그대로 전달하는 임무를 수행하는 것이다. 그럼에도 불구하고 지식을 전달하는 데 필요한 여러 가지 요소들을 잘 숙지한 가운데 청중이 충분히 이해할 수 있도록 잘 전달하는 능력을 갖추어야 한다.

오래전에 내가 어느 성경 공부 모임에 참석하면서 느꼈던 것을 잠시 나누고 싶다. 무더운 여름날 저녁, 에어컨도 없는 상황에서 한 말씀 사역자가 성경 공부를 인도하는 자리에 참석해 앉아 있었다. 10여 명의 열심 있는 사람들이 더위를 무릅쓰고 땀을 훔치면서 인도자가 가르치는 내용을 열심히 청취했고, 인도자 역시 정열적으로 가르쳤다. 나도 열심히 노트를 펴 들고 가르치는 내용을 받아 적으려고 귀를 기울였다.

문제는 아무리 귀를 기울여 강의 내용을 이해하려고 해도 도대체 무슨 말인지 이해가 잘 되지 않는다는 데 있었다. 가르치는 자는 눈을 감고 깊이 생각하면서 무엇인가 자신이 갖고 있는 풍성한 내용을 전달하고자 애쓰고 있는데 정작 청중은 강의 내용을 충분히 이해하지 못해서 받아 적지도 못하고 눈만 멀뚱멀뚱 뜨고 앉아 있었다. 나 역시 예외는 아니었다. 더워서 땀은 나고, 잡벌레들이 날아다니면서 성가시게 굴고,

말씀은 이해되지도 않고, 참으로 답답한 생각이 들었다. 그날 저녁뿐 아니라 그다음 주에도, 그리고 그다음 주에도 계속하여 같은 상황이 반복되었다. 인도자의 생활과 인격은 자타가 인정할 정도로 훌륭했고, 행정력도 나름대로 인정을 받는 상태였다. 그러나 말씀을 듣고 가르치기만 하면 이상할 정도로 전달이 잘 되지 않았다. 이러한 이유 때문에 말씀 사역자들은 자신이 연구하고 깨달은 내용을 잘 전달하는 법을 숙지하기 위해 공부하고 노력해야 되는 것이다.

예수님을 필두로 하여 제자 베드로, 스데반 집사, 사도 바울 등 수많은 말씀 사역자들이 입을 열어 말씀을 가르치며, 진리를 변증하는 모습을 잘 살펴보라. 그들의 논리와 설득력은 대단한 것이었다. 당시의 유능한 웅변가이자 선생이었던 바리새인들까지도 하다하다 안 되니까 돌을 들어 무력으로 논리를 꺾을 정도로 그들의 가르침은 힘이 있고 설득력이 있었다. 물론 성령의 도우심이 최우선 전제 조건이겠지만 사역자 자신의 연구와, 삶 속에서의 준행과, 아울러 최선의 전달을 위한 공부와 훈련과 실습 역시 간과될 수 없다.

사역자들은 어떠한 부르심을 받아 사역에 참여했든 가르침의 고귀한 자리를 온전히 피할 수 없다. 사람과 연관되지 않은 사역이 없기 때문에 가르침의 자리에서 온전하게 면제될 수 없는 것이다. 따라서 사역자는 그 부르심이 무엇이든지 미련함으로부터 멀리 떨어져 있어야 한다. 늘 지혜를 구하면서 살아야 하고, 하나님이 주위의 환경과 사람들을 통해 가르쳐주시는 지혜를 기쁨으로 받는 삶을 살아야 한다. 환경으로부터 가르침을 배울 때 새로운 환경이 주어질 수 있고, 사람들로부터 배울 때

많은 사람들을 얻을 수 있다. 반면 환경에 대해 불만족스러워한다면 그 환경은 지속적으로 곁에 머무르게 될 것이고, 사람들의 가르침에 대해 자존심을 내세우면서 거절하면 어느 누구도 얻을 수 없을 것이다.

사역자들은 가르침의 자리를 피할 수 없기 때문에 부득불 지혜를 구하고 미련함과 우매함을 멀리해야만 한다. 동시에 계속해서 배움을 추구하며 살아가야 한다. 부치하문의 마음으로 지속적인 연구를 통한 배움, 그리고 배움을 통한 지식의 축적을 꾸준하게 유지해야 한다. 배움에 쉼이 있을 수 없다. 하늘나라에 가서야 아버지의 영화를 누리며 쉴 수 있는 시간이 보장된 우리다. 이 땅에 있도록 허락된 시간 동안 하나님 나라를 위해 열심히 일해야 한다. 열심히 일하되 의미 있고 인정받는 일을 하기 위해서는 제대로 배워야만 한다. 바울은 디모데에게 다음과 같이 요청했다.

"너는 진리의 말씀을 옳게 분별하며 부끄러울 것이 없는 일꾼으로 인정된 자로 자신을 하나님 앞에 드리기를 힘쓰라" (딤후 2:15).

열심히 일하면서도 인정받지 못하고 오히려 부끄러움을 당하는 결과를 얻을 수 있다. 열심히 일하면서도 쉽게 지치고, 넘어지고, 자빠질 때가 적지 않다. 그러나 열심히 일하면서 얼마든지 선한 결과를 얻어낼 수 있고, 인정받는 결과를 유출해낼 수 있다.

이 말씀에서 바울은 세 가지 조건을 제시했다. 첫 번째 조건은 "힘쓰라"이다. 원어의 뜻을 살펴보면 '최선을 다하다', '고통을 감수하다',

'모든 노력을 다 기울이다' 등으로 풀이할 수 있다. 최선의 노력을 경주하라는 뜻으로 받아들일 수 있다. 이는 부끄러움을 당하지 않고 인정된 사역자로 살기 위한 첫 번째 조건으로, 2인칭 단수 명령형으로 되어 있다. 선택 사항이라기보다는 명령으로 받아들여야 될 것이다. 게으름을 배제하고, 맡겨진 일을 위해 최선의 노력을 경주하라고 요청하고 있다.

나는 많은 사역자들이 꽃을 피우지 못하고 중간에 좌절하는 가장 큰 원인 중에 하나가 힘씀의 문제라고 생각한다. 잠시의 열정으로 일을 시작했으나 어려운 문제를 만나 조금 버둥거리다가 곧 주저앉는 사역자들이 얼마나 많은가? 좌로 가다 막히면 우로 가보고, 우로 가다 막히면 정면으로 돌파해 보는 등 지속적인 노력을 포기하지 않고 해야 한다. 그와 동시에 끊임없는 지자(智者)의 자문을 구하면서 문제들을 해결하며 전진해야 한다. 무조건 돌진하라는 말이 아니라 고통을 감수하면서 모든 것을 고려하고, 모든 것을 다 시도하면서 상세하게 일을 진행해 나가고자 애쓰는 모습을 의미하는 것이다.

두 번째 조건은 힘씀의 방향이다. 이는 "자신을 하나님 앞에 드리기를 힘쓰라"는 말씀에 근거한다. 무작정 힘만 쓰는 것은 그리 바람직하지 못하다. 간혹 교회 안에 뜨거운 열심만을 가지고 방향도 없이, 목표도 없이 힘만 쓰는 사람들이 있는데, 사실 그들을 바라보면 괜스레 불안해진다.

나 역시 그런 경험이 있었다. 처음 예수님을 믿고 나니 얼마나 감격스러운지 매일같이 뜨거웠던 짧지 않은 시간을 지금도 기억하고 있다. 그렇게 감격스럽고, 뜨겁고, 열정적으로 교회에서 시간을 보내다 보니 아무래도 생활은 미처 따르지 못했던 것 같다. 물론 당시는 내가 스스로를 바라볼 수 있는 객관적 시각이 형성되지 못한 초보 시절이었기 때문에 내가 어떠했는지 알 수가 없었다. 하지만 주위에서 바라본 사람들은 걱정을 많이 했던 것 같다. 성령의 각양 은사들을 체험하고, 전도의 맛을 느끼며 살았으니 성령의 열매 같은 것은 생각도 하지 못하고 시간을 보냈다. 힘씀의 방향과 목적을 생각하기 어려웠던 시절이었다.

성령의 도우심으로 하나님을 아바 아버지로, 예수 그리스도를 생명의 구주로 영접한 대부분의 사람들은 거의 동일한 경험을 했을 것이다. 그러나 계속해서 그렇게 살 수는 없다. 무조건 감사하고, 무조건 즐거워하는 하나님과의 밀월 관계를 언제까지나 지속할 수 있는 것은 아니다. 시간이 흐르면서, 하나님의 말씀 위에 서서히 서가는 과정 중에 힘씀의 방향을 잡아나가야만 한다.

사도 바울은 힘씀의 방향에 대하여 "하나님 앞에 드리기를"이라는 말로 제시했다. 사람들에게 보이기 위함이 아니고, 나 자신의 목표를 성취하기 위함도 아닌 하나님께 나 자신을 드리기 위하여 힘쓰라는 것이다. 이 역시 포기할 수 없는 귀한 내용이다. 하나님의 나라를 위하여 애쓰고 있다고 생각하는 사람일수록 바로 이 부분을 놓고 자주 고민할 필요가 있다. 표면적으로는 분명히 하나님의 일이지만 감추어진 내면의 목표는 자신의 일이고, 개인적인 목표를 이루고자 하는 욕망이라면 이 얼마나 위험한 일인가? 힘씀의 방향을 제대로 정하고 뛰는 사역자는 지혜로운 자이고, 힘씀의 방향을 제대로 잡지 못한 채 열심만 내는 사역자는 미련한 자다.

　나는 매번 프로젝트를 놓고 일을 추진할 때마다 이 말씀을 가지고 평가를 한다. 어떤 때는 이 일이 하나님의 일인지, 나 자신의 일인지 구별이 안 간다. 사실 그럴 때가 종종 있다. 그래서 일이 크면 클수록 더 고민하면서 하나님의 말씀의 잣대를 들이대 진행하고자 하는 일들을 재려고 노력한다.

　세 번째 조건은 "너는 진리의 말씀을 옳게 분별하며"라는 말씀에서 찾을 수 있다. "힘쓰다"는 말은 어찌 보면 주관적이다. 남이 뭐라고 말하든, 어떻게 바라보든 내가 힘쓰고 있다면 그런 것이다. 어느 날인가 아들이 전혀 공부를 하지 않는 것 같아 "너 지금 공부를 열심히 하고 있는 것은 아니잖니?"라고 물었다. 그랬더니 아들이 불만이 가득 찬 눈으로 나를 바라보면서 "아빠, 저 지금 열심히 공부하고 있어요!"라고 대답했다. 사실이었다. 아들은 자신의 주관적 입장에서 볼 때 열심히 공부하고 있었다.

　신앙생활 역시 비슷하지 않나 생각된다. 하나님을 믿는 일에 열심히, 최선을 다하고 있다는 표현 역시 매우 주관적이다. 5분을 기도하고도 열심히 기도했다고 말할 수 있고, 한 시간을 기도했지만 매일 다섯 시간을 기도하는 사람이 바라볼 때는 별로 인정받기 어려울 수 있다. 동일한 관점에서, 하나님 앞에 자신을 드린다는 내용 역시 주관적이다. 많은 사람들을 만나고, 상담하고, 가르친 짧지 않은 세월 속에서 한 가지 분명하게 느끼는 것은 대부분의 사람들이 자신이 하나님 앞에 스스로를 드리기 위해 무척 애쓰고 있다고 자평하면서 살고 있다는 것이다. 그래서 그들은 약간의 문제를 지적하기만 해도 쉽게 흥분하고 기분 나빠한다. 그리고 말이 많아진다. 게다가 평생 자신만을 위해서 살아온 사람조차 스스로를 위로하는 말을 자주 하는 모습을 볼 수 있다. '그래도 가만히 생각해 보면 내가 일생 동안 하나님을 위해 살려고 노력한 것만은 사실인 것 같아' 하고 말이다.

이처럼 힘쓰고, 하나님 앞에 자신을 드린다는 주관적 견해를 객관화 시켜주는 내용이 "너는 진리의 말씀을 옳게 분별하며"라는 말씀이다. 여기에서 "분별하다"는 단어는 분사구문이다. 이를 염두에 두고 번역하면 "너는 진리의 말씀을 옳게 분별하는 가운데 너 자신을 하나님 앞에 드리기를 위해 힘써야 한다"이다. 힘씀과 하나님 앞에 자신을 드리기 위한 노력의 근거를 제시한 것이다.

여기에서 다시 한 번 배움에 대해 강조하게 된다. 하나님의 말씀을 배우는 수준에 그치는 것이 아니라 바르게, 제대로 분별해내는 수준을 말하기 때문이다. 여기에서 "분별하다"는 헬라어의 뜻은 '똑바른 직선의 길을 따라 인도하다' 이다. 자를 대고 정확하게 선을 긋는 표현으로 설명될 수도 있다. KJV에서는 '나누다' (divide)라는 단어를 사용했고, NAS, NIV에서는 '다루다' (handle)라는 단어를 사용하여 번역했다. 후자는 아무래도 의역에 가깝고, 전자가 좀 더 직역에 가깝다. 어쨌든 제대로 하나님의 말씀을 이해하고 다루는 부분이 강조된 것임에 틀림이 없다.

그러니 얼마나 많이 배워가야겠는가? 힘쓰는 것도, 나 자신을 하나님께 제대로 드리는 것도 모두 하나님의 말씀의 바탕 위에 올바르게 서야 가능하다는 말씀이니, 사역자의 삶 속에서 지속적이고 끊임없는 배움을 어찌 소홀히 할 수 있겠는가? 언제나 하나님의 말씀에 충실한 사역자의 길을 걸어야만 할 것이다.

지혜를 구하고, 찾고, 좇으라. 미련한 자족과 게으름을 멀리하라. 그리고 매일매일 하나님 앞에서 배움을 구하라. 그리고 가르침의 자리를 거절하지 말라. 가르침의 기회를 최대의 배움의 기회로 활용하라. 열심히, 최선을 다해, 창의적으로 준비하여 단 한 명이라도 정성껏, 꾸준히 가르치라.

Chapter 8
MINISTRY MANUAL

- "믿음 안에서 참 아들 된 디모데에게"(딤전 1:2).
- "사랑하는 아들 디모데에게"(딤후 1:2).
- "내가 밤낮 간구하는 가운데 쉬지 않고 너를 생각하여…너 보기를 원함은"(딤후 1:3-4).
- "같은 믿음을 따라 나의 참 아들 된 디도에게"(딛 1:4).

양육하는
사역자가 되라

내 주위에는 일을 늘 걸치고 다니면서도 사람은 주위에 없는 사역자들이 항상 있다. 무엇인가 열심히 일을 하는데, 사실 그 일이라는 것이 사람을 얻는 일인데, 끝을 보면 일의 흔적만 있고 사람의 흔적이 보이지 않는다. 사역자는 믿음 안에서 바울이 디모데와 디도를 낳고 관심을 갖고 양육했듯이 해산의 고통으로 자녀를 낳고 관심을 갖고 양육하는 일을 지속해야 된다.

하나님의 부르심을 받아 하나님이 맡겨주신 일을 위해 살고 있는 사역자들의 눈에는 늘 일이 우선적으로 들어온다. 이 일이란 전도가 될 수도 있고, 목양이 될 수도 있고, 선교가 될 수도 있고, 전문 행정 사역이 될 수도 있고, 모종의 전문인 사역이 될 수도 있다. 그런데 하나님의 일을 하는 중에 사역자들이 자주 소홀히 넘어가는 부분이 있는데, 그것은 곧 사람이다. 일은 잘하는데 사람은 잃어버리는 상황이 사역자들의 주위에서 자주 발생한다. 사역자들이 흔히 말하는 일의 목적이 늘 사람인에도 불구하고 그들은 일을 위해 종종 사람을 희생시키곤 한다. 일은 장황하게 잘 치렀는데 정작 사람은 건지지 못하는 경우가 얼마나 많은가?

내 주위에는 일을 늘 걸치고 다니면서도 사람은 주위에 없는 사역자들이 항상 있다. 무엇인가 열심히 일을 하는데, 사실 그 일이라는 것이 사람을 얻는 일인데, 끝을 보면 일의 흔적만 있고 사람의 흔적이 보이지 않는다. 이는 '관계 지향적', 또는 '목표 지향적' 등 사람의 성향으로 분석하여 결론을 맺을 수 있는 것이 결코 아니다. 사람을 몰고 다니는 사람이라 할지라도 사람의 흔적이 없는 경우가 있을 수 있고, 무서울 정도로 목표 지향적인 사람이라 할지라도 일도 이루고 사람도 얻어낸 예가 얼마든지 있기 때문이다.

다음과 같은 부류의 사람들에 대해서도 생각해 볼 필요가 있다. 주위에 끊임없이 사람이 머물러 있기는 한데 머문 사람들의 얼굴이 자주 바뀌는 경우다. 그들은 그때그때의 필요에 따라, 상황에 따라 관계에 헌신한다. 하지만 필요가 바뀌고 상황이 바뀌면 이미 한 헌신을 헌신짝처럼 버리고 새로운 관계 속으로 진입해 들어가는 유형의 사람들이다. 그렇다고 매 상황 속에서 악한 마음을 갖고 사람을 대하거나 이용하는 것은 아니지만 필요와 상황을 따르기 때문에 결국 필요에 의해 사람이 남게 된다. 비록 현재의 일에 도움을 주지 못할지라도 과거 함께했던 시간과 장소와 환경에서 서로에 대한 헌신을 약속했다면 그 약속은 지켜져야 마땅하다. 약속이 지켜지지 않는 마음 밭에서 나오는 줄기와 열매는 과연 어떠할까?

아마도 고린도 교회의 사역자들을 바라보던 사도 바울의 마음이 이러하지 않았을까 생각한다. 그는 다음과 같이 탄식했다.

"그리스도 안에서 일만 스승이 있으되 아버지는 많지 아니하니"(고전 4:15).

이 말씀에서 사역자들을 향한 귀중한 메시지를 찾을 수 있다. 바울은 일에 대해 언급하지 않았다. 그는 사람에 대하여 말했다. 주어진 어떤 상황에서 인정받는 스승의 자리를 선호하는 사역자들에게는 높은 점수를 주고 싶지 않다는 말로 들린다. 가르침의 중요성은 앞서 자세히 설명한 바 있다. 가르치는 일은 중요한 것이고, 중요한 사역이다. 그럼에도 불구하고 사도 바울은 가르침으로 끝나는 것을 "일만 스승"으로 보고 가르침의 대상에 대해 강조했다. 가르침의 중요성은 가르침을 받는 자들에게 있는 것이지 가르침 그 자체에 있는 것이 아님을 강조했다. 이러한 관점에서 볼 때 나 자신을 포함해 수없이 많은 사역자들이 이렇게 중요한 부분을 놓치면서 사역에 참여하고 있는 것은 아닌지 염려가 된다.

앞서 언급했듯이 한국 교회 안에는 말꾼, 말쟁이 선생들만 가득한 것이 아닐까? 가르치려고만 하고, 가르침 자체에만 만족하고, 가르침으로 먹고 살고, 가르침을 통해 존중받으려고 할 뿐 정작 직접 젖을 주고, 보듬어주고, 기저귀를 갈아주고, 야단을 치고, 때리기도 하면서 키우는 자녀들은 없는 것이 아닌가?

벌써 교회의 역사가 100년을 훨씬 넘었고, 세계에서 제일 큰 교회가 있고, 수만 명이 출석하는 대형 교회가 즐비한 곳이 한국이다. 교회의 위상을 그토록 자랑하고 떠들고 있는 이 시점에 어째서 한국 교회는 마이너스 성장에 들어갔을까? 한국 교회의 마이너스 성장과 영적 아버지의 부재는 아무런 연관이 없을까? 말꾼들이 판을 치면서 그렇게도 잘난 척을 하는데, 그에 비례하여 교회도 성장해야 되는 것이 아닌가? 그들이 이곳저곳에서 일만 스승으로서의 가르침을 주고, 스승으로서의 대접과 존경을 받는 동안 많은 사람들의 귀는 그들의 가르침에 익숙해졌다. 잘해도 그만, 못해도 그만, 야단치는 자도 없고, 보듬어주고 가르쳐주고 손을 잡아 이끌어주는 자도 없다. 아버지의 심정으로 가르치는 이들을 찾아보기가 어렵다. 그러다 보니 그저 이곳저곳에 귀를 기울이면서 제 멋대로 길을 가는 어린 양들만 잔뜩 양산해 놓은 형상이다.

평신도 사역자라는 단어가 갖는 기본 원리를 인정하고 동의하기 때문에 평신도 사역자 운동을 비판할 생각은 추호도 없다. 하지만 어설프게 접근하여 진행되는 평신도 사역자 운동의 부작용만큼은 지적하지 않을 수가 없다.

원래 평신도 사역자라는 단어는 목사 사업가라는 단어만큼이나 어울리지 않는 말이다. 사업을 하고 직장에 출근하는 자들이 사역자로 불리는 것이나, 목사가 사업가로 불리는 것이나 비슷하지 않은가? 그러나 목사 사업가는 타락한 자의 대명사처럼 여겨지지만, 평신도 사역자는 아무렇지도 않게 들리는 것이 한국 교회의 현실이다. 우리는 이 부분에 대해 객관적이고 냉정하게 진단해 볼 필요가 있다.

원래 사역자라는 개념은 구약의 레위 지파와 같이 분깃이 없는 자라는 의미를 갖는다. 구약의 레위 지파에게 분깃이 없다는 말은 땅을 일구고, 농사를 짓고, 양을 키우고 돌보는 시간에 전적으로, 전 시간을 사용하여 오로지 하나님의 일에만 매달려야 한다는 데 근거를 두고 있다. 하나님의 일을 다른 지파와 나눌 수 없는 일로 해석하거나, 다른 지파는 레위 지파의 일에 참여할 수 없다는 뜻으로 해석하면 본래의 의도를 곡해하는 것이다.

전적으로, 전 시간을 드려, 전심으로 하나님의 일만을 위하여 선택을 받은 개념하에서 레위 지파의 속성을 이해해야 할 것이다. 그들이 다른 지파보다 뛰어나서도 아니고, 그들만이 하나님의 일에 전적으로 매달릴 수 있기 때문도 아니다. 단지 하나님의 성전을 돌보고, 관리하고, 섬기고, 하나님의 말씀을 듣고, 이해하여, 가르치고, 전달할 어느 한 지파가 필요한 가운데 레위 지파가 선택된 것으로 이해하면 크게 틀리지 않는다.

하나님께 필요하셨던 것은 전적으로 주님을 섬길 어느 한 지파였을 뿐 다른 지파에 비해 뛰어난 어느 특정 지파가 아니었다. 하나님이 위임하신 일들을 어느 한 지파가 전적으로 맡아서 하게 하시려고 다른 데 마음을 쓸 수 없도록 분깃을 허락하지 않으셨고, 따라서 먹고 살 수 있는 다른 방법이 없었기에 그것을 해결해 주시고자 십의 일조 제도를 도입하시어 열한 지파의 십분의 일을 레위 지파에게 나누어주게 하신 것이다. 하나님을 위해 전적으로 일하도록 위임받은 자들에게 자신에게 속한 모든 소득의 십분의 일을 제공하는 방식을 택하셨던 것이다(물론 십의 일조에 대한 또 다른 의미들이 있겠지만 여기에서는 이 장과 관련된 내용만을 다루었다).

이러한 관섬에서 사역자를 바라본다면 평신도 사역자라는 단어는 사실 이해하기가 쉽지 않다. 왜냐하면 하나님에 대한 마음과 정성을 논하는 차원에서 이해하기보다는, 오히려 하나님의 나라를 위해 사용하는 시간의 관점과 먹고 사는 생활의 근거를 어디에 두고 있는가를 가지고 평신도와 사역자를 구별해야 되기 때문이다. 물론 신약 시대에 살고 있는 우리는 "왕 같은 제사장"(벧전 2:9)이다. 이와 같은 개념에서 평신도 사역자라는 말은 아주 중요한 의미를 내포하고 있다. 모두가 함께 하나님의 일에 적극적으로 참여하고, 피동적인 신앙에서 주동적이고 능동적인 신앙의 삶을 유지하고, 배우기만 하는 것이 아니라 배운 내용들을 새 신자나 초신자들에게 가르치고 돌보는 입장에 함께 서서 하나님의 일에 참여한다는 원리 자체는 매우 의미 있는 것이다.

그럼에도 불구하고 원리, 또는 개념으로서의 평신도 사역자가 갖고 있는 뜻을 살리기보다 이를 하나의 구호, 또는 운동으로 사용함으로써 초래되는 여러 가지 문제점들을 그냥 덮을 수는 없다. 이 장의 내용과 연관해 나는 여기에서 크게 세 가지를 언급하고 싶다.

평신도들의 사역터는 삶의 현장

전임 사역자들 중에 목양에 대한 부르심을 받은 자들은 당연히 대부분의 시간을 교회에서, 교회와 관계된 일들을 하면서 보내야 한다. 그러나 세상에 대하여 부르심을 받은 평신도들은 세상에서 소금과 빛의 역할을 감당하면서 대부분의 시간을 세상에서 보내야 한다. 사회의 모든 부분에서 평신도들은 그리스도인으로서 최선의 노력을 경주하면서 인정을 받아야 하고, 각 분야에서 열심히 실력을 쌓아야 하며, 필요한 상황에서 실력을 발휘하면서 부르심을 받은 삶에 집중해야 한다. 언론, 정치, 교육, 사업, 사회 복지, 군대, 건축, 도서관, 의료 등 사회의 각 분야에서 평신도들은 입지를 구축하면서 영향력을 행사해야 한다. 그러기 위해서 대부분의 시간은 그곳에 드려져야만 한다.

성경에서 가장 멋들어지게 소개된 인물은 느헤미야다. 그는 나라를 사랑하는 그리스도인 정치가로서 신앙, 실력, 헌신도, 선한 결과 등 모든 분야에 충실하면서도 모든 것을 합쳐 선한 정치적 목적을 완수해낸 아름다운 평신도로서 소개되고 있다. 그는 교회에서 살지 않았다. 그러나 그는 하나님의 말씀을 전적으로 존중했으며, 하나님과의 관계를 일터 속에서 유지하며 살았다. 그는 선지자 에스라와 함께 동역할 줄 알았다. 선지자로서의 에스라와 정치인으로서의 느헤미야는 서로를 존중하고 이해하면서 함께 동역했다. 전문 분야에 혼동이 없었고 서로가 하는 일에 충돌함이 없었다. 한쪽은 정치인이었고, 다른 한쪽은 전임 사역자였다.

그런데 오늘 한국 교회에서 언급하는 평신도 사역자에게는 무엇이 요구되고 있는가? 사회의 일원으로서 얼마나 많은 시간을 교회에 헌신하고, 얼마나 많은 정력을 교회의 일을 위해 바치기를 요구받고 있는가? 사회에 충실하여 교회의 일을 소홀히 하면 신앙이 약한 자로 평가가 되고, 사회 속에서 성실하지 못하면서 교회의 일에 충성하는 자에 대해서는 아름다운 신앙인으로 평가되고 있지 않은가? 오늘날 한국 교회의 입지가 점점 약해지는 원인은 무엇인가? 교회로 몰리들어 교회 안에 입지를 구축하는 자들의 수가 많아졌기 때문은 아닐까? 교회의 역할은 사회에 있는 자들을 다 모아들여 교회의 숫자만을 증가시키는 데 있는 것일까? 이는 과연 성경적일까? 사회의 일은 기본적으로 하고 남은 모든 시간은 교회에 충성하는 사업가들이나 정치인들이나 교육가들이 사회 속에서 과연 소금과 빛의 역할을 얼마나 해낼 수 있을까? 이 시점에서 우리는 오히려 교회 안에서 "사회로 돌아가라!"는 구호를 크게 외쳐야 하지 않을까? 조그마한 빛들이 한자리에 모여 태양과 같은 빛을 냄으로 모든 어두움을 거두어들이는 기대를 할 수도 있겠지만, 어두운 곳곳에서 각자 조그마한 빛을 냄으로 전체의 어두움을 조금 거두어들이는 것이 낫지 않을까? 나약하나마 어두움을 몰아내는 조그마한 빛들의 전반적 유지가 오히려 성경적이지 않을까?

평신도를 깨우는 운동이 단순하게 피동적인 신앙생활을 청산하고, 좀 더 적극적이고 능동적인 그리스도인의 삶을 살자는 데 근원을 두고 있다는 사실에 너무나도 감사한 마음을 갖고 있다. 그러나 이 원리를 오해하고 오용하여 평신도들을 교회로만 불러들여 사회 안에서의 기능을 약화시킴으로 사회 전반에 걸쳐 그리스도인의 영향력을 극소화시키고 있는 것은 아닌지 모르겠다. 본래의 뜻을 되살려 적극적이고 능동적인, 사회 안에서 영향력 있는 그리스도인들을 양성하는 귀한 도구로 재활용되어야만 할 것이다.

아버지의 자리

동병상련의 뜻은 모든 사람에게 적용될 수 있을 것이다. 하지만 자녀에게 있어 친형이나 친누나가 아버지와 어머니를 대신할 수 있는가에 대한 질문을 해볼 필요가 있다. 자녀의 마음이야 같은 자녀인 형제자매가 더 잘 알겠지만, 잘 아는 것과 잘 돌보는 것이 어찌 동등할 수 있으랴!

전문적으로 목양을 훈련받는 과정은 그리 간단하지 않다. 부르심에 의하여 여러 면에 있어 누릴 부분들을 포기하고, 대학원 과정으로 3년간 각 방면에 대한 공부를 해야 한다. 그렇게 해서 사역자의 자리에 선 것이다. 그러한 사역자들이 해야 할 일 중 가장 중요한 사역은 자식 돌보는 사역, 양 돌보는 목양 사역이다. 이와 같은 전문적인 사역을 너무나도 쉽게, 그러나 듣기에는 분명히 좋은 평신도 사역이라는 미명하에 충분히 훈련받지 못한 보모들에게 넘겨준 것은 아닐까?

이 부분에 대해서 오해가 없기를 진심으로 바란다. 이는 평신도를 지적하기 위함이 아니라 아버지의 자리를 너무 쉽게 내어주고 스승의 자리만을 지키려고 애쓰는 전임 목양 사역자들에 대한 외침이기 때문이다.

병원에서 행정을 담당한 자들을 의료인이라고 말할 수는 있지만 의사라고 부를 수는 없다. 의료인이라고 해서 아무나 주사 도구를 만지고, 수술 도구를 사용할 수 있는 것은 아니다. 아울러 내과 의사는 외과 의사의 전문성을 충분히 존중해 주어야 한다. 치과 의사와 안과 의사는 각자 다른 분야에 종사하고 있고, 피부과와 정형외과 역시 그렇다. 비록 같은 의사라 할지라도 분야에 따라 나누어지고, 다름에 대한 존중도가 함께 있는 곳이 의료계다. 다름에 대한 존중도란 전문성에 대한 존중을 의미하며, 전문성이란 나의 영역과 너의 영역의 다름을 언급하는 것이다. 바로 이 다름 속에 존중이 들어간다. 너나 나나 피차일반이라는 관념 속에는 전문성이 없고, 전문성에 대한 존중 역시 있을 수가 없다.

이러한 관점에서 평신도 사역자라는 구호를 외치는 교회 속으로 들어가 보자. 물론 사역자라는 단어를 첨가함으로써 교회에서 섬기는 일에 무게를 싣고, 보다 진지한 섬김이라는 효과를 끄집어내고, 동시에 분명하게 전문 목회자가 관리 감독하는 시스템을 갖추어 큰 시너지 효과를 발휘하는 교회가 제법 있는 것은 사실이다. 그럼에도 불구하고 적지 않은 교회에서는 어설프게 이러한 시스템을 모방하여 목양의 자리를 평신도들에게 내어주고, 목양 사역을 전적으로 담당하는 목사들은 행정실, 또는 기획실 같은 곳으로 몰아내는 모습을 쉽게 볼 수 있다.

이러한 관점에서 볼 때 평신도 사역자라는 개념에 대한 충분한 이해는 필수이며, 이로 인해 발생할 수 있는 오해와 오용을 방지해야만 한다. 목양자는 자식을 돌보는 아버지의 심정을 처음부터 끝까지 유지해야만 한다. 철저한 계획과 준비 아래 십부장, 오십부장, 백부장, 천부장의 제도를 두면서 일을 진행하되, 모든 신도들의 최종 책임은 바로 전 시간 부르심을 받은 목양 사역자에게 있다는 사실을 잊어서는 안 될 것이다.

어설픈 호칭

내가 섬기는 단체에서 동남아의 한 지역에 선교사들을 파송한 적이 있었다. 우리는 수개월에 한 번씩 그 지역을 방문하곤 했다. 어느 날 그곳의 책임자가 나에게 도우미를 고용하겠다고 요청했다. 주목적은 함께 살면서 언어를 배우고자 함이었다. 이미 파송받기 전 훈련 과정에 현지인을 초청하여 함께 살면서 6개월간 언어 훈련을 받았던 터라 충분히 스스로 공부하면서 감당해낼 수 있으리라 생각했는데, 나의 생각이 짧았다고 판단하면서도 그 생각에 대해서는 동의가 되지 않았다. 도우미라 하면 학력이 낮을 것이고, 언어 역시 표준어를 구사하리라는 보장도 하기 어렵기 때문이다.

하나의 언어를 모국어로 갖고 있는 모든 사람이 언어를 가르칠 수 있는 것은 당연히 아니다. 그렇지 않다면 사범대학 안에 있는 국어교육과가 존재할 이유가 없다. 전문적으로 교수법과 내용에 대한 지식을 습득한 사람이 가르칠 때 가장 큰 효율을 얻을 수 있는 것이다.

우리는 교회 안에 존재하는 권위에 대해 본능적인 거부감을 갖고 있다. 특히 요즈음의 한국 사회는 영역과 상관없이 권위를 찾기가 매우 어려워졌다. 초등학교에서조차 교사에 대한 권위가 우스울 정도로 흔들리고, 부모와 함께 손에 손을 잡고 자기 나라의 대통령을 모욕하며 타도하는 모습을 흔히 볼 수 있게 되었다. 돈 있는 기업가들은 늘 타도의 대상으로 떠오르고, 정치판에서도 깨끗함이라는 이름하에 정치인들이 타도를 받는다.

하지만 권세를 부리는 자들에 대한 타도와, 권위에 대한 인정을 혼동하는 것은 참으로 위험한 일이 아닌가 생각한다. 권세는 권력을 가진 자들에게 있어 어쩔 수 없이 주어지는 것이기 때문에 주위에서 늘 견제하고, 절제시키고, 정당하게 권력을 사용하도록 협력하고 도와주어야 한다. 하지만 권력을 부여받은 자에 대한 권위는 인정해 주는 것이 도리다. 권세에 대한 피해 때문에 권위에 대한 인정을 거부한다면, 그렇게 사회 전반에 걸쳐 권위가 부인된다면 결국 피해자는 당사자가 될 수밖에 없다. 20대의 젊은이가 평생 20대일 수 있는가? 그 역시 언젠가 권위를 인정받아야만 될 때 자기가 심어놓은 권위에 대한 항거로 인해 권위 없는 노후를 살아야만 할 때가 올 것이다. 자신의 경험에 근거해 권위를 인정해 달라고 아무리 외쳐도 그 누구도 귀 기울이지 않을 것이다.

죄인은 경찰을 보면 당연히 떨어야 한다. 공안을 관리하는 자들을 무서워하지 않는 백성들로 나라가 가득 차 있다면 그 나라의 안전은 누가 책임질 것인가? 정치인을 무서워하지 않고 우습게 보는 것은 큰 문제가 아니다. 하지만 비록 존경받지 못하는 그들이라 할지라도 권위는 인정해 주어야 하는 것이다. 어찌 되었든 국제 사회 속에 들어가면 그들이 우리나라를 대표하는 사람으로 간주될 수밖에 없기 때문이다.

교회 안에서도 우리는 고민할 필요가 있다. 참으로 감사한 것은 교회 안에 하나님의 말씀에 대한 권위가 인정되고 있다는 것이다. 절대 무오하고 완전한 하나님의 말씀으로 성경이 존재한다는 것은 교회 공동체를 하나로 묶는 유일한 통일 사상이다. 문제는 하나님의 말씀에 대한 권위는 인정하지만, 하나님이 세워주신 종에 대한 권위가 지속적으로 약화되고 있다는 데 있다.

여기에서 역시 권세와 권위의 구별은 필요하다. 권세란 부여된 직분에 대한 힘과 세력을 의미하는 것이고, 힘과 세력이 의미하는 바대로 땅에서 주어지는 부분이 비교적 많다. 그러나 권위는 하늘로부터 주어지는 부분이 더 많다고 할 수 있다. 그래서 어떤 목회자는 권세는 있으나 권위가 약하고, 또 어떤 목회자는 권세는 많지 않으나 생활을 통해 주어지는 권위가 크다. 물론 여기서 흑백논리를 제시하는 것은 아니지만 교회 내의 권위의 필연성과 중요성을 강조하기 위함임을 밝힌다.

한 나라의 헌법이 갖는 의미가 큰 만큼 헌법에 대한 결정적 언급을 하는 헌법재판소의 권위 역시 자연스럽게 부여된다. 또한 헌법재판소의 권위가 있는 만큼 헌법재판소의 판사들 역시 권위를 갖는 것이 당연지사다. 하나님의 말씀에 대한 절대적 권위를 교회 안에서 인정하는 만큼 하나님의 말씀을 연구하고, 연구된 말씀을 가르치고, 말씀대로 살려고 노력하는 신도들을 돌보고, 위하여 기도하는 목양자들의 권위 역시 인정되어야 한다. 물론 주어지는 권위에 따르는 힘과 존경을 오해하여 권위를 권세로 돌리는 오용자들에 대해 우리는 언제나 견제할 필요가 있다. 하지만 그러한 이유 때문에 하늘에서 주어지는 권위를 흔들고, 도전하고, 업신여기는 것은 결코 타당하지 않다.

언젠가 선교지에서 한인들을 대상으로 목회하는 사역자가 선교사에게 "당신은 선교만 하지만, 나는 목회도 하고 선교도 한다"고 말하는 것을 들은 적이 있었다. 틀린 말은 아니지만 선교라는 사역 속에 타 문화권에 속한 자들을 목양하는 것이 포함되어 있다는 사실을 잘 모르는 것 같은 느낌을 지울 수가 없었다. 이와 유사하게 평신도 사역자들의 입장에서 목회자를 보면 "당신은 목회만 하지만, 나는 사업도 하고 논도 벌면서 교회에서 양 떼들을 돌보는 목회도 한다"는 식으로 말할 수 있을 것이다.

침통을 아무 손에나 둘려준다면 치료하는 침으로서의 권위는 사라질 것이다. 주사기를 아무에게나 줄 수 있는가? 청진기를 아무나 목에 걸고 다니는가? 의사는 의료인으로서의 전문성이 있는 것이고, 선교사는 선교사로서의 타 문화권 사역에 대한 전문성이 있는 것이다. 사업은 사업가가 할 수 있는 영역이다. 그렇다면 목양 사역은 모두에게 주어질 수 있는 것일까? 하나님 나라에 대한 관심과 영혼에 대한 관심과 선한 일을 하는 것에 대한 관심과 목양의 사역은 동일선상에서 바라보고 이해할 수 있는 것인가? 과연 그러한가?

우리는 하나님 나라의 사역을 위해 함께 손을 잡고, 함께 의논하고, 함께 동역을 해야 한다. 그러나 사역자라면 정치인 느헤미야가 찾아와 손을 잡고 전문적인 분야를 위탁했던 에스라와 같이 지금보다 훨씬 더 전문적으로 말씀을 연구하고, 전문적으로 가르치고, 생활 속에서 실행하고자 몸부림쳐야 할 것이다.

"에스라가 여호와의 율법을 연구하여 준행하며 율례와 규례를 이스라엘에게 가르치기로 결심하였었더라" (스 7:10).

이 말씀에 나타난 에스라의 결심을 오늘날 목양을 하는 사역자들이 동일하게 해야만 할 것이다. 그렇지 않고 그냥 너나 나나 하는 식으로 평신도들과 동일한 권위를 보유하면서 나간다면 강단의 권위와 목자의 권위는 한없이 추락하게 될 것이다.

사실 평신도들의 권위는 앞서 언급했듯이 그들이 부르심을 받은 일터에서 걸머쥐어야 한다. 교회의 근간은 뭐니 뭐니 해도 평신도들이다. 앞서 언급했듯이 평신도라는 단어는 'layman'에서 온 것인데, 이 말은 크게 두 가지로 나누어 해석해 볼 수 있다. 먼저, 사전에서 말하는 'lay'라는 동사에 근거하여 생각해 보면 밑에 기초를 놓는 의미로 이해할 수 있다. 따라서 교회의 기초를 형성하는 근간으로 받아들일 수 있다. 나는 이 해석이 틀리다고 보지 않는다.

다음으로, 전문성이 없다는 뜻의 형용사로 받아들일 수 있다. 즉 교회 내에서 교회의 일에 전문가가 아닌 사람을 의미한다. 이 해석은 한국의 평신도들이 들으면 기분이 언짢겠지만 틀린 해석이 아니다. 한국말의 평신도라는 단어 역시 동일한 관점이 아닐까? 전문 사역자가 아닌 신도를 의미하는 것이니 애당초 한국말로 번역된 내용 역시 아주 틀린 것은 아니다.

이 두 가지를 모두 묶어 해석해도 이상할 것은 없다. 정치에 관심이 있어도 정치인이 될 수 없고, 건강에 관심이 엄청나게 많아도 의사가 될 수 없으며, 사업에 참여하는 모든 사람을 사업가라고 부를 수 없듯이 교회 내에서 교회의 일을 하도록 부르심을 받아 전문적으로 훈련되지 않은 모든 자들을 평신도라고 부르는 데에는 이견이 있을 수 없다. 이러한 관점에서 바라볼 때 평신도 사역자란 비전문 정치인, 비전문 의료인과 같은 선상에서 이해될 수 있는 어설픈 호칭이다. "평신도면 평신도지 무슨 사역자인가?"라는 질문을 감당해낼 수 있어야 한나.

사업가는 사업 터전에서, 의사는 병원에서, 정치인은 나라와 백성을 섬기는 자리에서, 직장인은 회사에서, 군인은 군대에서, 과학자는 실험

실과 연구실에서, 교수와 선생은 강단에서 인정을 받고, 그만큼 권위를 얻으면 된다. 자기에게 권위를 부여해 주는 그곳에서의 권위를 구태여 뒤로하고 하나님을 믿는 신앙 공동체인 교회 안에서 권위를 얻으려 할 필요도 없고, 그래서도 안 된다.

그런데 이상하게도 세상에서 권위를 갖고 있는 자들이 교회 안에서도 권위를 갖는다. 군대의 장군이 믿은 지 몇 년도 채 안 되어 교회에서 장로로 취임하는 것을 여러 번 보았다. 병원의 원장이 믿고 얼마 안 되어 교회의 장로가 되는 것 역시 자주 보았다. 세상에서 큰소리치는 자들에게 교회는 목소리를 낼 수 있는 장을 늘 마련해 주곤 했다. 언젠가 친구 의사가 나에게 이런 말을 했다. "다른 사람이 교회에 안 나오면 그렇게 야단을 치시던 목사님이 내가 다음 주에 일이 있어 못 나온다고 하니까 '그럼요, 당연히 바쁘시니까요' 하고 이해해 주시더군." 모든 목회자가 그런 것은 아니지만 사역자의 입장에서 들으니 괜스레 자존감마저 상하는 느낌이었다.

교회 안에서 제일 되는 권위는 하나님의 말씀이고, 그다음의 권위는 하나님의 말씀을 붙잡고, 연구하고, 가르치는 목양 사역자에게 돌아오는 것이 당연하다. 사역자가 잘나서가 아니다. 절대적 권위를 갖고 있는 하나님의 말씀을 다루는 자에게 권위를 부여하지 않는다면 교회 내에서 어떻게 하나님의 말씀이 제대로 권위 있게 전달될 수 있겠는가? 그런데 이러한 목양 사역자들이 앞장서서 자신들이 활용해야 될 권위를 비전문가들에게 내어주면서 자신들의 전문성을 박약하게 만들고 있으니 참으로 한심한 일이 아닐 수 없다.

내 나이 이미 50을 넘겼고, 사역에 전적으로 참여한 지도 적지 않은 세월이 흘렀다. 지금 나는 선교지에서 선교 사역을 16년째 하고 있다. 처음에는 사람이 귀해 앞뒤 구별하지 못하고 동역의 자리에 세우는 바람에 적지 않은 시행착오를 거쳤다. 이제야 철이 조금 든 상태에서 목소리를 돋우어 외치는 한마디는 "평신도를 평신도로 살게 하라"는 것이다.

처음 중생의 체험을 했을 때의 뜨거움을 지나야 한다. 하나님이 풍성하게 내려주시는 각종 영적 체험도 넉넉하게 해봐야 한다. 생명의 복음을 들고 산 넘고 물 건너 구령하는 사역에도 참여해 봐야 한다. 동시에 아름답게 보이던 형제자매들로 인해 실망도 해보고, 하나님 다음으로 위대해 보이던 전도사나 목사나 선교사들에 대한 실망도 경험해 봐야 한다. 그러면서 오직 하나님만 바라보고, 하나님만 의지하며 교회 생활을 유지해야 된다는 결론을 내리고 신앙생활을 계속해서 해나가는 삶을 살아야 한다. 하나님에 대한 첫사랑을 뜨겁게 경험하면서 잠시 놓았던 세상의 일로 되돌아가 다시 맡겨진 일들을 열심히 하며 교회 내에서 주어지는 여러 가지 봉사의 일들을 감당하는 어려움과 갈등을 경험할 필요도 있다.

이러한 과정을 경험하는 데에는 적어도 10년의 세월이 필요하다. 아무리 짧아도 5-6년 이상의 긴 시간이 필요한데, 적어도 그 시간만큼은 그들을 평신도로 두어야 한다. 이 변화무쌍한 시간 속에서 평신도의 삶을 즐기고 있는 자들을 사역자로 불러내는 일을 나 역시 많이 해봤지만, 지나고 보니 후회스럽기만 할 뿐이다. 그들이 평신도로서 즐길 수 있는 귀한 시간들을 빼앗았을 뿐 아니라 평신도로서 고민하고, 갈등하고, 힘들어하면서 스스로 답을 찾아야 될 보배로운 시간들을 훔쳐와 버렸기 때문이다. 다시는 되돌릴 수 없는 어려운 길로 내가 떠밀어버린 것 같아 후회만 가득하게 되었다.

평신도의 영광을 교회에서 찾아서는 안 된다. 평신도의 영광은 교회에서 얻은 힘을 가지고 자신의 일터 속에서 얻어내야 한다. 교회 안에는 하나님의 영광만 가득하면 된다. 평신도들에게 있어 교회는 일터에서 주어진 일들을 제대로 감당하기 위해 필요한 성경적 원리를 배우고, 하나님과의 관계를 회복하고, 성령의 도우심으로 힘을 얻어 사회 속으로 돌진해 들어가는 디딤대가 되어야 한다. "여기가 좋사오니" 하며 머무는 피난처가 되어서는 안 된다. 피난처는 건물에 있는 것이 아니라 오로지 하나님께만 있다. 평신도들을 교회에 묶어두고, 감당할 수 없는 일들을 맡기고, 세상을 향해 나가는 것을 죄악시하는 분위기는 원리를 몰라도 한참 모르는 어리석은 일임을 알아야 한다. 이러한 관점을 기반으로 사도 바울의 말을 되새겨볼 필요가 있다.

"믿음 안에서 참 아들 된 디모데에게" (딤전 1:2).

나는 사도 바울의 이러한 표현을 볼 때마다 가슴이 뭉클해지면서 말로 표현할 수 없는 뜨거운 도전이 가슴속에서 용솟음치는 것을 느끼곤 한다. 다른 사람에 대해 말할 필요도 없다. 나 자신에 대한 부끄러움이 먼저 내 가슴을 치기 때문이다. 짧지 않은 지난 시간대에 진행된 사역

속에서 "믿음 안에서 참 아들 된, 참 딸 된 누구누구에게"라고 말할 수 있는 사람이 과연 얼마나 있을까? 사도 바울이 디모데를 향하여 가슴 깊은 곳에서부터 우러나오는 표현을 했던 것처럼 사랑스럽고, 충성되며, 신뢰할 수 있는 대상이 몇이나 될까? 믿음 안에서 출산하고, 양육하고, 사역자의 길에까지 참여시켜 함께 동역하며, 피차간에 위로하고, 격려하고, 협력할 수 있는 참 아들, 참 딸이 얼마나 될까? 귀중한 도전이 아닐 수 없다.

가만히 생각해 보면 스스로의 위안일지는 모르지만 없다고 할 수는 없다. 여전히 나를 아버지처럼 생각하고, 멘토로 생각하고 존중하며 따르는 자들이 분명 있기는 하다. 그럼에도 불구하고 엄밀하게 생각해 보면 나의 세 자녀인 리브가, 디모데, 다니엘에게조차 영적 아버지의 역할을 제대로 못하고 있다는 생각이 든다. 하물며 누구에게 담대하게 그렇게 말할 수 있겠는가? 물론 가끔 안부도 묻고, 생각날 때마다 기도하고, 계속해서 관심을 가지는 등 좋은 관계는 유지하고 있다. 하지만 때로는 자녀들이 존경하는 교사보다, 그들이 좋아하는 친구보다 못하다는 생각이 들곤 한다. 참으로 좋은 아버지가 된다는 것은 친자녀들에게조차 어려운 일이다. 하물며 나의 몸에서 나지 않고, 때로는 나와 문화도 다르고, 세계관도 다르고, 가치관도 다른 사람이랴! 그들을 복음으로 낳고, 복음으로 양육했다고 해서 영적 아버지의 위치를 지키는 것이 쉬울 리가 있겠는가? 사실은 스승에 만족하면서 괜스레 아버지인 척하는 노력을 하는 것은 아닌지 걱정이 되기도 한다.

나는 스승과 아버지의 가장 중요한 차이를 눈물로 이해한다. 첫째 자녀인 리브가가 어릴 때 몸에서 열이 나는데 이렇게 해도 열이 안 내리고, 저렇게 해도 열이 안 내려 아이를 찬물에 담그며 안쓰러워 급기야는 아이를 붙잡고 통곡을 하는 아내의 모습을 본 적이 있었다. 자녀를 위해 눈물을 흘리는 부모는 진정한 부모다. 매일같이 위하여 기도하면서 자녀의 부족한 부분과 나아길 길을 놓고 눈물을 흘리는 심정을 유지하는 자는 부모임에 틀림이 없다. 어느 누가 그렇게 할 수 있겠는가? 스승이 할 수 있을까? 물론 할 수도 있겠지만 모든 학생을 위해 계속해서 평생토록 눈물을 흘리기는 결코 쉽지 않을 것이다. 그러나 부모는 할 수 있다.

나는 이 글을 쓰면서 다시 한 번 가슴에 뜨거움을 느낀다. 그리고 또 다시 결심한다. 하나님이 나에게 맡겨주신 사역을 통해 태어나고, 양육을 받고 자란 나의 자녀들을 위해 다시 눈물을 흘리는 아버지가 되겠다는 다짐을 해본다. 많이 컸다고 방목하고 있는 지금도 나의 영적 자녀들은 나를 바라보며 나의 눈물 가득한 기도를 기대하고 있을 텐데, 지금 다시 시작해야 될 것 같다. 이 글을 읽는 독자들 역시 함께 다시 한 번 결심하며, 잊어버린 자녀들을 놓고 기도하고, 관계를 유지하기 바란다. 눈물을 흘리며 씨를 뿌릴 뿐만 아니라 눈물을 흘리며 태어난 자들을 위해 기도하는 부모의 심정을 갖자.

스승과 아버지의 또 다른 차이는 지속적인 관심과 더불어 나아갈 길을 구체적으로 인도한다는 데 있다. 디모데전서 1장 3절은 "내가 마게도냐로 갈 때에 너를 권하여 에베소에 머물라 한 것은"이라고 말씀한다. 여기에서 우리는 사도 바울이 믿음의 아들을 낳고, 양육하고, 어느 정도 성장시킨 뒤 선교와 전도 사역에 있어서 아주 귀한 부분인 에베소 교회의 목회를 믿고 맡기는 아름다운 모습을 볼 수 있다. 또한 디도서 1장 5절에서는 디모데에게와 마찬가지로 디도를 똑같이 동역의 길로 초청하며 인정해 주는 모습을 볼 수 있다.

"내가 너를 그레데에 남겨둔 이유는 남은 일을 정리하고 내가 명한 대로 각 성에 장로들을 세우게 하려 함이니"(딛 1:5).

바울은 영적 자녀들을 출산하고, 뜨거운 관심 속에서 양육한 뒤, 그들에 대한 하나님의 부르심을 이해하고, 인정하고, 그에 합당한 훈련을 시킴으로써 어느 정도 성장했을 때 동역하는 동반자로서 신뢰하고, 일을 맡겼다. 자녀에 대한 양육과 동시에 자녀를 제자로 삼아 제자훈련으로까지 연결시켜나가는 귀중한 법칙이 적용되었음을 볼 수 있다. 사역하는 자에게 있어서 믿음의 자녀를 낳는 것은 말할 것도 없이 중요하지만 양육과 아울러 함께 동역하는 순간까지를 목표로 삼아 계획적인 제자훈련을 제공하고, 성장한 자녀요 제자를 사역의 자리로까지 인도하는 모습이 참으로 본받을 만한 사역의 모범이 아닌가 생각된다.

물론 쉽지 않은 과정임에는 틀림이 없다. 그렇다고 포기할 수 있는 부분은 더욱 아니다. 내가 전도하고, 내가 양육하고, 내가 배출했으니 늘 내 밑에만 머물러 있어야 하다는 생각은 너무 세속적이다. 우리의 사역은 "그는 흥하여야 하겠고 나는 쇠하여야 하리라"(요 3:30)는 세례 요한의 사역 원리 위에 서야 한다. 하나님의 나라가 흥하는 것이 우리의 사역 목표인 이상 자녀들이 잘 훈련된 사역자의 위치를 감당할 수 있을 만큼 성장했을 때 그들이 일하며, 섬기며, 계속해서 자랄 수 있는 자리로 한 걸음씩 인도해 주는 것이 아버지가 할 일임을 명심해야 할 것이다.

수년 전 나의 딸 리브가가 미국 미시간 주에 소재한 칼빈 대학교에 입학할 때 신입생 오리엔테이션에 아내와 함께 참석을 한 적이 있었다. 그때 한 교수가 나와 부모들에게 이런 말을 했다. "저의 자녀들이 고등학교를 다니면서 한창 사춘기일 때였습니다. 제가 그들과 함께 씨름하며 어려워하는 모습을 본 친구가 말했습니다. 이 이상의 나이를 먹은 자녀들에 대해 우리가 부모로서 교육(양육)하는 것은 어려운 일이라고 말입니다. 하지만 저는 그때 힘들어하면서도 자녀를 양육했고, 그들이 대학에 들어간 후에도 양육했고, 대학을 졸업한 후 직장을 다닐 때도 양육했으며, 결혼을 하여 자녀를 낳고 기르는 지금도 자녀들을 양육하고 있습니다." 나는 이 말에 전적으로 동감했다. 내가 낳은 자녀들, 그들은 나이가 몇 살이고, 현재 상황이 어떠하든 나의 자녀들이다. 그러니 끝까지 아버지로서, 아버지의 역할을 감당하는 것이 당연하다.

사역자로 부르심을 받은 이들에게 당부하고 싶은 것은 우리에게 주어지는 모든 일들의 중심에는 사람이 있다는 것이다. 일을 이루기 위해 죽도록 노력하고 나서 사람을 잃는 일이 없기를 바란다. 하나님이 우리를 눈동자같이 늘 관심을 갖고 지켜보시는 이유는 우리가 예뻐서가 아니라 우리가 그분의 자녀이기 때문이다. 그분의 손으로 빚으시고, 만들어내신 존재이기에 못되게 굴어도, 말 안 듣고 이리저리 방황하며 속을 썩여도 여전히 우리를 품에 안으신다.

　우리 역시 자녀를 낳기 위해 몸부림치는 사역자가 되어야 할 것이다. 한 생명 한 생명을 탄생시키기 위해 할 수 있는 모든 노력을 경주해야 할 것이다. 동시에 태어난 생명을 자녀로 여기고, 그들이 젖을 먹고, 기저귀에 똥오줌을 싸고, 먹은 것을 토해내는 모든 상황을 부모의 마음으로 다 받아들이고, 품어주어야 할 것이다. 또한 그들이 유치원에 들어가고, 초등학교에 다니고, 중학교, 고등학교, 대학교에 들어가 교육을 받는 모든 과정을 깊은 관심을 갖고 지켜보며, 돌보며, 협력하면서 부모로서의 자리를 지켜야 할 것이다.

Chapter 9
MINISTRY MANUAL

- "하나님 아버지와 그리스도 예수 우리 주께로부터 은혜와 긍휼과 평강이 네게 있을지어다"(딤전 1:2).
- "은혜가 너희와 함께 있을지어다"(딤전 6:21).
- "주께서 네 심령에 함께 계시기를 바라노니 은혜가 너희와 함께 있을지어다"(딤후 4:22).
- "하나님 아버지와 그리스도 예수 우리 구주로부터 은혜와 평강이 네게 있을지어다"(딛 1:4).
- "은혜가 너희 무리에게 있을지어다"(딛 3:15).

축복을 재생산하는
사역자가 되라

사역자는 복을 나누어주고, 평강의 복을 기원해 주고, 하나님의 은혜와 사랑을 전달해 주는 삶을 유지하도록 힘써야 한다. 사역은 축복하는 일이다. 사역은 은혜를 나누는 일이다. 사역은 사랑을 나누는 일이다. 사역은 계속해서 쉬지 않고 복을 비는 일이다. 이를 위해 하나님이 우리를 대리인으로 세우셨다. 나에게 잘해 준다고 복을 빌어주고, 좀 못 해준다고 책망하고, 질책하고, 심지어 저주까지 하는 성질의 것이 아니다. 사역의 본질이 하늘 아버지께서 원하시는 일을 대행하는 것인 만큼 어떤 상황에서든 복을 빌고, 나누고, 베풀어야 한다.

    세대가 변하고, 각 방면에 있어서의 문화적 성향이 바뀌고, 사회적 가치관이 지속적으로 변화되어도 변하지 않는 한 가지는 하나님의 말씀이고, 그 가운데 주어진 원리들이다. 원리의 응용과 적용은 시간의 흐름 속에서, 변화되는 사회의 요구에 맞추어 조정될 수 있지만 원리 자체는 분위기에 따라, 조건에 따라, 요구에 따라 바뀌는 성질의 것이 아니다.
    하나님은 영이시기 때문에 눈에 보이지 않으신다. 따라서 그 보이지 않으시는 하나님을 대신하여 하나님의 뜻을 전달하고, 그 뜻을 이 땅 위에서 펴나가는 일을 진행하는 보이는 자들이 필요한 것이고, 그들을 우리는 사역자라고 부른다. 그러므로 사역자는 하나님의 대리인이나 마찬가지다.

무슨 사역에 종사하든 사역자는 하나님의 대리인이다. 따라서 사역자는 자신의 뜻에 따라 마음대로 말하고 행동할 수 있는 자유가 없다. 프로그램에 의해, 리모컨에 의해 움직이는 로봇이 아니기 때문에 분명한 자유의지가 보장되기는 하지만, 그럼에도 불구하고 신분을 넘어서는 행동을 마음대로 할 수 있는 방종까지 확보된 것은 아니다. 그 자리가 하나님의 말씀을 전하는 자리든, 하나님의 뜻을 생활로 옮기는 자리든 하나님의 대리인으로서 하나님의 속성에서 멀리 벗어나는 말이나 행위는 절제해야만 한다.

하나님을 대신하여 하나님으로부터 위임받은 일을 수행하는 대리인의 기능 중에 아주 중요한 것이 있는데, 그것은 바로 축복하는 기능이다.

"하나님 아버지와 그리스도 예수 우리 주께로부터 은혜와 긍휼과 평강이 네게 있을지어다" (딤전 1:2).

"은혜가 너희와 함께 있을지어다" (딤전 6:21).

"하나님 아버지와 그리스도 예수 우리 주께로부터 은혜와 긍휼과 평강이 네게 있을지어다" (딤후 1:2).

"주께서 네 심령에 함께 계시기를 바라노니 은혜가 너희와 함께 있을지어다" (딤후 4:22).

"하나님 아버지와 그리스도 예수 우리 구주로부터 은혜와 평강이 네게 있을지어다" (딛 1:4).

"은혜가 너희 무리에게 있을지어다" (딛 3:15).

모두 축복하는 내용이다. 축복(祝福)이라는 한자는 복(福)을 빈다(祝)는 의미를 갖고 있다. 하나님은 우리가 복을 누리며 살기를 원하신다. 영적으로든, 육적으로든 하나님과 분리된 관계를 회복함으로써 잃어버린 복을 찾아 누리며 살기를 원하신다. 이러한 이유 때문에 사역자들은 복을 빌어주며, 받은 은혜를 나누어주며 살아야만 하는 당위성을 갖고 있다.

하지만 냉정하게 오늘날의 사역자들을 바라보면 오히려 주객(主客)이 바뀐 느낌을 지울 수가 없다. 누가 누구를 향해 축복을 하고, 누가 누구를 향해 섬김에 대한 기대를 하는지 구별이 가지 않는다. 뿐만 아니다. 톡톡 튀어야 인기를 누리는 세상의 성향에 편승해 하나님의 말씀을 대언하는 자리에서조차 듣기에 거북한 말들로 인기에 영합하는 말쟁이들이 축복의 직분을 스스로 내려놓는 안타까운 모습이 시간이 갈수록 일반화되고 있다. 축복이라는 결과를 얻어내기 위한 과정도 축복을 필요로 한다. 죄의 길에서 돌이키는 일 역시 복을 비는 과정이기에 엄숙하고 진지하게 죄를 죄로 선포하고, 죄의 길에서 돌아설 것을 강조해야 한다. 하지만 가볍고 경박한 언어를 사용하면서 죄를 지적하고 죄에서 돌아설 것을 요청하는 그들의 모습이 문화와 성향과 세태의 흐름을 떠나 적절해 보이지 않는다.

단지 점잖음만을 의미하는 것이라고 오해하지 말기를 바란다. 여기에서 말하고자 하는 것은 축복의 마음이다. 축복하고자 하는 진지한 마음을 가진 사역자의 겉모습은 속모습을 대변할 수밖에 없다. 내면의 진지함은 겉으로도 나타나야 한다. 비록 그것이 희극적 화법으로 표현될지라도 내면의 진지함이 묻어나야 한다. 그것이 질책의 화법으로 표현될지라도 내면의 축복하는 마음이 쏟아져나와야 한다. 그것이 분노의 표현으로 나타날지라도 전달자의 축복하는 마음을 숨길 수 없어야 한다.

문제는 자신을 들추어내기 위해 교만한 모습으로 무례하게 구는 데 있다. 축복을 전하는 통로는 자신을 드러내기 위해 그렇게 행동해서는 안 된다. 그러면 둘 중 하나는 잘못된 것으로 지적될 수밖에 없다. 그것이 축복의 내용이 될 수도 있고, 아니면 통로가 될 수도 있다. 사역자 자신에게서 축복이 나오는 것이 아니다. 사역자는 단순히 축복을 전달해 주는 통로일 뿐이다. 이 사실을 인정한다면 어떤 사역자든 스스로 축복을 생산해내는 것처럼 위세를 떨면서 전달할 수 없을 것이다.

사역자들은 하나님이 주고자 하시는 복을 전달하고 나누는 일을 위해 부르심을 받은 자들이다. 죄를 지적하고 책망하는 것도, 회개하도록 돕는 일도, 하나님 앞에 올바로 서도록 인도해 주는 것도, 말씀을 따라 살 수 있도록 도와주는 일도 모두 축복하는 일들이다. 행정 부서에서 일을 하는 경우 행정적인 섬김을 통해 직접적인 일을 하는 사역자들이 마음껏 축복하도록 간접적으로 도울 수 있다. 그래서 행정 사역 역시 동일한 마음으로 참여해야 한다. 비단 행정만이 아니다. 원활하게 사역이 돌아가는 톱니바퀴의 어느 한 조각 사역이라도 예외 없이, 동일하게 축복하는 마음으로 참여해야만 한다.

사역은 사랑을 나누는 일이다. 사역은 계속해서 쉬지 않고 복을 비는 일이다. 이를 위해 하나님이 우리를 대리인으로 세우셨다. 나에게 잘해 준다고 복을 빌어주고, 좀 못 해준다고 책망하고, 질책하고, 심지어 저주까지 하는 성질의 것이 아니다. 사역의 본질이 하늘 아버지께서 원하시는 일을 대행하는 것인 만큼 어떤 상황에서든 복을 빌고, 나누고, 베풀어야 한다.

예수님은 제자들을 세상 속으로 파송하시면서 어느 곳에 가든지 먼저 복을 빌라고 요청하셨다. 그들이 복을 받을 만하면 그 빈 복이 그들에게 임할 것이고, 복을 받을 만하지 못하면 복을 빈 자들에게 임할 것이라고 말씀하셨다. 파송의 목적은 만나는 모든 자들에게 복을 나누기 위함이었다. 죄에 대하여 듣고, 죄를 회개하고, 주님 품 안으로 돌아오는 복을 나누기 위함이었고, 어둠의 세력에 짓눌린 자들에게 광명의 복을 전해주기 위함이었다.

그런데 이러한 축복의 생활이 결코 쉬운 것이 아니라는 데 사역자들의 어려움이 있다. 같은 성정을 가진 사람들에게 계속해서 복을 빌고, 사랑하고, 은혜를 베푸는 것이 어찌 쉽겠는가? 이론상으로야 얼마든지 가능하겠지만 실제로 행하는 것은 참으로 어려운 일이다. 일방적인 사랑을 지속해도 견딜 만한 것은 오직 자식 사랑뿐이다. 피곤한 한밤중에도 갓난아기의 울음소리를 견뎌낼 수 있는 것은 부모가 아니고는 어려운 일이다. 똥 기저귀를 갈아주면서도 전혀 역겹지 않은 것은 바로 아이의 어머니이고 아버지이기 때문이다.

얼마 전 식사 중에 함께한 동역자의 아기가 설사를 했는데 태연한 척 하느라 많이 힘들었던 기억이 난다. 갓난아기있는데도 밥맛이 떨어질 정도였다. 참 미안한 말이지만 그래도 어찌하겠는가! 그런데 아기의 부모는 아무렇지도 않게 옷에 묻은 지저분한 흔적들을 처리했다. 그 순간

'나도 자녀들이 어렸을 때는 저랬는데' 하는 생각이 들었다.

내리사랑이라는 말이 있다. 내리사랑은 자녀들이 나이가 들어도 여전하다. 말을 잘 듣든 안 듣든, 사랑스럽게 굴든 밉게 굴든, 일을 잘하든 못하든 내리사랑에는 조건이 없고 끝이 없다. 그냥 아버지이고 어머니이기 때문에 끝까지 견디면서 무조건적으로 사랑하고, 용납해 주는 것이다.

그런데 육적 부모 자식의 관계를 벗어난 다른 모든 관계에서 이처럼 끝없이 내리사랑을 한다는 것은 쉬운 일이 아니다. 그럼에도 불구하고 사역자들이 유지해야 하는 것은 축복하는 일이다. 때로는 일방적인 사랑의 관계로 인해 아주 기진맥진하여 허덕일 때도 있다. 일방적으로 계속해서 관심을 주어야 하는 때도 있고, 물질적 소요를 일방적으로 채워 주는 관계를 계속해서 유지해야 할 때도 있으며, 일방적으로 들어주기만 해야 하는 상황도 있을 수 있다.

나 역시 이러한 경험을 해봤다. 언젠가 의료 행위가 꼭 필요한 사람들에게 거의 1년이 넘도록 계속적으로 가서 약을 공급해 주고, 진료를 제공해 주었던 때가 있었다. 40여 분을 차를 몰고 가서 아픈 사람들을 치료해 주고, 약을 개인 돈으로 사서 제공하고, 피 검사나 엑스레이 촬영이 필요할 때는 병원까지 데리고 가서 개인 경비로 검진을 시키는 등 무조건적인 도움을 일방적으로 제공해 주었다. 물론 그들의 형편을 볼 때 충분히 이해되는 상황이었지만 1년 정도를 그렇게 지내다 보니 나도 모르게 지쳐버린 내 모습을 보게 되었다. 그때 누군가가 나에게 약이라도 공급해 주고, 오고 가는 휘발유 값이라도 대주었더라면 어쩌면 계속해서 그 일을 할 수도 있었을 것 같다. 시간이 어느 정도 흐른 뒤 가만히 되돌아보니 괜스레 후회가 되었다. 그래도 그냥 계속해서 도와주면서 복을 빌어줄 것을, 그들이 피부로 그리스도의 향기와 사랑을 느끼도록 좀 더 노력할 것을 후회했다. 어쨌든 이와 같이 일방적으로 남을 계속해서 돕는 일을 할 경우에는 아무리 선한 일이라도 쉽게 지칠 수가 있다.

말을 지독히도 듣지 않는 동역자를 보면서 마음으로 참 미워했던 때가 있었다. 이러한 상황에서도 복을 빌어줄 수 있을까? 비단 동역자 중에만 있는 게 아니다. 무조건 사랑하고 이끌어주어야 하는 일반 교인 중에는 얼마나 많은가? 집안 식구들 중에는 없는가? 그런데 주님은 "내가 너희를 사랑한 것같이 너희도 서로 사랑하라"(요 13:34)고 요청하신다. 그러니 우리가 할 일은 한 가지밖에 없다. 복을 빌어주는 것이다. 그러기 위해서 다음의 몇 가지를 기억하면 좋을 것 같다.

어떠한 상황에서도 가슴에 박히는 말을 하지 말라

사역자는 어떠한 상황에서도 상대방의 가슴에 박히는 말을 해서는 안 된다. 이는 도저히 축복할 수 없는 상황에서, 아니 오히려 저주를 퍼붓고 싶은 상황에 처했을 때 마지막 기회로 관계 속의 여분을 남겨놓아야 한다는 뜻이다.

우리는 모두가 연약한 인생들이기 때문에 늘 상대적인 결정을 하게끔 되어 있다. 즉 "내가 아프니까 너도 아파야 하고, 네가 나의 가슴을 찢어

놓았으니 너도 한번 경험해 봐야 한다"는 결정을 내리게끔 되어 있다. 그래서 최대한 상대방에게 상처를 주는 단어를 골라서 못을 박으려는 성향을 모두 갖고 있다.

그러나 상대방이 들으면 매우 고통스러울 만한 약점을 공격하는 말을 한번 내뱉으면 그다음에는 자신의 감정이 추슬러진 후에라도 다시 주워 담을 수 없게 된다. 축복할 수 있는 여분을 조금도 남겨놓지 않게 된다는 말이다. 상대방이 아내든, 남편이든, 자식이든, 교인이든, 동료든, 친구든 누가 되었든지 간에 못을 박는 말을 해놓으면 그다음에는 축복할 수 있는 기회를 영영 잃어버리게 되어 있다. 그러니 차라리 입을 닫고 속히 그 자리를 벗어나 함께 마주하여 최대한의 상처를 입히는 일을 피해야만 한다. 언젠가 하나님이 나를 통하여 그를 축복하고자 하실 때 나의 급한 성격으로 기회조차 갖지 못하는 아쉬움은 없어야 하기 때문이다.

나를 화나게 하고 힘들게 했던 일을 계속해서 입에 담지 말라

인간은 누구나 죄성을 가지고 있다. 이 죄된 성질은 늘 우리로 하여금 선한 일을 하지 못하도록 막고, 악한 일로 방향을 튼다. 그중에 하나가 좋지 못한 일에 대해 계속해서 곱씹게 만드는 것이다. 화가 났던 일은 이미 지나갔고, 감정도 어느 정도 안정되었는데 누군가와 앉아 대화를 하다 보면 그 사람에 대해 되씹으며 비평하게 된다. 이것은 죄성이 가져다주는 아주 악랄한 것 중의 하나다. 이미 지나간 일임에도 불구하고 자꾸 입술에 그 사람의 이름과 그가 행했던 좋지 못한 일들을 담게 만든다. 그리고 계속해서 주절거리며 그 사람을 비판하게 만든다.

그런데 문제는 그러한 말들이 항상 누군가의 귀에 머물러 있는 것이 아니라 다른 사람의 귀로 전달된다는 것이다. 그리고 결국에는 그 사람의 귀에 많은 내용이 왜곡되고 부풀려져 들어가게 된다. 이러한 결과 역시 축복할 수 있는 길을 막아버린다. 여기에 대한 한 가지 방법은 그 사람의 이름이나, 발생했던 사건을 입에 담지 않는 것이다.

나는 사역하는 동안 여러 명의 어려운 사람들을 만났는데, 지금도 생각하면 용서하기 어려운 사람 몇몇이 기억에 남아 있다. 이전에는 기회가 주어지면 침을 튀기면서 다른 사람들과 힘을 모아 그들에 대해 비평을 가하곤 했는데, 어느 날 한 강의를 들으면서 더 이상 입에 담지 말아야겠다는 결심을 하게 되었다.

참으로 감사한 일은 그 결심 이후 일부러라도 마음이 상했던 내용을 떠올리지 않고 그 사람의 이름을 입에 담지 않았는데, 그러다 보니 어느 날 그 사람과 마주쳤을 때 참 마음으로 웃으며 악수하고 있는 내 모습을 볼 수 있었던 것이다.

다른 사람을 축복하기 위해서는 증오의 마음을 정리해야 한다. 이를 위해서는 진리와 관계된 문제를 제외한 관계 속에서의 문제들은 언급을 피하고, 비평하는 자리에 동석하지 않아야 한다. 그러나 보면 언젠가 그 사람을 축복하는 자리에 설 수 있게 된다.

잘 헤어지는 법을 배워라

나는 사역을 하면서 여러 동역자들과, 또는 성도들과 헤어짐을 경험해 보았다. 회자정리(會者定離)라는 말이 있듯이 사람들 간의 만남과 헤어짐은 늘 발생하는 인생지사(人生之事)다. 그래서 크게 이상할 것이 없다.

헤어짐의 모습은 다양하다. 어떤 때는 좋게 헤어지고, 어떤 때는 얼굴을 붉히면서 헤어진다. 때로는 원해서 헤어지고, 어떤 경우에는 정말 헤어지고 싶지 않은데 부득불 헤어져야만 하는 상황에 처한다. 만남의 대부분이 계획에 근거하지 않고 이루어지듯, 헤어짐 역시 갑작스럽게 다가오는 경우가 많다. (여기에서는 병이나 사고로 인하여 갑작스럽게 영원히 헤어지게 되는 경우는 배제하고자 한다.) 사역자로서 살다 보면 하나님의 인도하심 가운데 사역지를 옮기면서 서로 간에 헤어지는 경우가 많고, 뜻이 맞지 않아 갈라서는 경우 역시 적지 않다. 어쨌든 사역을 진행하는 가운데 우리는 여러 종류의 사람들과 만났다 헤어짐을 경험한다.

어떤 이유에서건 헤어지는 상황에 처할 때 반드시 유의해야 할 점은 잘 헤어져야 한다는 것이다. 왜냐하면 우리 인생들에게는 헤어짐의 법칙만이 존재하는 것이 아니라 언젠가는 다시 만나게 되는 재회의 경우 역시 허다하기 때문이다. 그렇다면 어떻게 하는 것이 잘 헤어지는 것일까?

바로 앞서 언급한 내용이지만 다시 한 번 강조하고자 하는 것은 가슴에 박히는 말을 사용하면서 헤어지지 말아야 한다는 것이다. 화를 벌컥 내더라도 결코 잊을 수 없는 말로 가슴에 못을 박는 일만은 피해야 한다. '배은망덕', '무용지물' 등의 단어를 사용하면 이후에 축복할 수 있는 기회를 아주 놓치게 될 것이다. 아무리 어려운 상황에서 헤어지더라도 영원히 기억될 만큼 아픈 단어를 사용하여 머리와 가슴에 조각을 남기지 말아야 한다.

또 한 가지 중요한 원리 중 하나는 헤어지는 이유가 다 있겠지만, 언제나 다음을 기약하는 여분을 남기며 헤어져야 한다는 것이다. 여러 가지 복잡한 이유로 인해 헤어지게 될 때 절대 잊어서는 안 되는 것은 이후에 꼭 만나게 될 것을 명심해야 한다는 것이다. 그것이 사역자가 모 장소에서 제자훈련을 인도하는 경우가 될 수도 있고, 때로 어느 교회에서 설교할 때가 될 수도 있다. 어쨌든 전혀 예상치 못한 곳과 상황에서 그 사람과 다시 만날 수 있음을 상기하면서 헤어져야 한다.

사역자들은 헤어지는 것도 잘 헤어져야 한다. 칼로 끊어내듯이 헤어질지라도 그것이 영원한 이별을 보장하지 않기 때문이다. 따라서 다음을 기약하는 표현으로 "연락처를 꼭 남겨주십시오", "나중에 꼭 연락하겠습니다" 등의 여분을 남기면서 헤어지는 것이 좋다. 그리고 실제로 생일이나 성탄절 등 특별한 날에 연락하여 대화를 나누는 관계를 유지할 수 있다면 더할 나위 없이 좋다.

나 역시 사역하는 기간 중에 여러 이유로 헤어짐을 경험했다. 하지만 내가 고수하는 한 가지 원칙은 할 수 있는 한 다음의 만남을 간헐적으로 유지하며, 도움이 필요한 사람에게는 도움을 주고, 연결해 줄 사람이 있는 경우에는 연결해 주면서 계속 관계를 유지하는 것이다. 즉 헤어짐을 원수의 관계로 설정하지 않는다는 방침이다.

나와 함께 동역하면서 늘 기회만 주어지면 다른 동역자들을 비평하고 공격하던 사역자가 있었다. 그의 말이 틀린 것은 아니었지만 나는 그에게 여러 차례에 걸쳐 그러지 말 것을 경고했다. 그러던 어느 날, 그가 장서의 편지를 써서 주위의 동역자들을 공격하고 비평한 일이 발생했다. 또한 자신의 직분을 넘어서서 우리 사역 단체가 고쳐야 할 점을 상세하게 지적하며 공격했다. 나는 그 편지를 받아들고 한참 망설이고, 고민하고, 기도했다. 심지어는 꿈까지 꾸면서 갈등했다. 다른 것은 몰라도 이미 여러 차례에 걸쳐 경고했던 내용, 즉 동역자들에 대한 공격과 비평만큼은 용납하기가 어려웠다. 전체의 유익을 위해 나는 그에게 답장을 쓰면서 우리 단체에서 나가줄 것을 통지했고, 단체 내의 모든 동역자들에게 이러한 결정을 알렸다.

그런데 지금까지 그는 나에게 편지를 보내고, 자신의 사역을 의논하고, 자신의 지인을 소개하는 등 우호적인 관계를 유지하고 있다. 어떻게 가능했을까? 나의 결정에 의해 단체에서 추방당하고, 전 동역자들에게 편지를 통하여 그 이유가 통지된 상황이었는데 말이다. 먼저 나는 큰 모임이 있을 때 계속 그를 초청해서 그가 도움을 받을 수 있는 기회를 제공했다. 또한 행사가 있을 때 알려주어 참석 여부를 선택할 수 있는 기회를 주었다. 그리고 그가 가끔 연락할 때 밝은 목소리로 정성껏 대화에 응해 주었다.

물론 쉬운 일은 아니었다. 왜냐하면 안 좋게 헤어지는 상황에서 잘못 생각하면 위선자처럼 비칠 수 있었기 때문이다. 그래서 이러한 일은 상당한 영적, 인격적 내공을 요구한다. 그러나 우리가 노력하는 것들이 대부분 스스로는 할 수 없는 일들이기에 위선자라는 생각까지 하면서 자기 자신을 힘들게 가둘 필요는 없다고 생각한다. 내가 사랑하지 못한다고 사랑에 대한 진리를 말할 수 없는 것은 아니듯이, 싫어도 싫은 표현을 하지 않으면서 여분을 남기고 헤어지는 법을 훈련해야 할 것이다.

기회가 주어지는 대로 축복하라

차를 몰고 가다가 운전을 제대로 못하는 사람을 보면 눈을 마주치고는 중얼거리며 욕하지 말고 축복의 기회로 삼아라. 물론 반복적으로 노력함으로써만 가능한 일이다. 길거리를 가다 이상한 옷을 입고, 이상한 모양으로 걷는 젊은이들을 보면 비판하는 대신 축복하라. '이때가 축복의 기회다'라고 생각하고 축복하라. 불쾌한 택시 운전사를 만나도, 불친절한 식당 주인을 경험해도 축복하라. 불편한 일을 겪고 나서도 계속해서 기회가 주어지는 대로 축복하는 연습을 해야 하고, 실제로 축복해야 한다.

나는 미국 서부 지역에 위치한 LA 시 경찰국의 신분 확인 부서에서 근무했던 적이 있었다. 저녁 시간에 근무하던 건물에서 한 발자국만 나가면 노숙자들이 종이 상자들 속에 들어가 잠을 자는 모습을 쉽게 볼 수 있었다. 나의 처음 반응은 어떠했을까? 아니 대부분의 사람들의 반응은 어떠할까? 측은지심은 차후의 일이고, 제일 먼저 보이는 반응은 인상을 쓰면서 "불쌍한 사람들!"이라고 중얼거리는 것일 것이나. 오죽하면 노숙을 택했을까? 사회 보장 제도가 이렇게 잘된 나라에서 정부에서 주는 보조비를 받을 주소만 있어도 그런 모습을 피할 수 있을 텐데 말이다.

길을 지나칠 때마다 이러한 판단과 비평을 피할 길이 없었다.

그런데 어느 날 갑자기 나의 마음에 확 와 닿는 것이 있었다. 그것은 다름 아닌 자비와 은혜와 축복의 마음이었다. '네가 그들을 축복하는 마음이 없이 나의 어떤 일을 논할 수 있겠는가?' 하는 질문이었다. 마음 속에서 강력하게 물어오는 이 질문 앞에 나는 갑자기 멈추어 섰다. 맞는 말이었다. '어둠에 눌려 사는 모든 사람들의 모습이 내면적으로는 다 이러할진대 내가 외적인 모습만을 갖고 판단하고 있었구나' 하는 생각이 나의 어리석음을 질타했다.

그렇게 마음을 먹고 그들을 바라보니 한결같이 사연이 있어 보이고, 안쓰러워 보였다. 그래서 축복하기 시작했다. "하나님! 그들에게도 다 사연이 있을 텐데, 그들의 외모를 보지 않고 영혼을 바라볼 수 있게 도와주옵소서. 그들을 축복하시어 속히 원래의 위치로 돌아가게 하옵소서!"

어쨌든 내가 이해하기 어렵고, 바라보기 힘든 사람을 만나더라도 우리가 습관적으로 해야 할 일은 축복하는 것이다. 다시 말해서 축복을 생활화해야 한다. 매일 축복하는 자들의 얼굴과 매일 불평과 불만을 일삼는 자들의 얼굴을 상상해서 비교해 보자. 그중에 우리가 택해야 할 얼굴은 무엇인가?

사역자들은 축복을 위해 선택받은 자들이다. 동물도, 식물도 축복을 해주면 잘 자라고 건강해진다고 한다. 하물며 하나님의 형상을 따라 지으심을 받은 사람들이랴! 모든 상황 가운데에서 축복하는 자로 다시 한 번 일어서자! 힘들어도 노력하자. "주여, 그들을 축복하여 주옵소서! 주여, 그들에게 축복받을 수 있는 기회를 주옵소서!" 계속해서 축복의 사역을 누리는 사역자들이 되기를 바란다.

Chapter 10
MINISTRY MANUAL

- "미쁘다 이 말이여 모든 사람들이 받을 만하도다 이를 위하여
  우리가 수고하고 힘쓰는 것은 우리 소망을 살아 계신 하나님께 둠이니
  곧 모든 사람 특히 믿는 자들의 구주시라"(딤전 4:9-10).

- "하나님은 복되시고 유일하신 주권자이시며 만왕의 왕이시며 만주의 주시요
  오직 그에게만 죽지 아니함이 있고 가까이 가지 못할 빛에 거하시고
  어떤 사람도 보지 못하였고 또 볼 수 없는 이시니
  그에게 존귀와 영원한 권능을 돌릴지어다 아멘"(딤전 6:15-16).

- "하나님의 뜻으로 말미암아"(딤후 1:1).

- "하나님이 우리를 구원하사 거룩하신 소명으로 부르심은
  우리의 행위대로 하심이 아니요 오직 자기의 뜻과 영원 전부터 그리스도 예수 안에서
  우리에게 주신 은혜대로 하심이라"(딤후 1:9).

- "주께서 내 곁에 서서 나에게 힘을 주심은 나로 말미암아 선포된 말씀이
  온전히 전파되어 모든 이방인이 듣게 하려 하심이니 내가 사자의 입에서
  건짐을 받았느니라 주께서 나를 모든 악한 일에서 건져내시고"(딤후 4:17-18).

사역 원리
MINISTRY MANUAL
8

하나님을 의지하는
사역자가 되라

자기 최면에 걸려든 사역자는 이미 싱싱함을 상실한 썩은 고기와도 같다. 아니 썩은 고기 자체다. 자신에게서 썩은 냄새가 풍겨나고 있는데 주위 사람들을 향하여 손가락질하면서 이상한 냄새가 난다며 썩은 냄새를 없애라고 외쳐댄다. 자신은 매사를 인간 중심으로 생각하고, 판단하고, 처리하면서도 다른 사람들을 향해서는 하나님 중심으로 살라고 의미 없이 목청을 높인다. 경건의 모양은 갖추었지만 경건의 능력이라고는 찾아볼 수 없는 단계다. 경건을 이익의 수단으로 손쉽게 이용하면서도 아무렇지도 않게 느낀다. 자신을 따르는 양 떼를 하나님이 위탁하신 자들로 보기보다는 자신의 존재를 위한 수단 정도로 여기며, 양들의 젖을 짜서 먹기에 바쁘다.

교회에서 목사로 섬길 때의 일이다. 주일예배를 드리기 전, 우연히 교회 주차장에 최고급 벤츠가 들어서는 모습을 보았다. 차에서 내리는 젊은 신도를 대하면서 마음속에 괜스레 든든한 느낌이 들었다. 잠시 안내를 하면서도, 그리고 예배 후에 새 신자들과 함께 시간을 가지면서도 계속해서 그에게 관심의 눈길이 갔다. 그 순간 내 속에 있는 속물이 들여다보이면서 부끄러운 마음이 들었다. 하나님만을 의지하며 섬기겠다고 그렇게도 다짐을 했건만 하나님은 보이지 않고 눈에 들어오는 것은 사람들뿐이었으니 말이다. 사람들의 돈이 보이고, 사람들의 권력이 보이고, 사람들의 말이 육체의 귀에 들리니 보이지 않으시는 하나님만을 믿고, 의지하며, 사역에 임한다는 것이 결코 쉽지는 않은 듯하다. 그럼에도 불구하고 사도 바울은 다음과 같이 외쳤다.

"미쁘다 이 말이여 모든 사람들이 받을 만하도다 이를 위하여 우리가 수고하고 힘쓰는 것은 우리 소망을 살아 계신 하나님께 둠이니 곧 모든 사람 특히 믿는 자들의 구주시라" (딤전 4:9-10).

"하나님은 복되시고 유일하신 주권자이시며 만왕의 왕이시며 만주의 주시요 오직 그에게만 죽지 아니함이 있고 가까이 가지 못할 빛에 거하시고 어떤 사람도 보지 못하였고 또 볼 수 없는 이시니 그에게 존귀와 영원한 권능을 돌릴지어다 아멘" (딤전 6:15-16).

모든 사역자들이 동일하게 외쳐야 할 내용은 바로 우리의 소망을 전적으로 하나님께 두고, 그분만을 바라보고, 그분만을 의지하면서 사역에 임해야 한다는 것이다. 하지만 이 역시 쉬운 일은 아니다. 우리에게는 육체의 눈과 육체의 귀와 머리에 박힌 사고 구조가 엄연하게 존재하고 있기 때문이다. 따라서 보이는 것에 의존하고, 들리는 것을 중히 여기며, 세상에서 형성된 사고 구조에 근거하여 반응할 수밖에 없다.

이러한 현실을 먼저 냉정하게 인정할 필요가 있다. 비록 하나님의 분명한 부르심에 순종하여 사역의 길로 들어선 사역자들이라 할지라도 어려서부터 인본 중심적인 교육을 받아왔기에 어쩔 수 없이 인본 중심적인 사고의 틀에서 벗어날 수가 없다. 그리스도를 섬기는 가정에서 태어나 어려서부터 교회에서 자란 사람이라 할지라도 학교 교육을 중요시하는 문화에서 성장하다 보니 학교 교육의 영향을 많이 받을 수밖에 없다.

아무리 어려서부터 집에서 예배를 드리고 교회에서 교육을 받아도 유치원 때부터 받게 되는 교육은 철저히 인본 중심적인 내용들이다. 철저한 상대성 이론에 근거한 교육이 어린아이들의 사고를 개조해 놓는다. 그렇게 초등학교, 중학교, 고등학교를 거쳐 대학교까지 나오면 이미 기본적 사고의 틀은 인본 중심적으로 세뇌가 완료된다.

비단 학교 교육만이 아니다. 현대를 사는 우리에게 빼놓을 수 없는 것은 대중매체의 영향력이다. 내가 자랄 때만 해도 비디오도, 인터넷도 없었지만 지금은 아날로그 시대를 넘어 디지털의 영향 가운데 모두가 살고 있다. 어릴 때는 디즈니 만화영화를 통해 무분별할 정도로 많은 것들이 사고의 뿌리에 주입되며, 크면서는 할리우드의 영향권 안에서 사고가 형성된다. 인터넷에 접속하기만 하면 거의 모든 것과 만날 수 있는 시대에 우리는 살고 있다. 그래서 우리의 머릿속은 참으로 잡다한 것들로 가득하다. 아무리 어려서부터 교회를 다녔어도 그것들로부터 벗어나기가 너무 어려운 시대에 우리가, 그리고 우리의 자녀들이 살고 있다.

남의 자녀에 대해 말할 것도 없다. 바로 나의 세 자녀들 역시 어렸을 때 디즈니에서 제작된 만화영화들을 보면서 자랐다. 물론 무조건 다 나쁘다는 것은 아니다. 아무리 보기에 좋고, 멋있고, 상상력을 불러일으키는 내용을 가진 작품들이라 할지라도 하나님 없이도 지극히 아름다운 세상이라고 소개하고 있는 내용이 태반임을 말하고자 함이다. 그리고 자녀들이 초등학교를 다니면서부터는 간헐적으로 폭력적인 것과 자유로운 성적 표현에 노출되었다. 지금 대학을 다니고 있는 나의 자녀들은 새로운 영화만 나오면 누구에게 질세라 속히 가서 영화를 감상하는 것을 아예 자연스러운 행사로 여긴다. 여전히 주일이 되면 교회에 가서 예배를 드리고, 행사가 있으면 참여하여 봉사하는 수준의 신앙생활을 유지하고 있지만 이렇게 자란 우리 자녀들의 마음속에 주님이 차지하는 비율이 얼마나 될지에 대해서는 감히 장담할 수가 없다. 영으로는 하나님께 속한 자들이나 육체가 이 세상에 있는 한 세상이 갖고 있는 많은 영향력으로부터 온전하게 자유를 누릴 수 있는 사람은 하나도 없다.

이러한 상태에서 어느 날 진지하게 주님을 개인의 구주로 영접하면서 하나님의 자녀라는 위대한 신분을 얻게 된다. 하지만 새로운 신분을 얻었다고 해서 모든 것이 바뀌는 것은 아니다. 물론 하나님과의 첫사랑에 빠져 있을 때는 모든 것이 새로워진 것처럼 느껴진다. 실제로 옛사람에서 새로운 피조물로 바뀌는 것은 분명한 사실이다.

"그런즉 누구든지 그리스도 안에 있으면 새로운 피조물이라 이전 것은 지나갔으니 보라 새 것이 되었도다" (고후 5:17).

사탄에게 속했던 우리의 영혼은 예수 그리스도를 구주로 영접하는 순간 흑암에서 광명으로, 지옥에서 천국으로 옮겨진다. 이는 변할 수 없는 사실이다.

하나님은 한번 하나님의 자녀가 된 사람이 하늘 아버지의 말씀을 좀 안 들었다고 해서 천국에서 지옥으로 떨어뜨리고, 순종하고 말씀을 잘 들으면 다시 천국으로 올라가 아버지의 자녀가 되는 헷갈리는 방식으로 자녀를 돌보지 않으신다. 따라서 한번 하나님의 자녀가 되면 그 신분의 변화는 어떠한 상황에서도 이루어지지 않는다. 물론 착한 자녀, 그저 그런 자녀, 말 안 듣는 자녀 등 구별은 있을 수 있겠지만 자녀라는 신분에 대한 근본적 변화는 주어지지 않는다.

신학을 논하는 자리가 아니기 때문에 더 이상의 언급은 하지 않겠다. 단지 말하고자 하는 요점은 우리가 하나님의 자녀로 거듭났기 때문에 어떠한 상황에서도 그 신분의 변화는 주어질 수 없지만, 우리의 육체가 이 땅에 머무는 동안에는 부득불 세상의 많은 것들로부터 온전하게 자유로울 수 없음을 인정해야 한다는 것이다. 그렇다고 해서 하나님이 우리의 처지와 입장을 무조건적으로 이해해 주시는 것은 아니다. 우리를 죄악에서 건져내신 하나님은 하나님의 자녀 신분을 획득한 우리에게 제일 먼저 인본 중심의 삶에서 신본 중심의 삶으로 전향할 것을 요청하신다.

"너희는 먼저 그의 나라와 그의 의를 구하라 그리하면 이 모든 것을 너희에게 더하시리라" (마 6:33).

이와 같은 가치관에 대한 수정 요청이 성경 말씀을 펴서 읽기만 하면 봇물처럼 쏟아져나온다. 그때마다 '그래야지!' 하고 결심을 하지만 어떻게 하는 것이 먼저 아버지의 나라와 의를 구하는 것인지 명확하게 개념이 서지 않아 막막하게 느껴질 때가 한두 번이 아니다.

그럼에도 불구하고 주님을 인격적으로 만난 시간이 흐르다 보면 성령의 조명 사역을 통하여 조금씩 하나님의 요청에 대한 감을 잡게 되고,

뜻을 이해하게 된다. 그렇게 조금씩 인본 중심에서 신본 중심으로 바뀌어간다. 그런데 그 과정 중에 계속해서 도전해 오는 것이 있는데, 곧 오랜 기간 동안 세뇌된 인본 중심의 사고방식이다. 생존을 위해 사회생활을 하고, 인간으로서 기본적인 삶을 영위하기 위해 이미 기틀로 잡혀 있는 인본 중심의 사고 구조가 하나님의 말씀을 대하고 기도를 할 때마다 도전을 받고, 틀렸다는 지적을 받게 되니 한동안은 혼란을 피할 길이 없다. 그러나 계속해서 내재하시는 성령의 사역을 통하여 서서히 개조되고, 그 과정에서 장래의 문제를 하나님과 상의하고, 또 그 과정에서 분명한 하나님의 부르심을 받아 사역의 길로 들어선 이들이 바로 사역자들이다.

이와 같이 혼란의 과정을 거쳐 나름대로는 어느 정도 신본 중심적인 사고를 유지하는 사람으로서 하나님의 부르심을 받은 사역자가 되었다. 그럼에도 불구하고 인본적인 사고의 틀에서 완전하게 자유함을 획득한 것은 아니다. 외적 신분은 하나님의 부르심을 받은 사역자를 유지하지만, 내적 상태는 하나님과의 관계에 따라 늘 달라질 수 있는 변수를 갖고 있다. 때로는 성령이 충만한 상태에서 성령의 인도하심을 받는 신본 위주의 사고와 판단을 하고, 때로는 외적 신분과 전혀 어울리지 않는 육적 판단에 근거하여 영적인 일을 계획하고 처리하는 안타까운 상황에 놓인다. 이러한 양면성은 사도 바울의 고뇌에 찬 고백에서도 찾아볼 수 있다.

"내 속 곧 내 육신에 선한 것이 거하지 아니하는 줄을 아노니 원함은 내게 있으나 선을 행하는 것은 없노라 내가 원하는 바 선은 행하지 아니하고 도리어 원하지 아니하는 바 악을 행하는도다…그러므로 내가 한 법을 깨달았노니 곧 선을 행하기 원하는 나에게 악이 함께 있는 것이로다…내 지체 속에서 한 다른 법이 내 마음의 법과 싸워 내 지체 속에 있는 죄의 법으로 나를 사로잡는 것을 보는도다 오호라 나는 곤고한 사람이로다 이 사망의 몸에서 누가 나를 건져내랴"(롬 7:18-24).

물론 바울은 앞서 로마서 8장 1-2절에서 "그러므로 이제 그리스도 예수 안에 있는 자에게는 결코 정죄함이 없나니 이는 그리스도 예수 안에 있는 생명의 성령의 법이 죄와 사망의 법에서 너를 해방하였음이라"고 선포함으로 자신의 문제를 확실하게 해결했음을 알렸고, 동시에 우리에게도 그러한 소망을 제시했다. 그럼에도 불구하고 오늘을 사는 사역자들에게 있어 이러한 양면성으로 인한 고통은 여전히 남아 있는 것이 현실이다.

한창 젊은 때였던 것으로 기억한다. 대학 1학년 때 주님을 구주로 영접하고 "예수에 미친 자"라는 말을 들을 정도로 주님과 진한 밀월 기간을 지냈던 나였지만, 어느 날부터인가 힘들어지는 느낌이 들기 시작했다. 당시 나는 하루하루의 생활 속에서 전투를 경험하며 살았던 것 같다. 전투란 결국 나와의 싸움에 불과했지만, 어찌 보면 매우 처절한 전투였다. 친구들과 맥주 한 잔을 마실 수밖에 없는 상황 속에서 거부하고 거부하다 마지못해 한 잔 들이켰는데, 그 맥주가 나의 육체에는 조금의 영향도 행사하지 못했지만 영혼은 그로 인해 엄청난 죄의식에 사로잡혀 갈등한 적이 한두 번이 아니었다. 술을 한 잔 들이키면 이전에 습관적으로 피웠던 담배가 생각났고, 고민하고 고민하다 담배를 한 대 입에 물고 담배 연기를 폐 속으로 들이키는 순간 다시 한 번 엄청난 패배감과 좌절감에 나를 자학하곤 했다. 때로는 "주님! 저는 왜 이렇게 연약한 것입니까? 저 같은 놈이 도대체 주님을 위해 무슨 일을 할 수 있다는 것입니까?" 하면서 머리를 벽에 찧었던 기억도 있다. 앞이마가 벗겨지고 피가 날 정도로 죄에 대해 심하게 한탄했던 경험 역시 있다. 뺨을 손으로 있는 힘껏 때리기도 여러 차례 했다. 신학적으로 성화의 과정 중에 일어날 수 있는 일이라고 분석할 수 있겠지만 우리 각자가 실제의 상황에서 갈등하고 고민하는 정도는 본인 스스로만 알 정도로 심각할 수 있다.

　이러한 현실 가운데 우리는 여전히 하나님을 믿는 그리스도인으로 살고 있으며, 더 나아가 하나님의 일을 감당하는 사역자로 부르심을 받아 씨름하고 갈등하면서 위로부터 공급되는 힘만 의지하며 사역에 임하고 있다. 여기에서 우리가 절대로 말려들어 가서는 안 될 것이 있다. 그것은 자기 최면이다. 앞서 언급했듯이 우리는 하나님을 믿은 후 하나님의 자녀가 되었고, 무수히 많은 하나님의 자녀들 중에서 도저히 자격이 없음에도 불구하고 하나님의 일방적 은혜의 섭리 가운데 하나님 나라를 구체적으로 섬기는 사역자로 부르심을 받았다. 그리고 소정의 과정을 거쳐 하나님 나라의 일꾼으로 세우심을 받았다. 소위 하나님의 종이라는 칭함을 받는 사역자가 되었다.

　문제는 사역자가 되기 위한 소정의 과정과 하나님의 종으로서의 길에

본격적으로 들어가서 사역에 임하는 기간 중에 서서히, 그리고 지속적으로 하나님 나라에 대한 개념이 형성된다는 것이다. 어떤 사람은 사역자로서 준비되기 위한 소정의 과정을 거치면서 인본적인 사고의 틀이 오히려 더 탄탄하게 형성되기도 한다. 이는 하나님의 이름을 도용한 인본 중심적인 교육 기관이 양산해내고 있는 생산물들을 의미한다. 안타까운 것은 이러한 교육 기관이 의외로 많다는 것이고, 문제를 문제로 전혀 느끼지 않는 인본 중심의 사역자들이 그곳에서 배출되어 다른 순수한 사람들을 전염시키고 있다는 것이며, 또한 그들의 수가 적지 않다는 것이다. 또 다른 종류의 사람들은 소정의 과정을 거쳐 신본 중심의 교육을 잘 받고 배출되어 나왔지만 사역의 현장에서 싱싱한 맛을 상실하고 생존을 위한 삯꾼으로 전락한 모습을 보이기도 한다.

이러한 관점에서 볼 때 사역자를 훈련시키는 장소, 사역의 현장, 사역자의 자질과 노력, 그리고 하나님의 은혜 가운데 제공되는 성령의 지속적인 인도하심과 돌보심, 이 네 가지 조건은 분리할 수 없는 중요한 사역의 연결고리로 작용된다. 이중에서도 이 장의 주제와 연관해 간과할 수 없는 조건을 선택한다면 사역자의 자질과 노력이라고 할 수 있다.

이미 주님의 일방적인 선택 가운데 하나님의 자녀가 되었고, 하늘의 소망을 가진 자가 되었다. 그리고 장래의 문제를 놓고 몸부림치는 기도와 간구를 통하여 하늘 아버지의 부르심을 받아 사역자가 되었다. 그러나 앞서 언급했듯이 여전히 나약한 죄성을 지닌 인간으로, 그리고 상당히 많은 경우 인본 중심의 교육 내용에 근거하여 사고하고, 판단하는 사람으로 남아 있다. 이러한 상황 속에서 사역자로 부르심을 받은 자는 소정의 과정에 임하게 되고, 일정 기간 후에 사역자로서의 삶에 전적으로 들어가게 된다. 따라서 하나님 중심의 사람이 되고자 몸부림치는 성화의 과정을 통하여 서서히 개조되고 있는가는 결국 사역자 자신의 적극적인 의지에 달려 있는 것이다.

이러한 성화의 몸부림은 우리의 몸과 영혼이 분리되는 최후의 순간까지 지속될 수밖에 없다. 육신의 옷을 입고 있는 한 죄성을 이용한 사탄의 교묘한 공격이 그치지 않기 때문이다. 바로 이 단계에 도달할 즈음 만일 스스로의 철저한 노력이 수반되지 않을 경우 적지 않은 사역자들이 자기 최면의 사슬에 묶이곤 한다. 그 증세는 다음과 같다.

- 기도를 안 하면서도 기도하라고 당당하게 요청한다.
- 전도를 안 한 지 꽤 오랜 시간이 흘렀음에도 불구하고 전도를 안 한다고 야단친다.
- 매일같이 지나칠 정도로 텔레비전을 보면서도 성도들이 텔레비전 보는 것을 지적하고 비평한다. 그런데 정작 자신은 아무 문제도 없는 듯 당연하게 생각한다.

바로 이러한 모습이 자기 최면에 걸려 있는 상태라고 여겨진다. 자기 최면에 걸려든 사역자는 이미 싱싱함을 상실한 썩은 고기와도 같다. 아니 썩은 고기 자체다. 자신에게서 썩은 냄새가 풍겨나고 있는데 주위 사람들을 향하여 손가락질하면서 이상한 냄새가 난다며 썩은 냄새를 없애라고 외쳐댄다. 자신은 매사를 인간 중심으로 생각하고, 판단하고, 처리하면서도 다른 사람들을 향해서는 하나님 중심으로 살라고 의미 없이 목청을 높인다. 경건의 모양은 갖추었지만 경건의 능력이라고는 찾아볼 수 없는 단계다. 경건을 이익의 수단으로 손쉽게 이용하면서도 아무렇지도 않게 느낀다. 자신을 따르는 양 떼를 하나님이 위탁하신 자들로 보기보다는 자신의 존재를 위한 수단 정도로 여기며, 양들의 젖을 짜서 먹기에 바쁘다. 너무 지나친 표현일까? 일부 극단적인 사역자들의 모습만을 일반화시켜 묘사한 것일까? 독자 스스로가 판단하기 바란다.

어찌 되었든 이 정도에까지 이른다면 너무 비참하지 않은가? 예수님이 가룟 유다에게 "차라리 나지 아니하였더라면 자기에게 좋을 뻔하였느니라"(막 14:21)고 한탄하셨던 그 말씀이 우리를 향해 같은 음성으로 반복되어서는 안 될 것이다. 그렇다고 인간의 죄성에만 책임을 전가시키기에는 우리 가운데 역사하시는 성령의 능력이 차지하는 분량이 너무 크다. 또한 인본 중심의 교육의 세뇌성에만 책임을 돌리기에는 "모든 성경은 하나님의 감동으로 된 것으로 교훈과 책망과 바르게 함과 의로 교육하기에 유익하니 이는 하나님의 사람으로 온전하게 하며 모든 선한 일을 행할 능력을 갖추게 하려 함이라"(딤후 3:16-17)는 하나님의 말씀이 너무 무색하다.

이왕 하나님만을 섬기기로 하고 사역의 길에 들어선 이들이 사역자들이다. 언제까지 무력하게 무너지고 넘어지는 모습을 정당화시키면서 연약한 사역자상을 간직하며 살아야 되겠는가? 전능하신 하나님을 믿는 자로서, 그리고 전능하신 하나님에 대하여 전하고 가르치는 사역자로서 이러한 실망스러운 모습을 너무 오래 간직하면 곤란하다.

비록 인본주의 교육에 세뇌된 과거의 모습을 인정하더라도, 또한 사도 바울과 같이 성령의 요구와 세상의 요구가 늘 내면에 존재함으로써 갈등과 내적 싸움이 끝없이 일어나 괴롭게 할지라도, 그리고 사역의 현장에서 싱싱함을 잠시 상실하고 현실에 타협함으로 하나님보다 사람을 좀 더 의존하는 흉한 모습을 보였다 할지라도 이제 훌훌 떨쳐버리고 일어나야 되지 않겠는가?

이제는 더 이상 추상적으로 하나님을 의지하는 자, 추상적으로 "하나님을 의지하자"고 외치는 사역자가 되어서는 안 된다. 그리고 실제의 상황 속에서 이전에 의지하던 상식을 포기하고, 또한 경험도 포기하면서 절대적인 가르침과 방향을 제시하시는 하나님만 바라보는 삶을 먼저 살아야 할 것이다. 나아가 사역 대상자인 하나님의 사람들을 향하여 "하나님만 의지하자"고 외칠 수 있는 사역자들이 되어야 할 것이다. 신본 중심으로 살고자 몸부림치는 소원을 가로막는 육신의 인본적 요청과 싸우면서, 그리고 승리하면서 사역자들을 바라보는 성도들에게 승리의 깃발을 안겨주도록 최선을 다해야 할 것이다.

이제 좀 더 구체적이고 실제적인 이야기를 해보자. "하나님을 의지하자"는 막연한 도전의 외침보다는 어떤 상황에서부터 적용을 해나가야 될 것인가를 고려하면서 구체적으로 살펴보자.

일처리 가운데 하나님을 의지하라

하나님의 부르심을 받아 사역의 길에 들어선 사역자들에게는 조그마한 일에서부터 큰 일에 이르기까지 각양각색의 일들이 언제나 줄을 서서 기다리고 있다. 많은 경우 하나님 나라의 일과 관계된 여러 가지 일들이 기다리고 있고, 때로는 세상과 관계된 여러 가지 일들을 처리해야만 되는 상황이 기다리고 있다. 일을 처리하는 것이 어찌 특별한 일이겠는가? 세상을 사는 사람들이 늘 하는 일이 일처리인 만큼 일을 처리한다는 것 자체는 그리 특별한 것이 아니다. 하지만 사역자의 일처리는 어떤 면에서 보면 특별하다. 아니 특별해야만 한다고 강조하고 싶다. 그래서 사역자의 일처리를 지켜보면 그가 어떤 사람인지를 금방 알 수 있다. 교회의 일이든, 선교의 일이든, 전도의 일이든, 상담하는 일이든, 가정의 일이든, 남편, 또는 아내와 관계된 일이든, 자녀와 관계된 일이든, 친척과 관계된 일이든 어떠한 종류의 일이든 그 처리하는 방법과 태도를 보면 그의 사역자상을 볼 수 있다.

하나님 중심의 사람은 하나님의 방법으로 일을 처리하려고 노력한다. 마치 포도나무에 붙어 있는 가지가 포도나무의 속성을 그대로 가지고 있듯 하나님께 속해 있는 자로서 하나님의 부르심을 받은, 하나님의 속성을 간직한 사역자는 하나님의 관점과 입장에서 모든 일을 처리하게끔 되어 있다. 그는 혹시라도 일처리가 끝난 후에 잘못된 것을 알게 되면 지체함이 없이 회개하고 수정해 나간다. 그래서 회개가 빠르고, 잘못과 실수에 대해 인정하는 언어를 많이 사용한다.

그러나 사람 중심의 사역자는 늘 사람이 상식과 방법에 기초하여 일을 처리한다. 몸 된 교회의 일이든, 세상의 일이든 늘 자신의 방법으로 식별하고, 처리한다. 그 역시 분명 포도나무에 붙어 있는 가지이건만 어찌하여 그런 모습을 간직하고 있는지 신기할 정도다. 물론 이렇게 두 종류로 쉽게 나눌 수 있는 것은 아니다. 100퍼센트 하나님 중심적인 사역자는 이미 사람이 아니듯이, 완전히 사람 중심적인 사역자 역시 이미 사역자가 아니기 때문이다.

어쨌든 맡겨진 다양한 일들을 처리하는 데 임하는 기본자세야말로 사역자의 중심을 들여다볼 수 있는 중요한 평가 기준임에는 틀림이 없다. 아무리 주님을 의지하는 사람이라고 자부하고, 자신과 함께하는 그리스도인들에게 주님만 철저하게 의지하라고 부르짖는 사역자라 할지라도 자신에게 주어진 일을 처리할 때 사람의 상식과 원리에 근거하고, 하나님과 그분의 말씀에 대한 아무런 부담 없이 마음대로 한다면 그에 대한 평가는 분명히 재고되어야만 할 것이다.

사실 우리 모두는 각자가 속해 있는 사회에서의 신분이 어떠하든, 교회 내에서의 직분이 어떠하든 간에 모두가 연약한 인간들이다. 그래서 늘 인간의 한계와 수준에서 벗어나지 못할 때가 많다. 그래서인지 끊으려야 끊을 수 없는 많은 일들을 처리할 때 조금이라도 어려우면 제일 먼저 인간적인 생각과 방법으로 해결하려 한다. 특히 관계를 중시하는 우리는 무슨 일이 생기면 관계를 우선 생각하며, 관계를 통해 일을 해결하려는 습관에 길들여져 있다. 좀 과장되게 표현하자면, 하나님의 종인 사역자들마저 하나님 앞에 무릎 꿇기 전에 먼저 관계 앞에 무릎을 꿇는 경우가 더 많은 것 같다.

일종의 문화로만 받아들여야 할까? 신본 중심의 삶을 영위해야만 되는 그리스도인들이, 그것도 하나님의 사역자들이 인본적 문화유산을 아무 비평 없이 수용해도 되는 것인가? 어쨌든 현실은 인정해야만 할 것이다. 차라리 일을 원칙에 근거해서 처리한 후, 되면 되고 안 되면 안 되는 식의 사고가 정착되어 있는 사회라면 구태여 관계 앞에 무릎을 꿇을 이유가 전혀 없겠지만, 매사에 관계 없이는 일처리가 쉽지 않은 사회적 분위기 속에서는 어쩔 수 없이 관계를 의존하게 되기 마련이다. 그러나 어쩔 수 없다 해도 천지를 지으시고 온 인류의 역사의 중심에 계신 하나님을 믿는 신자들은, 그리고 많고 많은 신자들 중에서 선택을 받아 하나님의 일꾼으로 부르심을 받은 사역자들만큼은 달라야 하지 않겠는가? 모든 일을 계획하고 처리하는 중심에 하나님이 계신다는 것을 인정하면서도 일을 처리할 때만은 유달리 지름길을 택하여 사람들과의 관계에 의존하려 하는 것은 한번 심각하게 고려해 볼 만한 문제다.

내가 미국에서 목회를 할 때였다. 당시 어린 세 자녀들과 함께 한국에 나갈 일이 있었다. 그래서 비행기 표를 미리 구입해 놓고 자녀들의 여권을 신청했다. 미국에서 공부할 때 아이들이 태어났으니 모두 미국 여권이었다. 여권 발급처에 가서 그들의 요구에 따라 여권을 신청했고, 일주일 후에 다시 오라고 해서 갔다. 한국으로 가는 비행기 시간은 여권을 발급받기로 한 바로 다음 날이었다. 평소 미국 공관의 업무 처리를 신뢰했기 때문에 시간에 딱 맞추어 비행기 표를 구입해 놓았다.

긴 줄을 기다리다 차례가 되어 여권을 받으려고 했는데 여권을 취급하는 직원이 내일 다시 오라고 했다. 납득하기 어려웠지만 아직 준비가 안 되었다고 말하는 직원에게 계속 요청하기에는 조금 어려운 분위기였다. 뒤로 빠져나오면서 이 일을 부탁할 만한 사람을 생각했다. 교인들 중에 몇몇이 떠올랐다. 높은 인사들과 밀접한 관계를 형성하고 있는 이들이었다. 다른 생각을 할 겨를도 없이 즉시 공중전화 박스로 갔다. 급한 마음에 전화를 걸었는데 계속 통화 중이었다.

참으로 다급한 와중에, 지난주 내가 단 위에서 그렇게도 부르짖으며 설교했던 내용이 귓가에 들리기 시작했다. "하나님만 의지하라"는 말씀이었다. 나는 그 즉시 수화기를 내려놓고 하나님 앞에 회개를 했다. 인간관계도 하나님이 주신 것이라 무시할 수는 없지만 무엇보다도 하나님께 도움을 요청하는 말 한마디 하지 않고 무턱대고 사람의 도움부터 찾으려고 했던 나의 모습이 사역자로서 부끄러운 생각이 들었다. 그래서 잠시 하나님 앞에 회개하고 다시 줄을 섰다.

내 차례가 되자 좀 전과 동일한 직원이 앉아 있었다. 나는 그에게 정확하게 말했다. "당신들이 나에게 요구한 것을 다 제출했고, 당신들이 오라는 시간에 맞추어 왔고, 비행기 표도 이렇게 미리 구입해 놓은 상황에서 무작정 다음 날 오라는 것은 타당하지 못하다. 무엇보다도 나는 교회에서 헌금으로 생활과 사역을 하는 사람인데 당신들의 실수로 인해 시간과 휘발유 값을 낭비하는 것은 하나님 앞에서 용납할 수 없다"고 강경하게 말했다. 직원은 잠시 멍하니 나를 바라보더니 잠깐 기다리라는 말을 하고 뒤로 들어갔다. 곧 그는 여권을 들고 나왔다. 여권을 건네주며 미안하다는 말을 하는 것도 잊지 않았다.

여권을 받아든 나는 하나님께 얼마나 감사했는지 모른다. 여권을 받아서가 아니라 일을 처리하는 데 있어서 하나님을 우선적으로 고려해 해결을 본 것에 대해 감사했다. 아주 작은 사례에 불과하지만 하나님을 의지하면서 일하는 것과 의지할 사람을 먼저 찾으면서 일하는 것에는 많은 차이가 있음을 사역자들은 기억해야 할 것이다.

목사, 또는 선교사라는 신분으로 사역을 진행하기 어려운 제3세계에서 사역자로 있을 때의 일이었다. 여러 이유로 인해 회사를 설립해야 되는 상황에 처해 이를 준비하고 있었다. 회사를 시작하기에 앞서 공상국에 등록을 해야 했다. 행정 책임자가 서류를 포함해 요청된 모든 것의 접수를 끝낸 상태였지만 여러 이유로 인해 공상국에서 비준이 떨어지지 않았다. 무작정 기다리라는 것이었다. 그렇게 거의 3개월을 소모했다.

기다림에 지친 어느 날 나는 내가 살던 지역의 결정권이 있는 고위층과 친구 관계를 유지하는 한 사람을 집으로 초대했다. 물론 청탁의 의도로 준비된 자리였다. 평소에 자녀들 간에 교류가 있던 터라 아내가 음식을 풍성하게 준비하고 맞이했다. 같이 교제하며, 음식도 나누며, 이런저런 이야기를 하다 서서히 초대한 목적으로 들어가려고 입을 떼려는 순간이었다. 갑자기 아내가 잠시 보자고 요청을 했다. "일의 첫 시작을 하나님께 의지해서 해야지 사람에게 의지해서 시작하는 것을 하나님이 기뻐하실까요?" 아내의 말에 나는 잠시 불쾌했다. 초청의 목적을 아내도 이미 알고 있었기 때문이다. 그러나 아내의 제안을 하나님의 감동으로 받아들이고는 곧 그를 초청한 원래의 목적을 포기하고 그냥 좋은 교제의 시간만 갖고 헤어졌다.

그런데 바로 이틀 후에 공상국이 비준이 떨어졌다. 얼마나 감사했는지 모른다. 만약 그에게 관계를 통한 해결 방안을 요청했더라면 얼마나 부끄러웠을까? 하나님께 감사했고, 아내에게 감사했다. 하나님의 사람으로서 하나님의 체면도 살렸고, 천지를 지으시고 모든 세상일을 주관하시는 하나님을 믿는 자로서의 체면도 유지했던 좋은 경험이었다.

그러나 이와 같이 하나님만 의지하는 상태에서 일을 처리하기로 결심하고 실행하는 과정은 결코 쉬운 일이 아니다. 왜냐하면 일반인의 입장에서는 고위 관직에 있는 사람이 때로는 필요에 의해 하나님보다 더 크게 보일 수 있기 때문이다. 이러한 현상이 어찌 관계를 중요시하는 나라에만 국한되겠는가? 정도의 차이야 어느 정도 있겠지만 사람이 사는 곳이라면 어디든 존재할 것이다. 그럼에도 불구하고 하나님의 사람들은, 특히 하나님의 부르심을 받은 사역자들은 모든 일처리 가운데 더욱더 하나님을 자신들의 산성으로, 요새로, 구원자로, 피난처로, 모든 문제의 해답으로 인정하고 의지하는 삶을 살아야 할 것이다.

경건에 이르기를 연습하라

성경을 가만히 살펴보면 지극히 합리적이고 이성적인 사람들이 등장해서 인본적인 논리로 하나님을 대적하는 모습을 보게 된다. 하와로 하여금 죄를 짓게 한 사탄의 논리나, 하나님 앞에서 자신의 죄를 변명하고 핑계한 아담과 하와의 논리나, 자신과 자신의 제물이 열납되지 못해 분을 낸 가인의 논리나, 아브라함에게 은혜를 입었다가 신의를 저버리고 제 갈 길로 나아간 롯의 논리나, 요셉을 팔아먹은 형들의 그럴싸한 논리나, 광야에서 모세에게 대적하여 불평하며 원망한 자들의 함성 속에 감추인 이성적 논리나, 그리스도를 십자가에 못 박으라고 외친 무리들의 논리 등 언제나 지적인 논리와 합리적 이성으로 하나님의 음성에 대적했던 인간 중심의 모습을 우리는 쉽게 대할 수가 있다.

동시에 하나님이 아끼시는, 하나님께 속한 자들의 삶 속에서도 이러한 모습이 관찰되곤 한다. 물론 지속적으로, 그리고 의도적으로 하나님의 뜻을 거스르는 모습은 아니지만 사람인지라 자신도 모르게 스스로의 방법을 의지하여 하나님의 뜻을 거스르고 불행한 결과를 초래하는 모습을 보게 된다.

그 대표적인 예가 아브라함의 아내 사라다. 하나님의 약속이 분명하게 주어졌지만 인간의 관점에서 아무리 생각하고 생각해도 불가능해 보이는 약속을 언제까지 붙잡고 있어야 할지 고민하던 사라는 마침내 자신의 여종 하갈이 남편 아브라함의 품에 들어가는 것을 제안함으로 하나님의 약속을 인간적인 방법으로 이행하려고 시도했다. 여성으로서 폐경이 된 지 이미 오래된 상태에서는 당시의 상식으로도 아기를 가질 수 없다는 것을 사라는 알고 있었을 것이다. 그래서 그녀의 합리적 계산하에 하나님을 거스르는 행위가 진행되었고, 그 결과 이스마엘이 태어났다. 이스마엘의 출생으로 인해 지금의 아랍 국가들이 형성되었고, 도저히 해결하기 어려운 이스라엘과 아랍의 분쟁이 지금까지도 그들과 아무런 관계가 없는 전 세계 사람들의 골머리까지 아프게 하고 있다.

여리고 성을 무혈로 점령한 이스라엘은 매우 흥분했다. 그럴 수밖에 없었던 것이 말씀에만 순종하여 피 한 방울 흘리지 않고 맨손으로 성을 점령하는 기적을 모두가 체험했기 때문이었다. 그리고 나서 아이 성을 바라보니 우습기 그지없는 조그마한 성이었다. 승리에 도취한 그들은 잠시 자신들이 하나님께 100퍼센트 순종함으로 여리고 성을 무혈점령했다는 것을 잊어버렸다. 안타깝게도 여호수아는 하나님과의 상의 없이 백성들과 더불어 들뜬 상태에서 합리적인 계산하에 판단을 내렸다. 결과는 말 그대로 비참했다. 하나님이 분명하게 말씀하신 탐심에 의한 도적질에 대해 한번 점검해 보지도 않고, 하나님 앞에 무릎 꿇고 그다음에 있을 전쟁에 대하여 아뢰지도 않고 마음대로 결정하여 진행했던 것이다.

예를 들자면 끝이 없을 것이다. 비단 성경에 기록된 예화뿐이겠는가? 신앙생활을 한다고 하는 모든 신자들에게 있어 이러한 실수들은 셀 수 없이 많을 것이다. 뿐만 아니라 죄된 인간으로서 하나님의 부르심이 있다 하여 사역에 감히 참여한 사역자들에게 어찌 이러한 실수가 없다고 할 수 있겠는가? 이 땅에 사는 동안 사람의 지성과 경험, 논리와 합리적 사고를 배제할 수 없는 것은 자명한 사실이다. 하지만 하나님보다 이러한 것들을 더 크게 의지하면서 살아가고 사역에 임한다면 인본 중심의 사역자라 어찌 말하지 않을 수 있겠는가? 언제나 적당한 계산속으로 하나님의 일을 계획하며 주판알을 튀기는 신앙생활을 하면서 동시에 헌신을 외치고, 사명을 외치고, 희생을 외치는 자들은 과연 누구인가? 사역자는 바로 자신이 그런 사람임을 우선 인정하고 겸허하게 하나님 앞에 서야 될 것이다.

주님에 의해 부르심을 받은 주님의 사역자들이 주님을 의지하지 않고, 사람을 의지하고, 자신을 의지한다는 말처럼 어불성설은 없을 것이다. 그런데도 주님의 사역자들 중에 이러한 삶을 주저하지 않고 살아가는 사람들이 얼마나 많은지 모른다. 물론 그 속에는 나 역시 배제되지 않는다. 왜 그런 것일까? 사도 바울의 "우리 소망을 살아 계신 하나님께 둠이니"(딤전 4:10)와 같은 고백이 없기 때문은 아닐까?

하나님으로 말미암아 하나님의 자녀가 된다. 또한 귀하고도 귀한 사역자의 직분에까지 이른다. 하지만 점점 게을러지고, 하나님과의 깊은 관계를 유지하지 못하다 보니 "기약이 이르면 하나님이 그의 나타나심을 보이시리니 하나님은 복되시고 유일하신 주권자이시며 만왕의 왕이시며 만주의 주시요 오직 그에게만 죽지 아니함이 있고…그에게 존귀와 영원한 권능을 돌릴지어다"(딤전 6:15-16)와 같은 신앙고백이 점점 남의 고백으로 바뀐다. 곧 "주께서 내 곁에 서서 나에게 힘을 주심은…주께서 나를 모든 악한 일에서 건져내시고"(딤후 4:17-18)와 같은 삶의 체험적인 간증 역시 할 수 없게 되어 자연스럽게 하나님에 대한 소망이 식어진다. 따라서 자신을 바라보게 되고, 또한 다른 사람을 바라보게 되어 힘과 권력과 사람과의 관계를 의지하게 되는 결과를 초래한다. 그리고 결국 하나님을 바라보는 대신에 자신을 바라보고, 주변 환경을 바라보고 의지하는 무능력한 사역자로 전락하고 만다.

결론은 자신보다 주님을 분명하게 바라보는 주님 중심의 사역자가 되어야 한다는 것이다. 다시 한 번 자기 자신을 점검하고, 이전보다 더욱 주님만을 의지하고 바라보면서 나약하기 짝이 없는 이성과 논리에 의지하지 않는 삶을 살도록 노력해야겠다는 결심이 필요하나.

하지만 결심하기는 쉬운데 실제로 주님만을 철저하게 의지하는 주님 중심적인 삶을 영위하는 것은 결코 쉬운 일이 아니다. 따라서 지적 동의에 그치지 않고 행동으로 옮길 수 있어야 한다. 이를 위한 방법이 여러 가지 있겠지만, 그중 빼놓을 수 없는 것은 경건에 이르는 연습이다. 경건하게 산다는 완성된 표현이 아니라 경건하게 사는 연습을 의미한다. 하나님을 섬기고, 하나님이 맡겨주신 일을 처리해 나가는 데 있어 결코 빼놓을 수 없는 분야가 바로 이 부분이다.

경건의 의미

'경건'이라는 단어는 사역자 서신인 디모데전서와 디모데후서, 그리고 디도서에서만 13회 사용되었다. 헬라어로 '유세베이아'라고 하는데, TDNT[17]에 따라 간단하게 정리해 보면, '하나님처럼 되는 것', 또는 '종교적인 헌신'이라는 뜻을 갖고 있으며 '하나님에 대한 진정한 경외심', 또는 '하나님과 거룩함에 대한 올바른 자세'라는 뜻으로 해석될 수도 있다. 사람이 하나님처럼 된다는 뜻을 가진 경건의 의미를 이해하는 것은 쉽지 않다. 비록 영에 속한 사람이라도 몸이 육에 속해 있고, 세상에 거하고 있기 때문에 하나님처럼 산다는 것은 지극히 어려운 말이다. 따라서 좀 더 의역을 해서 '하나님을 진심으로 경외하는 마음', 또는 '하나님에 대하여 올바른 자세를 견지하는 태도'로 조금 쉽게 이해해 볼 수 있다.

일반적으로 경건이라는 단어를 접하면 괜스레 불교에서 말하는 경건의 외적 의미가 뇌리에 떠오른다. 즉 적막하고 외진 곳에서 조용하게 불경을 외우는 영상과 같이 왠지 침착하고, 조용하고, 조심스러운 느낌으로 다가온다. 어쩌면 서양인들에게는 이 단어가 수도원의 분위기로 다가올 수도 있다. '거룩'이라는 단어에 대한 오해와 경건이라는 단어에 대한 오해는 큰 차이가 없을 듯하다. 모두가 정적이고, 조용한 개념들이다.

하지만 이는 분명히 오해다. 만일 이러한 개념으로 경건을 이해하게 되면 우리는 자꾸 복잡한 세상을 떠나 산 속으로 숨어들어 갈 수밖에 없다. 마치 영지주의의 영향을 받아 수도원으로 몸을 숨기고 들어갔던 수도사들과 같이 우리 역시 속리(俗離, 속세를 이별하는 것)의 길을 택할 수밖에 없는 것이다.

"영은 선하고 육은 악하다"는 이원론적인 극단적 신학 이론은 향락주의와 금욕주의를 출산시켰다. 어차피 육은 악한 것이고 영은 구원받았으니 어떻게 살든 상관없다는 관점에서 육을 다스리기를 포기하고 향락주의로 접어든 분파와, 육은 어차피 악한 것이니 엄하게 통제하며 다스리지 않으면 계속해서 죄를 지을 수밖에 없다는 결론하에 철저하게 육을 통제하는 금욕주의가 시작되었으며, 이러한 금욕주의의 연장선상에서 수도원 운동을 이해할 수 있다. 수도원 운동의 영향을 탈피하지 못한 가운데 경건이라는 단어를 접하게 되면 앞서 언급한 대로 침묵과 정숙의 개념으로 이해할 수밖에 없다.

처절한 삶 속에서의 경건

성경에서 말하는 경건의 모습은 결코 그렇지 않다. 어찌 보면 매우 처절하고, 적극적이고, 도전적이고, 심지어는 전투적이기까지 하다. 그냥 자리에 앉아 경건을 유지하는 것이 아니라 움직이며, 적극적이고 도전적으로 경건을 삶 한가운데에서 이해하는 것이다.

노아의 모습을 그려보자. "노아는 의인이요 당대에 완전한 자라"고 묘사한 창세기 6장 9절 말씀을 통해 충분히 경건한 노아를 상상할 수 있다. 하지만 전반적 분위기는 결코 정적이지 않다. 사람들의 죄악을 견디지 못하신 하나님이 "땅 위에 사람 지으셨음을 한탄"(창 6:6)하시면서 지면에 있는 모든 생명체를 멸하실 것을 결심하셨다. 그리고 노아에게 방주를 지을 것을 명하셨다. 하나님이 노아에게 요구하신 일은 결코 단순한 것이 아니었다. 그 방주의 크기가 엄청났기 때문이다. 하지만 노아는 다음의 말씀과 같이 생명을 바쳐, 목숨을 다하여 하나님이 명하신 대로 다 준행했다.

"노아가 그와 같이 하여 하나님이 자기에게 명하신 대로 다 준행하였더라"(창 6:22).

"노아가 여호와께서 자기에게 명하신 대로 다 준행하였더라"(창 7:5).

"들어간 것들은 모든 것의 암수라 하나님이 그에게 명하신 대로 들어가매 여호와께서 그를 들여보내고 문을 닫으시니라"(창 7:16).

이 말씀들에서 노아가 안정적이고 평안한 가운데 수도원을 조용히 거닐면서 하나님과 독대하는 경건한 모습을 찾아볼 수 있는가? 노아의 경건은 전투적이었고, 지극히 도전적인 모습이었다. 어쨌든 그의 모습에 대한 평가가 "노아는 의인이요 당대에 완전한 자라 그는 하나님과 동행하였으며"(창 6:9)라고 기록되어 있지 않은가?

그렇다면 아브라함의 경건은 노아에 비해 정적이었는가? 그렇지 않다. 하나님과 함께했던 아브라함의 삶 역시 비교적 전투적이고 도전적이었다. 고향을 등지고 민족을 떠나 하나님이 가라 하시는 곳으로 가야만 했던 시작부터가 도전적이었다. 부모가 돌아가신 후 친부모와 같은 마음으로 돌봐준 삼촌의 은혜를 망각한 조카에게 "네가 좌하면 나는 우하고 네가 우하면 나는 좌하리라"(창 13:9)고 양보를 결정한 삶의 모습 가운데에서 우리는 그의 경건을 찾을 수 있다. 그렇게 떠난 조카가 어려움에 처했을 때 섭섭함을 내세우지 않고 자신이 데리고 있던 사병들을 이끌고 나라를 상대로 싸움을 피하지 않았던 아브라함의 의리 속에서 그의 경건을 찾을 수 있다. 그뿐만 아니라 아브라함의 경건은 양보와 희생과 자식까지 바치려고 한 처절한 순종으로 표현되었다. 경건의 일기를 매일 적으면서도 부모의 재산 한 푼을 더 차지하기 위해 형제를 법정에까지 끌고 가는 연약한 그리스도인들과는 비교조차 할 수 없는 경건을 아브라함의 모습 속에서 찾아볼 수 있다.

그러면 경건이라는 단어를 직접 사용한 사도 바울의 경건은 정적이었는가? 물론 아니다. 그의 삶과 사역은 늘 바빴다. 어쩌다 전도 여행을 끝내고 돌아와도 교회의 일과 진리에 대한 변증의 일로 늘 분주했다. 그의 바쁨 속에서, 또한 하나님이 맡겨주신 고귀한 복음 승거 사역을 위해 한순간도 쉬지 않고 움직이는 그 움직임 속에서 그의 경건은 논해질 수 있다.

경건은 아버지의 나라를 위해 무엇을 해야 할 것인가를 고민하는 그 고민 속에서 찾을 수 있다. 또한 경건은 아버지께서 맡겨주신 일을 감당하고자 최선의 노력을 기울여 준비하는 그 준비 속에서 찾을 수 있다. 학생의 경건은 공부를 떠나 말하기 어렵다. 수업 시간에 성경책을 펴들고 하나님의 말씀을 묵상하는 것을 경건이라고 말할 수 있을까? 함께 공을 차는 시간에 한쪽 구석에 무릎을 꿇고 앉아 기도하는 것을 경건이라고 말할 수 있을까? 사업가의 경건은 물질이 쓰일 곳을 정해 놓고 최선의 노력을 다해, 하나님의 말씀에 근거하여, 열심히 물질을 얻기 위해 땀을 흘리는 그 땀 속에 들어 있다. 경건은 움직이는 것이고, 땀을 흘리는 것이고, 어두움을 밀어내려고 힘쓰는 빛의 수고 속에 존재하는 것이다.

이 땅 위에서의 경건은 혼자를 위해 요구되지 않는다. 혼자 앉아 기도하고, 혼자 찬송하고, 혼자 말씀을 연구하는 것을 경건이라고 말한다면 그것은 동의할 수가 없다. 빛이 혼자서만 빛이라면 무슨 의미가 있는가? 어두움이 전제될 때에만 빛에 대해 관심을 가질 수 있는 것이다. 24시간 내내 밝음을 유지한다면 전등이나 촛불이 무슨 소용이 있겠는가? 무슨 가치를 말할 수 있겠는가?

요즈음 지나치게 은사를 강조하는 곳을 보면 너무 이기적이라는 느낌이 든다. 하나님이 은사를 주시는 이유는 무엇인가? 나 혼자서만 즐기라고 주시는 것일까? 은사의 목적은 내가 먼저 힘을 얻은 뒤 밖으로 나가 어두움의 권세와 싸워 흑암에 있는 불쌍한 자들을 구출해내기 위함이라고 말한다면 너무 지나친 해석일까?

여기에서 은사에 대해 왈가왈부하려는 것은 아니다. 단지 경건의 본질을 말하고자 함이다. 야고보서 1장 26절은 "누구든지 스스로 경건하다 생각하며 자기 혀를 재갈 물리지 아니하고 자기 마음을 속이면 이 사람의 경건은 헛것이라"고 선포하고 있다. 생활 속에서 수도 없이 뱉어내는 말과 경건의 관계를 언급한 내용이다. 이어서 야고보는 "고아와 과부를 그 환난 중에"(약 1:27) 돌보는 것이 경건한 자의 삶 속에서 마땅히 찾을 수 있는 것이라고 주장했다.

하나님을 철저하게 의지하고 그분만 바라보는 사역자의 생활 속에서 빼놓을 수 없는 것이 경건한 삶이다. 경건한 삶은 행동을 요구하고, 희생을 요구하고, 불의에 항거하고, 어두움의 세력과 전투하는 것까지 요구한다. 이는 연습과 반복적 훈련을 통하여 우리의 삶 가운데 정착될 수 있다.

경건의 훈련

경건의 훈련은 크게 두 가지로 나누어 생각할 수 있다. 첫 번째는 하나님의 마음을 읽는 훈련이다. 우리가 하나님과 같이 될 수는 없으나 하나님의 마음을 읽어 그분이 원하시는 일을 해내는 것은 가능하다. 따라서 먼저 기도하고 말씀을 연구하는 일을 훈련해야 한다. 앞서 말했듯이 기도와 말씀 연구 그 자체만으로는 경건을 논할 수 없다. 하지만 그럼에도 불구하고 우리가 경건을 논함에 있어 기도와 말씀을 빼놓을 수는 없다. 사역을 한다는 미명하에 하나님과 독대하여 대화할 시간을 전혀 갖지 못한다면 이 역시 자칫 잘못하면 삼천포로 빠질 수 있기 때문이다.

이 글을 읽고 있는 독자들은 이미 기도에 대하여, 말씀 연구에 대하여 충분한 정보를 갖고 생활 속에서 충실하게 실행하고 있으리라 믿는다.

부언하자면, 경건의 모양에 지나치게 치중하여 기도의 본질과 말씀 연구의 본질을 망각하지 말아야 할 것이다. 우리는 기도나 말씀 연구와 실행에 관한 부분을 외적 모습으로 판단하거나, 판단받는 것이 자연스럽다. 왜냐하면 우리의 얼굴에 달린 눈이 여전히 육체에 속해 있어 외적 모습을 볼 수밖에 없기 때문이다. 그럼에도 불구하고 말씀은 이러한 외적 평가에 대해 진지하게 도전한다.

"경건의 모양은 있으나 경건의 능력은 부인하니 이 같은 자들에게서 네가 돌아서라"(딤후 3:5).

속으로는 지극히 이기적이고, 물질 중심적이고, 교만하고, 부모의 말을 듣지 않고, 불평을 밥 먹듯이 하고, 남을 뒤에서 비판하고 비난하고, 쾌락을 사랑하면서도(딤후 3:2-4 참조) 외적으로는 경건의 모양을 유지하고, 기도하고, 말씀을 보는 자들이 분명히 있다. 그러니 이러한 내적 상태로 외적 경건의 모습을 유지하는 것에서 어떤 의미를 찾을 수 있겠는가? 물론 내적 견실함을 유지하기 위해 외적 모습을 포기할 수는 없을 것이다. 따라서 하나님과 독대하여 앉아 그분의 마음에 품으신 뜻을 헤아리는 시간이 필요하며, 이미 주어진 하나님의 말씀 속에서 작금의 현실에 대하여 그분이 언급하시는 내용을 들을 필요가 있다.

이러한 기도와 말씀을 다락방에만 제한해서는 안 될 것이다. 다락방의 시간도 필요하지만 일터 속에서, 공부하는 책상 앞에서, 밥 짓고 설거지하는 부엌에서 기도와 말씀을 되씹는 시간을 더불어 유지해야 한다. 이 때문에 연습과 훈련이 필요한 것이다. 시간에 맞추어 무릎을 꿇는 것도 중요하지만 시간과 공간의 자유함 속에서 하나님의 임재하심과 관찰하심과 섭리하심을 요구하고, 느끼고, 바라보고, 듣는 경건은 연습되어야만 가능하기 때문이다.

이러한 훈련은 24시간짜리 그리스도인으로 만들어준다. 교회 안에서만의 그리스도인이 아니라, 다락방에서만의 그리스도인이 아니라, 버스 속에서도, 처절한 삶의 현장 속에서도 하나님과 교통하며, 하나님의 뜻을 헤아리며, 하나님이 원하시는 것에 맞추어 살게 해준다. 그래서 "경건은 범사에 유익하니 금생과 내생에 약속이 있느니라"(딤전 4:8)고 말씀하고 있는 것이 아닐까?

골프 치는 시간이면 죄송스런 마음에 잠시 하나님을 옆으로 밀어놓고, 또 비디오나 영화를 보는 시간이면 죄송스런 마음으로 하나님을 잠시 옆방에 모셔놓고 살면 우리는 하나님과 동행할 수가 없다. 하나님은 우리가 연약한 인간임을 누구보다도 잘 아신다. 텔레비전 앞에 앉아 연속극을 볼 수도 있고, 스포츠 경기를 볼 수도 있다. 부부가 부부생활을 하는 것이 당연하듯이 오락도 필요하고, 운동도 필요하고, 농담도 필요하다.

이러한 모든 것 속에 하나님을 모시고 사는 것이 경건의 삶이고, 모든 상황 속에서 하나님과 교제하고 하나님의 뜻을 헤아리며 사는 삶이 적극적 경건의 생활이다. 기도와 말씀 연구를 다락방과 삶의 현장과 구별하지 말고 전천후적으로 생활화하도록 노력해야 한다.

다음으로, 경건의 능력이 나타나도록 애쓰는 삶을 살아야 할 것이다. '능력'이라는 단어는 역동적인 힘을 연상케 한다. 그렇다면 경건에 있어 역동적인 힘은 어떠한 것일까? 경건이라는 단어가 '하나님과 같은', 또는 '하나님이 하시는 행위'라는 뜻을 갖고 있기 때문에 '하나님의 마음으로 행동하는 삶의 모습'의 범주에서 벗어나기는 어려울 것 같다. 그리고 '하나님이 원하시는 일로 인하여 파생되는 희생의 요구에 대한 부응'의 모습 역시 배제할 수 없다.

경건의 모양인 기도나, 금식이나, 묵상이나, 말씀 연구 등을 통해 제대로 성령의 인도하심을 받은 자들은 그 자체로 끝내는 것이 아니라 실제 생활 속에서 경건의 능력을 발휘하도록 훈련해야 한다. 그러한 반복 훈련을 통하여 실제의 삶 가운데 자연스럽게 경건의 능력을 나타내야 한다.

하나님의 뜻에 나를 맞추는 훈련

경건의 능력을 나타내는 첫 번째는 하나님의 마음을 읽고 그분이 원하시는 일을 삶으로 옮기려는 부단한 모습이다. 나의 일과 하나님의 일에 대한 구별이 있고, 나의 마음과 하나님의 마음에 대한 구별 역시 존재하기 때문에 이는 결코 쉬운 일이 아니다.

나 역시도 매사를 준비할 때마다 이것이 도대체 내가 계획하는 것인지, 아니면 하나님이 원하시는 것을 내가 하고자 함인지 구별조차 가지 않을 때가 참으로 많음을 느낀다. 하나님이 원하시는 것이 아니고 내가 원해서 하면서 하나님의 이름을 사용하면 그것은 곧 "네 하나님 여호와의 이름을 망령되이 일컫지 말라"(신 5:11)는 하나님의 계명을 어기는 결과를 초래하는 것이 아닌가? 그래서 정신을 바짝 차리고 신심(神心)인지 인심(人心)인지 항상 긴장하면서 분별할 필요가 있다. 어쨌든 이러한 긴장과 노력과 몸부림 자체가 경건의 능력이 나타나는 하나의 현상이고, 이러한 모습이 바로 하나님만을 바라보고, 하나님의 의중을 헤아리려고 노력하는 모습이라고 할 수 있다.

『예수님이라면 어떻게 하실까?』라는 책의 내용이 나의 젊은 시절에 크게 영향을 미쳤던 기억이 있다. 내용인즉 매사를 결정하기 전에 먼저 "예수님이라면 어떻게 결정을 하실까?"라는 질문을 하기로 작정한 사람들이 모임을 결성하여 매번 모여 경험을 나누면서 서로 격려하고, 안위하고, 새로운 힘을 공급받는 이야기다. 이 책의 내용은 지금까지도 내가 어찌할 바를 잘 모를 때 사용되고 있다.

주님의 의중을 지속적으로 헤아리고, 손해를 감수하면서까지 찾아낸 그분의 뜻을 이루려고 노력하는 모습과 몸부림이 바로 경건의 능력이 아닐까? 하나님의 일을 맡은 사역자들이 하나님을 의지하면서 모든 일을 처리하는 것은 당연한 일이겠지만, 그것을 위한 실제적 방법은 바로 주님의 마음을 헤아리고, 그 뜻을 사역의 현장에서 실행해 나가는 것이라고 생각한다. 나의 원함이 아닌 하나님의 원함, 나의 방법이 아닌 하나님의 방법이 사역의 현장에서 분별되고 진행되기를 진심으로 원한다. 그리고 그러한 과정에서 파생되는 땀과 눈물의 보배로움이 아름다운 열매로 맺히기를 소원한다. 우리가 아버지의 부르심을 받아 하늘나라에 가기까지 완성된 모습을 갖기는 불가능하지만 지속적인 훈련과 실습을 통하여 하늘나라에 대한 기여도는 분명히 확대될 것이다.

양보와 희생의 요구에 부응하는 경건의 능력

하나님을 의지한다는 것은 그저 하나님께 기대어 사는 것만을 의미하지 않는다. 그것은 힘들 때 잠시 쉼을 얻고자 기대는 것뿐만이 아니라, "얘야, 너 지금 나가서 이 일을 처리하고 오너라"고 말씀하시는 하나님의 요청에 "네!" 하고 흔쾌히 대답하면서 뛰쳐나가는 모습까지도 포함한다. 이러한 하나님의 요구에 대한 순종 안에는 양보와 희생과 섬김이 포함된다. 요구되는 양보와 희생과 섬김을 행동으로 옮길 수 있는 힘, 그 힘을 우리는 능력이라고 부른다.

병든 자를 일으켜 세우는 은사를 능력이라고 부르지 않는다. 마치 자신이 일으켜 세우는 양 착각하는 사람들이 많은데, 오직 위로부터 공급되는 역사를 통해서만 병든 자가 일어날 수 있다. 이러한 치유의 은사는 사람을 통하여 발휘되지만 어느 때든지 하나님이 거두어가시면 전혀 할 수 없게 된다. 하지만 경건의 능력은 오랜 시간에 걸쳐 인내하고, 수고하는 훈련을 거쳐 주어지는 것이기 때문에 은사와는 다르다. 마치 성령의 열매와 같다고 할 수 있다. 뿌리를 내리고, 그와 동시에 위로 조금씩 자라는 줄기를 통해 가지가 나고, 잎이 나고, 꽃봉오리가 나고, 개화되고, 열매가 맺히는 것이다. 하루아침에 이루어지는 것이 아니다. 은사는 오늘 없다가도 내일 주어질 수 있는 것이지만 열매는 하루 만에 이루어질 수 있는 성질의 것이 아니다. 이와 같이 경건의 능력은 훈련을 통해서만 주어질 수 있다.

경건의 능력 중에 아름다운 꽃은 바로 희생이다. 희생이란 일을 이루기 위해 내가 갖고 있는 것, 또는 내가 가질 수 있는 것을 포기하는 것을 의미한다. 고린도후서 4장 7절에 보면 "우리가 이 보배를 질그릇에 가졌으니"라고 기록되어 있다. 여기에서 "이"라는 지시 대명사가 가리키는 것은 앞서 6절의 "예수 그리스도의 얼굴에 있는 하나님의 영광을 아는 빛"을 의미한다. 즉 "이 보배"란 복음 속에 감추어진 내용들이라고 이해할 수 있다. 복음을 통해 주어진 영생, 그리고 영생이 있음으로 인해 주어지는 평강과 평안, 이러한 평안함이 차고 넘쳐 흘러내리는 기쁨과 희락 등이 바로 보배라고 할 수 있다. 하나님은 이러한 보배를 우리 같이 연약한 질그릇에 담으셨다.

그런데 사도 바울은 우리가 그저 보배를 간직한 질그릇에만 감사하며 사는 것에 대하여 만족스럽지 않은 표현을 사용했다. 아주 강력한 표현이 뒤따라 나온다.

"우리가 항상 예수의 죽음을 몸에 짊어짐은 예수의 생명이 또한 우리 몸에 나타나게 하려 함이라" (고후 4:10).

여기에서 "몸"은 무엇인가? 바로 질그릇을 의미한다. 그리고 "예수의 생명"은 "이 보배"와 동일한 것이다. 이 동의어를 대입해서 다시 써보면

"우리가 항상 예수의 죽음을 질그릇에 짊어짐은 보배가 또한 우리 질그릇에 나타나게 하려 함이라"로 쓸 수 있다. 여기에서 사도 바울의 적극적인 경건의 능력 발휘를 볼 수 있다. 보배를 질그릇에 담아주신 하나님 앞에 우리는 늘 감사하고 찬양해야 될 것이다. 그러나 거기에서 만족하면 이기주의 신앙에 불과할 뿐이다. 한 걸음 더 나아간 모습은 질그릇 안에 담긴 보배를 밖으로 내보내는 것이다.

바로 여기에서 '희생'이라는 단어가 요구된다. 워낙 형편없는 질그릇이라 보배를 꺼내는 것조차 쉽지가 않다. 그래서 사도 바울은 '죽음'이라는 용어를 사용했다. "우리가 항상 예수의 죽음을 몸에 짊어짐은"이라는 10절 말씀에서 그의 의도를 찾을 수 있다. 11절은 "우리 살아있는 자가 항상 예수를 위하여 죽음에 넘겨짐은 예수의 생명[질그릇에 감추인 보배]이 또한 우리 죽을 육체[질그릇]에 나타나게 하려 함이라"고 말씀하고 있다. "그런즉 사망은 우리 안에서 역사하고 생명은 너희 안에서 역사하느니라"(고후 4:12)는 이어지는 말씀에서는 희생에 대한 분명한 강조가 선포되어 있다.

여기에서 질문하지 않을 수 없는 것은 "꼭 죽음을 통해서만 생명이 주어질 수 있는가? 죽지 않고도, 희생하지 않고도 생명을 전달할 수 있지 않을까? 왜 꼭 생명을 위한 죽음이 전제되어야 하는가?" 하는 내용이다. 이는 기독교에서만 찾을 수 있는 원리로 보인다. 그런데 이는 실제적인 상황에서 꼭 필요한 원리다. 그렇지 않다면 하나님이 우리에게 생명을 주시기 위해 구태여 죽음의 법칙을 택하실 필요가 없었을 것이다. 생명의 보존을 위해 죄 사함이 필요하고, 죄 사함을 위해 죄 없는 무수한 흠 없는 양들이 피를 흘리며 죽었다. 죽음을 통한 생명의 원리가 변할 수 없는 기독교의 원리라면, 질그릇을 깨뜨림으로써만 질그릇에 숨겨진 보배가 밖으로 흘러나올 수 있다는 원리 또한 기독교의 원리로 이해되어야 할 것이다. 이 원리의 핵심은 양보와 희생이다. 양보와 희생이 없이는 보배가 흘러나올 수 없고, 죽은 영혼에 생명을 불어넣을 수 없다.

오늘날의 한국 교회의 밑바탕에는 눈물을 흘리며, 피를 흘리며, 목숨을 버리며 씨를 뿌린 선교사들과 신앙 선배들의 희생이 깔려 있음을 인정해야 한다. 이러한 희생은 어느 날 갑자기 결심한다고 되는 것이 아니다. 조그마한 희생도 하지 못했던 사람이 어느 날 갑자기 큰 희생을 할 수는 없는 것이다. 경건의 훈련을 통해서만 희생의 능력을 발휘할 수 있다.

하나님을 의지한다는 것은 단순하게 하나님께 기대어 누워 있는 것을 의미하지 않는다. 이는 지켜보시고, 도와주시고, 힘을 공급해 주시는 하나님을 배후에 놓고 앞을 향해 치달려나가는 것을 의미한다.

주님의 부르심을 받은 사역자들이여! 우리 함께 경건의 훈련에 참여하자. 그리고 경건의 꾸준한 훈련을 통하여 어설픈 경건의 모양이나 취하며 만족하는 것이 아니라 경건의 능력을 부여받자. 꾸준한 훈련은 분명 능력을 가져다줄 것이다. 그 능력은 다름 아닌 양보와 희생과 섬김 속에서 표현될 것이다. 관계 속에서 요구되는 양보와 희생과 섬김뿐 아니라 실제 맡겨진 사역 속에서 요구되는 것들이다. 그것들이 땀을 요구하고, 눈물을 요구하고, 돈주머니를 요구하고, 생명을 요구하는 것이라 할지라도 우리는 그 희생을 마땅히 취하는 능력을 발휘해야 할 것이다. 그것이 경건의 꽃이고, 경건의 능력이며, 곧 주님을 의지하며 나아가는 사역자들이 삶 속에서, 일 속에서 증명해야 할 증표다.

주

1) TDNT, Volume 2, p. 89.
2) 마틴 로이드 존스, 『요한일서 강해』 1-3장 한글 번역본, p. 444.
3) 목양자로 부르심을 받은 자들의 대상자는 하나님이 위탁해 주신 양 떼들, 교육자로 부르심을 받은 자들의 대상자는 하나님이 위탁해 주신 학생들, 행정에 부르심을 받은 자들의 대상자는 행정을 필요로 하는 교회와 선교 단체와 그에 속한 사람들, 전문인으로 부르심을 받은 자들의 대상자는 전문인의 손길이 미치는 모든 영역에 있는 자들이라 할 수 있다.
4) 워낙 성(聖)과 속(屬)을 이원론적으로 분리하는 사람들이 많기 때문에 청중의 평가를 사람의 평가로 업신여기며 폄론할 수 있을 것 같아 이러한 토를 달았다.
5) 요즈음에는 BAM(Business as Mission), BFM(Business for Mission) 등 사업을 전문으로 하면서 하나님 나라의 확장 사업에 최대한 활용을 받기 원하는 마음으로 참여하는 비즈니스맨 사역 운동이 활발하게 진행되고 있고, 실제로 이미 적지 않은 사업가들이 이러한 사역에 동참하고 있다.
6) 여럿이 모여 앉아 그 자리에 없는 누군가를 대상으로 삼아 비판하고, 정죄하고, 조롱하는 행위를 빗대어 하는 표현이다.
7) 같은 문화권 내에서의 다른 문화(Sub-Culture).
8) 다른 문화권(Different Culture), 또는 여러 문화권(Inter-Culture).
9) 선교학에서는 일반적으로 (A)를 M1로, (B)를 M2로 묘사한다.
10) Berkhof, *Systematic Theology*, pp. 119-129.
11) 직접과 간접을 나누는 것은 분쟁을 초래할 수도 있지만 그럼에도 불구하고 복음을 들고 증거하고, 말씀을 가르치고, 목회하고, 상담하는 등의 사역을 직접 사역이라고 볼 때 행정 사역, 구제 사역, 의료 사역 등 말씀 외의 수단을 통해 말씀과 다리를 놓는 사역을 간접 사역이라고 볼 수 있다.

12) 수도원 운동의 긍정적인 부분과 그 역사적 배경을 모두 무시하는 것은 아니지만 영지주의의 "육은 악하다"는 사고가 금욕주의에 영향을 미친 부분은 부인할 수 없으며, 이러한 금욕주의가 수도원 운동을 파생시킨 중요한 배경이라고 나는 생각한다.
13) Boice J. M., *Foundations of the Christian Faith*, InterVarsity Press, pp. 82-83.
14) 『미션 퍼스펙티브』, p. 106.
15) 두산백과사전 EnCyber & EnCyber.com
16) 사역의 한 부분인 가르침을 '기술적' 이라는 단어를 사용하여 표현하는 것이 그리 좋게 느껴지지 않을 수도 있지만 가지고 있는 지식과 경험 등을 알기 쉽고 이해하기 쉽게 표현하는 것이 가르치는 일이므로 이와 같은 용어를 사용했다.
17) 헬라어 단어를 신학적인 관점에서 설명해 주는 신약 용어 해설 사전이다.

사명선언문

너희가 흠이 없고 순전하여……세상에서 그들 가운데 빛들로
나타내며 생명의 말씀을 밝혀 _ 빌 2:15-16

1. 생명을 담겠습니다
만드는 책에 주님 주신 생명을 담겠습니다.
그 책으로 복음을 선포하겠습니다.

2. 말씀을 밝히겠습니다
생명의 근본은 말씀입니다.
말씀을 밝혀 성도와 교회의 성장을 돕겠습니다.

3. 빛이 되겠습니다
시대와 영혼의 어두움을 밝혀 주님 앞으로 이끄는
빛이 되는 책을 만들겠습니다.

4. 순전히 행하겠습니다
책을 만들고 전하는 일과 경영하는 일에 부끄러움이 없는
정직함으로 행하겠습니다.

5. 끝까지 전파하겠습니다
모든 사람에게, 땅 끝까지, 주님 오시는 그날까지
복음을 전하는 사명을 다하겠습니다.

서점 안내

광화문점 종로구 신문로 1가 58-1 구세군 회관 2층 (110-061)
Tel 02) 737-2288 | Fax 02) 737-4623

강 남 점 서초구 잠원동 75-19 반포쇼핑타운 3동 2층 전관 (137-909)
Tel 02) 595-1211 | Fax 02) 595-3549

구 로 점 구로구 구로 3동 1123-1 3층 (152-880)
Tel 02) 858-8744 | Fax 02) 838-0653

노 원 점 노원구 상계동 749-4 삼봉빌딩 지하1층 (139-200)
Tel 02) 938-7979 | Fax 02) 3391-6169

분 당 점 경기도 성남시 분당구 서현동 273-1 대현빌딩 3층 (463-824)
Tel 031) 707-5566 | Fax 031) 707-4999

신 촌 점 마포구 노고산동 107-1 동인빌딩 8층 (121-806)
Tel 02) 702-1411 | Fax 02) 702-1131

일 산 점 경기도 고양시 일산구 주엽동 83번지 레이크타운 지하 1층 (411-370)
Tel 031) 916-8787 | Fax 031) 916-8788

의정부점 경기도 의정부시 금오동 470-4 성산타워 3층 (484-010)
Tel 031) 845-0600 | Fax 031) 852-6530

인터넷서점 www.lifebook.co.kr